CHONGQING FINANCE

重庆金融

2016

重庆市金融工作办公室 / 编

西南师范大学出版社

国家一级出版社　全国百佳图书出版单位

图书在版编目(CIP)数据

重庆金融. 2016 / 重庆市金融工作办公室编. -- 重庆 : 西南师范大学出版社, 2017.2
ISBN 978-7-5621-8651-9

Ⅰ.①重… Ⅱ.①重… Ⅲ.①地方金融事业-经济发展-研究-重庆-2016 Ⅳ.①F832.771.9

中国版本图书馆CIP数据核字(2017)第030911号

重庆金融2016
CHONGQING JINRONG 2016
重庆市金融工作办公室　编

责任编辑:秦　路　李　炎
封面设计:汤　立
排　　版:重庆大雅数码印刷有限公司·张祥
出版发行:西南师范大学出版社
　　　　　网址:http://www.xscbs.com
　　　　　地址:重庆市北碚区天生路2号
　　　　　市场营销部电话:023-68868624
　　　　　邮编:400715
印　　刷:重庆荟文印务有限公司
开　　本:720mm×1030mm　1/16
印　　张:23.75
字　　数:389千字
版　　次:2017年2月　第1版
印　　次:2017年2月　第1次印刷
书　　号:ISBN 978-7-5621-8651-9

定　　价:68.00元

序

　　《重庆金融2016》是重庆市人民政府授权重庆市金融工作办公室继编撰《重庆金融2015》后继续组织重庆金融业主管部门、监管部门和众多专家学者，积极参与，共同编写，由重庆市金融发展服务中心统筹编写的，关于2015年重庆金融业发展的权威书籍。《重庆金融2016》作为重庆金融业对外宣传的载体，系统性地记录了重庆金融业发展各类重要数据、重要工作进展情况和重大事项，更好地展示了重庆金融发展中获得的骄人成绩。

　　2015年，重庆市金融行业认真贯彻落实中央和市委市政府决策部署，紧抓"一带一路"、长江经济带、西部大开发等重大战略给重庆经济金融发展带来的历史机遇，牢牢把握服务定位，立足实体经济发展，全面推进金融改革开放创新，稳步推进国内重要功能性金融中心建设。

　　2015年，重庆市金融业综合实力稳步提升，金融总量规模迅速增长，金融组织体系逐步健全，要素市场体系更加完善，改革开放不断深化，金融结算加快发展，金融生态环境保持良好，金融监管体制建设有序推进。2015年末，全市金融业增加值超过1410亿元，占GDP比重达到9%；全市金融机构达到1500家，增加285家，机构门类在西部地区最为齐全；要素市场14家，形成了资产、权益和商品合约三大交易板块；全市银行业不良资产率、小额贷款公司不良资产率和融资担保公司代偿率分别为0.9%、2.54%和1.3%，风险总体可控。

　　展望未来，面对错综复杂的国内外形势和中央全面深化改革的战略部署，重庆金融业在面临巨大挑战的同时也迎来了前所未有的机遇。我们应紧抓战略机遇期，围绕中央对重庆的战略定位，坚持改革、开放、创新的工作方针，将重庆建设为国内重要功能性金融中心和内陆金融开放高地。

　　祝愿《重庆金融2016》对重庆金融业发展做出更大贡献。

《重庆金融2016》编辑部

2016年6月20日

目录

第一篇 综合篇

第二篇 改革篇

第三篇　运行篇

第四篇　创新篇

第五篇　环境篇

第六篇　机构篇

第七篇 重要事件篇

附 录

第一篇　综合篇

第一章 重庆市金融业发展概况

一、2015年重庆市金融业发展总体情况

2015年,重庆市金融业认真贯彻落实五大功能区域发展战略,立足服务实体经济的本质要求,着力稳增长、调结构、惠民生、防风险,保持了良好的发展势头。全市实现金融业增加值1410.2亿元,增长15.4%,占GDP的比重提高到9%,对经济增长的贡献率达11.8%,拉动经济增长1.3个百分点。行业资产规模达4.3万亿元,增长11.6%。贡献税收289.9亿元,占全市比重12.1%。存贷款余额2.9万亿元和2.3万亿元,分别增长12.6%和11.2%。贷款利率保持下降趋势,人民币贷款加权平均利率5.87%,下降1.24个百分点。新增上市、新三板挂牌企业41家,证券化率提高10.7个百分点。保费收入514.6亿元,增长26.4%。银行不良资产率0.9%,小额贷款公司不良资产率2.54%,担保累计代偿率1.28%,均低于全国平均水平,守住了不发生系统性、区域性金融风险的底线。

(一)深化改革开放,重点领域取得突破进展

一是完善市场体系。从资本规模、机构门类、集聚辐射着手,加快机构新设、重组、开业和争取新牌照,"全牌照"金融机构体系更加健全。全年新增各类机构106家,各类机构总数达1500家。其中,实现了一批机构的落地开业,包括成立了全国首家专业信用保证保险公司和互联网消费金融公司,新增再担保、金融保理、民营资产管理公司等新型机构牌照16个,15家银行、证券、保险机构入驻重庆等;实现了一批机构的壮大重组,如中新大东方人寿重组为恒大人寿,重庆信托、新华信托、三峡银行、汽车金融公司增资,重庆银行完成H股定向增发,推进平安集团控股金交所等。此外,还完成了民营银行申报辅导、尽职调查和论证,与腾讯签订银行卡清算机构合作协议,持续推进中邮金融租赁、三峡人寿、移动金融筹建申请等工作。

二是稳妥发展要素市场。创新交易制度和品种,扩大交易规模和辐射范围,提高市场化资源配置效率。加快建设全国性市场,经过全力争取,全国性保险资产登记交易系统落户,填补重庆乃至西部的全国性金融市场空白。同时,全国中小企业股份转让系统(以下简称"全国股转系统")签订战略合作协议,药品交易所(以下简称"药交所")、联合产权交易所(以下简称"联交所")在全国的影响力不断提升。稳步推进创新重组,土特产品交易中心开业,积极筹建咖啡交易中心、白酒交易中心,推动外滩摩配电子交易所、再生资源交易中心重组。审慎支持交易制度和服务创新,开展大宗商品+金融结算、大数据+融资征信、交易平台+供应链金融等综合金融服务,形成了资产、权益和商品合约三大交易板块,交易品种达37类。全年要素市场交易量9919亿元,同比增长9.8%。

三是推进保险试验区建设。促成保监会项俊波主席来渝签署《会市合作备忘录》,积极落实保险"渝十条",促进现代保险服务业加快发展,提供风险保障超过8万亿元,累计赔付220亿元,增长45%。在全国首批成功开展商业车险改革试点,获得保监会高度评价。城乡居民大病保险基本实现应保尽保,推动职工医保大额互助保险、贫困户大病医疗补充保险、基本医保个人账户余额购买保险稳步发展。小额贷款保证保险覆盖33个试点区县,支持贷款余额3.9亿元。开展水稻、生猪、蔬菜等土地收益保险试点,提供保险保障近3.3亿元。积极研究制定巨灾保险试点工作方案。

四是加快推进对外开放。紧抓国家金融开放和中新战略合作机遇,加快政策创新、机构设立和资金引进,构建金融开放新局面。中新合作项目将金融列为重要板块,赋予重庆市跨境投融资、机构互设等开放政策;全年储备项目72个,首批签约65.6亿美元。研究制定《西部开发开放金融改革创新总体方案》,积极争取在两江新区开展外债宏观审慎性管理改革试点。推动建设银行、中信银行、平安银行、浦发银行等银行来渝设立跨境业务、离岸业务等功能性总部,新增外资金融机构10家。加快发展跨境结算,惠普离岸结算846.8亿美元,累计结算3687.3亿美元,跨境人民币结算、跨境电子商务结算、外汇资金集中收付快速增长。开展外汇储备委托贷款业务,成功对接丝路基金,引进外资24.7亿美元,占全市比重23%。全面推进企业海外上市、并购、发债、投资,西南证券完成收购香港敦沛金融,发行15亿元离岸人民币债券,重庆富侨赴澳大利亚上市。各类企业对外直接投资196.2亿元,增长6.7倍。

（二）改善金融服务，支持实体经济持续健康发展

一是服务五大功能区域发展战略。实施并优化金融核心区建设的扶持政策，加快新型总部机构向核心区积聚。金融核心区金融业增加值占全市的30.4%，核心区内聚集全市所有银、证、保法人机构，银行一级分行、证券和保险分公司分别占全市的80%、77%和95%。十大战略性新兴产业和五大新型服务贸易行业贷款分别较年初增长150%和62.6%，有力促进都市功能拓展区和城市发展新区新兴产业发展。推动两大生态发展区发展农村金融和绿色金融，实施差异化监管和财政扶持政策，渝东北、渝东南两大生态发展区贷款增速高于全市平均水平。

二是保持社会融资合理增长。信贷增长保持平稳，推动工商银行、浙商银行、广发银行总行与市政府签订战略合作协议，争取1500亿元信贷规模支持，全年新增贷款2315亿元，其中中长期贷款新增1773.6亿元，同比增加14.8%，百项全市重点项目贷款、房地产贷款分别增长63%、16.1%。直接融资持续拓展，实现直接融资2458.2亿元，增长98.7%，推动股票、债券市场融资2366.1亿元，新增上市公司4家、新三板挂牌企业37家。发行一般政府债824亿元，有效降低融资成本。股权投资基金行业规模1320.8亿元，实现投资297.3亿元，其中政府产业引导基金规模达到193亿元，战略性新兴产业基金实现投资100亿元，备案私募股权投资基金492家。

三是加强服务薄弱环节。创新针对金融服务薄弱环节的机制和产品，提高金融扶贫的精准性和脱贫的稳定性。推动贷款期限、还款方式、抵质押、渠道等四项创新，引导银行发展年审贷、购置贷等融资产品，启动金融支持小微创客活动，支持银行开发知识产权、股权、仓单、政府采购合同等新型抵质押方式。小微企业贷款余额5068.2亿元，同比增长11.5%，实现"三个不低于"目标。加强农村金融服务，不断创新和增加农村金融供给，农村产权抵押融资新发放141.7亿元，累计发放827.2亿元，涉农贷款占比提高0.7个百分点。农地、农房抵押贷款试点共获批13个试点区县。推动农村土地收益保证贷款试点，发放5000万元支持种植业、养殖业发展。推进村级农村金融服务组织和新型农村信用合作组织试点。引导金融机构和信贷资源向贫困区县倾斜，区县村镇银行覆盖率已达94%。

四是增强地方新型机构服务功能。推动小额贷款、担保机构减量增质，批准39家企业重组或增资扩股。出台政策引导小额贷款公司强化小微金融服务，小额贷款公司资本规模达621.8亿元，居全国第五，贷款余额887.9亿元，居全国第二,同比增长11.5%。支持小米、百度、京东等来渝设立8家互联网小额贷款公司,网络小额贷款公司总数已达15家,累放贷款17387万笔、6368.7亿元,平均每笔3663元。支持融资担保行业健康发展,在保余额2045.8亿元,同比增长13.1%,放大倍数5.1倍,是全国平均水平的2倍左右。国有担保准公共产品属性和增信主体作用增强,成立小微企业融资担保和再担保机构,国有担保机构、资本金、在保余额分别占全行业比重44.7%、52.4%和72.2%,放大倍数6.8倍。

(三)加强监管,守住金融风险底线

一是健全体制机制。加快完善地方金融监管体制,认真落实国务院有关界定中央地方金融监管职责和风险处置责任的文件精神,出台重庆市实施意见,形成监管总体框架,按照"谁审批、谁负责,谁主管、谁监管"的原则,明确市级部门监管职责分工和风险处置责任,明确区县政府重点承担对非法金融活动的处置责任。强化机制保障,健全金融工作协调联席会议机制,加强地方政府部门、区县政府与中央在渝金融监管机构配合,市社会治安综合治理委员会设立防控金融安全专项组,健全风险处置协调机制和应急机制,强化金融公共安全防控。

二是规范机构运营。健全监管制度,制定小额贷款公司网络贷款业务监管、融资担保公司互联网业务管理、要素市场经营管理等制度规范40余项,提升监管效率与水平。持续开展小额贷款、担保、要素市场现场检查和非现场监管,通过全面检查、重点抽查、专项检查等形式实现全覆盖现场检查,建设小额贷款、担保非现场监管系统,正在形成在线监测预警和实时纠错的常态化管理机制。完善市场退出机制,让经营不善的主动退出,对风险较大的引导退出,对违法经营的强制退出,共注销小额贷款公司4家、融资担保公司9家。严把准入关口,否决8家要素市场筹建申请和10个新业务申请。

三是防范化解潜在风险。加强投资咨询类机构管理,创新管理制度,重整申办流程,加大违法违规活动查处力度,有效解决"注册时没人审、成立后没人管、出问题没人查"的问题,投资咨询类公司非法集资案件占全市比重同比下降20个百分点。加强对网络借贷信息中介平台(P2P)的监管,开展专项清理,制定风险防范措施,逐步实施运行监测。强化单体风险处置,避免金融风险与特定行业、特定社会矛盾交织引发的社会风险和不稳定事件。积极采取措施应对股市异常波动,维护市场稳定,引导辖区43家上市公司发表《维护稳定联合声明》。

四是依法严厉打击非法集资。坚持依法处置、抓早抓小抓苗头,夯实工作机制,构建宣传教育、发现预防和打击处置工作体系,有效增强合力。完善"打非"工作机制,充实领导小组和监管力量,切实强化区县主体责任。夯实制度基础,出台"打非"工作通知、工作流程、突发事件应急预案等制度,建立常态化的处置非法集资工作机制。加大宣传力度,充分调动电视、手机、网络等多种宣传工具和宣传手段,推动宣传教育进机构、进网点、进社区,扩大宣传教育工作的覆盖面和影响力,抽样调查显示,市民对非法集资的知晓率已达88.56%。下沉工作重心,充分依托网格化管理体系,调动社区、乡镇等基层力量和群众积极性,建立举报奖励制度,提高风险发现能力。加大打击力度,立案296起,破案197起,涉案金额103.5亿元,其中1000万元以下的占比57%,涉及投资群众3.2万余人,"打早打小"效果明显。

(四)强化保障,优化金融发展环境

一是优化政策环境。围绕建设国内重要功能性金融中心定位,研究重庆市编制金融业"十三五"规划,配合做好《重庆市综合经济体制和统筹城乡综合配套改革中长期实施规划(2014—2020年)》。积极研究金融支持"一带一路"和长江经济带、五大功能区域等国家、市级战略政策,服务经济社会发展大局。财政、国资和金融改革联动,不断完善小微企业、"大众创业、万众创新"等贷款贴息、担保费补贴、风险补偿支持政策,加快国有企业上市、发展混合所有制、与金融机构合作开展公私合作(PPP)等领域的改革步伐。完善信用体系,推动建立全市公共信用服务系统,积极支持小额贷款公司、担保公司接入人民银行征信系统,积极协助推进全市社会信用体系建设。

二是建设人才队伍。支持举办"西南金融论坛""金融大讲堂",实施"专业技术人才知识更新计划""金融服务社会计划",共赴市外专题培训等各类公益培训25场,培训人数达3715人次。挖掘人才培养工作品牌项目,做好复旦大学金融学(单独考试)硕士研究生培养工作。

二、2016年重庆市金融业发展工作重点

2016年,中共重庆市委市政府提出了建设国内重要功能性金融中心的重要定位。全市金融业坚持"创新、协调、绿色、开放、共享"五大发展理念,围绕五大

功能区域发展战略,按照供给侧结构性改革五大重点任务要求,深化改革开放,增强服务能力,防范金融风险。重点抓好四个方面工作:

(一)加强供给侧改革,增强服务实体经济能力

加大融资工作力度,改善资金投放结构,提高资金运用效率,在去无效供给的同时增加有效供给,为实体经济运行提供稳定匹配的金融支持。支持金融机构配合化解过剩产能和无效资产,综合运用金融工具,实施兼并重组或贷款退出。加大统筹力度,精准发力,堵高息债务,疏低成本融资,增强金融市场化配置资源的能力,推动贷款利率、服务收费、担保费率有效下降,降低融资成本。拓展直接融资,充分运用股票、债券、保险、基金等领域股权融资功能,发挥西南证券和场外交易市场(OTC)的双轮驱动作用,创新股债结合融资产品,推广永续票据、定向可转换票据等可计入所有者权益的创新产品。推动重庆OTC争取新三板挂牌推荐试点资格,尽快实现与全国市场互联互通。加快产业引导基金和战略性新兴产业基金投资进度,发展重点行业和区县引导性投资基金。

(二)强化金融普惠功能,改善薄弱环节服务

切实发挥好政策性、开发性、商业性、合作性金融作用,进一步创新产品和服务,加强对小微、三农、扶贫等薄弱环节的有效供给,推进解决融资难、融资贵问题。加大金融扶贫力度,出台金融精准扶贫政策,促进金融资源和金融机构向农村地区倾斜。深化农村金融服务机制创新,推广"两权"抵押贷款,规范发展农村合作金融,加快设立村级金融服务组织,提高农业保险、行业责任保险等险种覆盖面,力争启动巨灾保险试点。完善扶持小微企业融资机制,推动小微金融服务产品创新,扩大小额贷款保证保险、土地收益保证贷款和土地收益保险规模。完善风险分担机制,加强监管引导和政策引导,进一步完善财政奖励、费用补贴、风险补偿等配套政策。

(三)加快改革开放,推进国内重要功能性金融中心建设

高水平运营中新金融合作项目。协同各金融专委会成员单位,加大协调力度,形成政策制度和实施细则。完善项目储备机制,按计划推进已签约项目落地。组建并运营好中新战略合作基金,推动中新直接融资和交易所合作。全力争取金融改革创新总体方案获批实施。推动五大服务贸易专项改革,发展跨境

金融结算,积极吸引境外金融资本。争取新机构牌照。建设全国保险资产登记交易系统,为全国保险业提供综合服务。加快民营银行、三峡人寿、中邮金融租赁、移动金融等新机构和新牌照落地,夯实金融功能载体。持续推动地方法人金融机构、新型金融机构、要素市场改革重组壮大,引进全国性战略投资者。加快信用保证保险公司、消费金融公司业务拓展。

(四)加强全方位监管,防范化解金融风险

落实监管责任。立足全市金融工作协调联席会议制度,推动在渝金融监管机构、地方监管责任部门、市场监管部门、司法部门、区县政府归位尽责、协调配合。切实管控重点领域风险。强化地方新型金融机构行为负面清单管理,做好股权投资类机构、小额贷款公司、融资担保公司、要素市场风险防控。深入排查处置网络借贷信息中介平台(P2P)等互联网金融风险,严格地方金融市场准入。完善地方金融风险应急机制,协调处置各类单体风险事件。有效遏制非法集资增长势头。坚持常态化"打非",继续依托社区网格化管理体系,深入排查潜在风险,畅通各级投诉举报渠道,落实区县举报奖励制度,力求宣传教育实效。实施信息化"打非",建立风险预警平台系统,增强在线动态监管能力,高效捕捉信息线索。建立重大案件挂牌督办制度,提高侦查、起诉、审判等环节处置效率,完善非法集资信访事件处置流程。

第二章　重庆市创新型金融发展概况

一、2015年重庆市创新型金融发展总体情况

（一）重庆市创新型金融发展概况

2015年，重庆市坚持金融业错位发展和多元发展，加大各类金融主体尤其是新型金融机构的引进和集聚，着力健全创新型金融组织体系、市场体系、服务体系。村镇银行、小额贷款公司、融资担保等新型金融机构大量涌现，基本实现了银监会非银行金融机构全覆盖，极大地活跃了重庆金融市场。

截至2015年末，重庆新型金融机构迅速发展，包含小额贷款、融资担保、融资租赁、股权投资、财务公司、汽车金融、消费金融等在内共有13个门类。2015年末重庆创新型机构共有954家，比2010年增加671家，增长了2.4倍；资本金2446.9亿元，比2010年增加2075亿元，增长了5.6倍。

截至2015年末，重庆小额贷款行业资产总额1025亿元，同比增长19.4%；小额贷款公司达到265家，是2010年的2.4倍；注册资本总额621.8亿元，居全国第5，是2010年的3.8倍。融资担保公司161家，注册资本规模359.3亿元，分别是2010年的2.2倍、2.6倍。内资融资租赁企业4家，注册资金25.7亿元，总资产65亿元；外资融资租赁公司46家，注册资本20.8亿美元，资产总额超过120亿元人民币。私募股权投资基金达到492家，认缴金额1321亿元；市、区县财政、国资出资设立引导性股权投资基金13支，认缴金额约358亿元。商业保理公司41家，注册资本金35.5亿元，总资产38亿元。重庆财务公司4家，资产总额233.5亿元，无不良资产。汽车金融1家，资产总额33.8亿元。金融租赁公司两家，租赁资产余额合计580亿元。信托公司2家，固有资产总额达到312.3亿元，受托管理信托资产规模2775.8亿元。消费金融公司1家，公司资产总额3.08亿元。典当企业131户，实收资本25.98亿元。截至2015年末，重庆共有14家交易场所。

（二）创新型金融服务实体经济情况

2015年，伴随着国家政策的推动和民间资金需求的旺盛，重庆市深化金融改革创新，加大对小微及"三农"的金融支持力度，大力发展普惠金融，构建良好的金融生态环境。

1.服务实体经济能力不断增强

截至2015年末，全市小额贷款余额887.9亿元，同比增长11.5%，居全国第2，是五年前的9倍。全年通过回购式资产转让、资产专项管理计划、发行私募债等直接融资方式实现融资的小额贷款公司有73家，融资余额达221.8亿元，新增64.4亿元。

融资担保公司在保余额2045.8亿元，同比增长13.1%，是全国平均水平的2倍左右，是5年前的5.1倍。国有担保机构72家、资本金187.7亿元、在保余额1338.5亿元，分别占全行业比重44.7%、52.4%和72.2%，放大倍数6.8倍，准公共产品属性和增信主体作用增强。

截至2015年末，内资融资租赁企业融资余额46亿元，融资租赁业务余额约78.95亿元，年业务规模93亿元，为100余家企业提供融资租赁服务，平均融资服务年利息在12%左右，是便捷有效的社会融资渠道。外资融资租赁公司企业数量、资产规模、市场渗透率及业务领域逐步扩大，成为重庆市利用外资的重要力量。

截至2015年末，全市交易场交易品种37类，累计交易总额达24729.1亿元，2015年新增交易额9919亿元，同比增长9.8%，服务实体经济作用明显，成为全市资源配置的重要场所。重庆联交所跻身全国四大产权交易平台，农村土地交易所（以下简称"土交所"）是目前全国唯一的"地票"交易市场。

2015年，其他创新型金融机构也迅速发展，取得了长足进步。截至2015年末，市、区县财政出资设立引导性股权投资基金实现投资近300亿元。商业保理公司为1000多家企业提供保理融资服务，保理业务发生额累计约83亿元，保理（本金）余额42亿元。典当企业典当总额31.27亿元，典当余额20.5亿元，业务笔数4621笔。

2.经营效益不断提升

2015年，全市小额贷款公司实现利润30.9亿元，全年实现各项税金14.9亿元。截至2015年末，内资融资租赁企业净利润2.6亿元。商业保理公司保理收入约2亿元，利润总额0.8亿元。典当企业利息收入1.2亿元，上缴税金1835.9万元,税后利润2264.4万元。信托公司实现净利润40.8亿元,全年364个信托项目均如期清算,累计规模达到975.5亿元。财务公司全年实现营业收入6.5亿元,净利润2.6亿元。汽车金融全年实现净利润764.5万元。金融租赁公司累计投放租赁资产151.7亿元,全年实现净利润7.7亿元。

3.小微企业和"三农"支持力度不断加大

截至2015年末,涉农贷款余额4377.2亿元,增长11.1%。小微企业和个体工商户贷款余额5068.2亿元,增长11.5%,实现"三个不低于"目标。

2015年末,重庆辖区内新型农村金融机构达38家(其中村镇银行35家,资金互助社2家,贷款公司1家),支农支小作用显著,农村服务能力增强;新型农村金融机构资产总计263.6亿元,较年初增长10.14%;加权平均资本充足率33.92%,高于全国27.1%的平均水平;流动性比例等主要监管指标均达标。

截至2015年末,全市已累计实现农村产权抵押融资827.2亿元,有效盘活了农村沉睡资产,推动了农村地区经济发展。全市村镇银行等新型农村金融机构贷款余额达175.18亿元,同比增长11.14%。

在扶持小微上,小额贷款公司是主力。2015年,重庆市小额贷款公司90%的贷款投向中小微经济体,其中小微企业的贷款余额为655.6亿元,占比73.3%。全年有10余公司转型做小微贷款,目前全市微贷模式的小贷公司已有近30家,年末贷款余额124亿元,占行业贷款余额的14%。

4.金融扶贫支持力度加大

2015年末,全市18个贫困区县中已有17个设立了村镇银行,仅剩的秀山土家族苗族自治县目前也正在积极筹建中。32个区县开展了村级互助资金组织试点,试点村1327个。在非银机构方面,国家级贫困区县融资性担保公司、小额贷款公司、互助资金组织数量分别达到24家、39家和955家。截至2015年,重庆18个重点贫困区县村镇银行法人机构已覆盖率已经达到94%,行政村基础金融服务已覆盖近80%。已初步形成了"乡有网点,村有自助设备,家有手机银行"的多层次金融服务体系,贫困地区农户"存、取、贷、汇、缴"等基础金融服务基本得到满足。

(三)创新型金融风险控制情况

2015年,全市持续开展对小额贷款、担保、要素市场等新型金融的现场检查和非现场监管,行业风险总体可控。通过全面检查、重点抽查、专项检查等形式实现全覆盖现场检查,建设非现场监管系统,形成在线监测预警和实时纠错的常态化管理机制。完善市场退出机制,让经营不善的主动退出,对风险较大的引导退出,对违法经营的强制退出,共注销小额贷款公司4家、融资担保公司9家。严把准入关口,否决8家要素市场筹建申请和10个新业务申请。果断开展投资公司、P2P公司排查清理,"十二五"期间,重庆市共立非法集资案件646件,涉案资金144.5亿元,平均不过2300万元,"打早打小"效果良好。

二、2016年重庆市创新型金融发展工作重点

2016年,重庆市将进一步完善和壮大全市创新型金融行业体系,坚持监管与服务并重,在提高创新型金融服务实体经济能力与效率的同时,牢牢守住不发生系统性和区域性风险的底线。

(一)推动创新型金融行业体系建设

全面贯彻"一带一路"和长江经济带战略,把握中新(重庆)战略性互联互通示范项目机遇,积极推动重庆金融对内对外双向开放,建立健全创新型金融行业体系。支持民间资本、境外资本在渝发起和参与设立金融租赁、消费金融以及外资专业保险等各类创新型金融机构,构建全牌照金融机构体系,布局国际化金融创新业态。

(二)支持创新型金融服务经济薄弱环节

认真贯彻落实国务院关于缓解企业融资难、融资贵和金融支农扶贫的政策部署,把服务薄弱环节作为创新型金融工作重点。积极开展小微企业金融和农村金融创新,简化融资环节,营造良好金融服务环境。强化财政配套支持,健全风险补偿机制,进一步降低融资性担保公司费率,促进融资担保行业在服务实体经济中的有效运用。

(三)强化创新型金融行业监管及风险防控

健全监管制度,规范创新型机构运营,制定新型机构经营管理等制度规范,提升监管效率与水平。落实监管责任,推动在渝金融监管机构、地方监管责任部门、司法部门、区县政府归位尽责协调配合。强化地方新型金融机构行为负

面清单管理,严格地方金融市场准入,有效遏制非法集资增长势头。坚持常态化"打非"、信息化"打非",建立风险预警平台系统,深入排查潜在风险,畅通各级投诉举报渠道,落实区县举报奖励制度。

(四)引进创新型金融人才,提高金融人才素质

进一步完善金融人才引进配套制度,加快构建具有竞争力的金融人才制度体系,继续补足金融人才发展短板。统筹利用金融教育资源,支持建立高端金融人才培训基地,加强行业人才素质建设,构建涵盖高级金融管理人才、高层次专业技术人才、一线员工队伍等方面的多层次金融人才教育培训体系。建设金融人才服务平台,完善金融人才服务政策,营造有利于金融人才集聚的良好工作、生活和文化环境。

第三章　重庆市金融重点工作情况

一、建设国内重要功能性金融中心

（一）资金融通功能进一步增强

围绕实体经济需求，着力增强融资能力。"十二五"期间，重庆新增社会融资总额2.1万亿元，是"十一五"期间社会融资总额的1.4倍；信贷稳定增长，银行新增贷款总计1.2万亿元，是"十一五"期间的1.6倍。直接融资快速增长，直接融资占比35.2%。五年来，新增境内外上市企业14家，年均境内股票筹资额、企业债券发行额分别为127.14亿元与209.8亿元，是"十一五"期间的2.9倍和3.6倍。全国首支公租房定向票据、水利行业首支永续债、中小企业区域集优债等新产品不断推出。市、区县财政出资设立15支引导性股权投资基金，其中政府产业引导基金规模达到193亿元，战略性新兴产业基金实现投资100亿元。备案私募股权投资基金492家，认缴金额1320.8亿元，完成投资297.3亿元。

（二）金融交易规模进一步扩大

重庆2015年围绕要素市场价格发现、资源配置、降低交易成本、维护市场秩序和实现金融结算五大核心功能，不断创新要素市场种类，结构合理、功能完善的要素市场体系已初步成型。全市已建成要素市场14家，11家通过国家备案验收；形成了资产、商品合约、权益类三个交易板块、37个交易门类。2015年要素市场交易总量9919亿元，"十二五"期间累计交易量突破2万亿元。随着市场功能的完善、交易规模逐步扩大，市场资金和信息的集聚效应不断显现，要素市场集聚辐射效应不断增强，联交所跻身全国四大产权交易平台，金融资产交易所（以下简称"金交所"）、股份转让中心等积极开展全国业务，土交所是目前全国唯一的"地票"交易市场。

（三）金融结算功能进一步强化

重庆逐步形成了离岸金融结算、跨境人民币结算、跨境电子商务结算、跨国企业外汇资金集中运营、要素市场结算等5大结算模式。离岸金融结算总量3687亿美元。跨境电子商务结算快速发展，成为中西部唯一跨境贸易电子商务服务、外汇支付"双试点"城市，2015年结算58.8亿元，比上年增长2.3倍。跨境人民币结算1983亿元，保持西部第一，涉及企业759家，累计结算已超过5000亿元。跨国企业外汇资金集中运营企业6家，累计开展外汇资金集中运营业务1541亿元。

（四）保险保障功能进一步发挥

积极打造保险创新发展试验区，与保监会签署《合作备忘录》，进一步增强保险创新发展的动力。扩大保险覆盖面，2015年保费收入514.53亿元，是2010年的1.6倍，年平均增长9.9%；保险赔款及给付220.19亿元，是2010年的3.5倍，年平均增长28.8%。加强"三农"、小微企业服务，开展水稻、生猪、蔬菜等土地收益保险试点和小额贷款保证保险试点，积极研究制定巨灾保险试点工作方案。提升保险的社会保障和社会治理作用，城乡居民大病保险基本实现应保尽保，推动职工医保大额互助保险、贫困户大病医疗补充保险、基本医保个人账户余额购买保险稳步发展，在全国首批成功实施商业车险改革试点。积极运用保险资金服务实体经济，2015年引进保险资金直投28亿元。完善保险机构体系，全国保险资产交易登记平台落户，全国首家专业信用保证保险公司已开业，中新大东方人寿重组为恒大人寿，登上全国舞台，保险法人机构达到4家，保持西部第一。

（五）普惠金融功能进一步提高

充分发挥商业性、政策性、合作性金融等渠道作用，不断加强产品和服务创新，中国人民银行总行评价我市普惠金融发展位居全国前列。金融服务的覆盖率进一步提高，市属商业银行网点进一步下沉，农村地区金融机构覆盖率达到100%；新型农村金融机构发展迅速，34家农村金融机构资产达239.5亿元。金融服务的可得性进一步提高，对小微企业、涉农企业等薄弱领域贷款支持加大，截至2015年，涉农贷款余额4377.2亿元，小微企业和个体工商户贷款余额5068.2亿元，近5年贷款增速均高于全部贷款平均增速。深化农村产权抵押融资改革，2015年农村产权抵押新发放贷款141.7亿元，13个区县获批全国"两权"抵押贷款试点,小额贷款保证保险覆盖33个试点区县。金融服务的满意度进一步提高,金融工具的使用效率得到提升,小微企业和农户申贷获得率和贷款满意度得到提高。

二、重庆市金融服务"一带一路"建设

(一)"一带一路"战略下重庆金融取得的成绩

一是金融功能不断加强。"一带一路"为重庆金融加强金融结算功能、金融交易功能、资金融通功能、保险保障功能和普惠金融功能提供了更好的机遇和更广阔的空间,重庆金融得到了全方位发展。2015年新增再担保公司、信用保证保险公司、小微企业融资担保、金融保理、企业征信等机构,民营银行、钱宝支付等设立工作加快推进。二是金融"引进来"和"走出去"相结合。连续5年,重庆金融业每年引进外资20亿美元。现有外资银行及代表处17家,包括小额贷款、担保各类品种的外资金融机构共122家。金融机构"走出去"步伐加快,重庆银行、重庆农村商业银行相继在香港上市,西南证券收购香港全牌照券商敦沛金融控股有限公司,未来将帮助更多重庆企业在海外上市。三是服务实体经济和外向型经济。重庆金融支持电子信息、汽车、装备、化工、材料、能源、消费品等"6+1"支柱产业升级换代。通过A股市场向京东方定向增发210亿元,带动8.5代线项目建设投资330亿元,市值一年已增长超过1.2倍。组建800亿元规模战略性新兴产业股权投资基金,支持集成电路、液晶面板、物联网、机器人、纳米新材料、页岩气、综合化工材料、新能源汽车、环保产业、生物医药等十大战略性新兴产业发展。组建产业引导股权投资基金,设立工业、农业、现代服务业、科技、文化、旅游等六大专项子基金。

(二)"一带一路"战略下重庆金融的发展展望

1. 顺应"一带一路"大趋势,不断加强金融功能建设

"一带一路"战略将打造全球新的增长极,推动基础设施互联互通,拓宽产业投资范围和经贸合作水平等,其中蕴含着大量的金融业服务机会,为重庆市金融业的全球化提供了历史性机遇。重庆市对接"一带一路"战略,利用自身地理优势,为重庆企业"走出去"提供强有力的金融支持,创新推出针对性"一带一

路"金融产品和服务,明确国内重要功能性金融中心的定位,建设集金融结算功能、金融交易功能、资金融通功能、保险保障功能和普惠金融功能于一体的国内重要功能性金融中心。

2.把握大机遇,重庆金融实现两个转型

一是功能转型。从传统功能转型为以金融结算功能、金融交易功能、资金融通功能、保险保障功能和普惠金融功能为主的服务于跨境贸易和海外投融资发展重庆经济。近几年,跨境贸易以及海外投融资已经成为重庆市经济的重要组成部分。与此同时,金融机构大力开展跨境、跨区域同业合作,扩大境外资金投资规模,助力渝企走出去;加强贸易金融服务,促进发展以口岸为依托的开放型经济产业体系,服务我市外向型实体经济;创新推出离岸金融等业务,大幅提高政府税收、促进我市相关行业就业率增长。二是地域转型。重庆金融从对内服务向对外服务转型。以前是对重庆辖区内或者周边服务,现在是服务"一带一路"沿线,从国内到国外,到欧洲、美洲、亚洲、非洲。

3.打造大格局,夯实重庆金融服务"一带一路"基础

一是实现区域联动发展,重庆实现与国内的长江经济带,国际欧美亚非联动。二是正确处理好政府与市场的关系,实现政府和市场有效互动,该政府做的政府做,该市场做的市场做,真正发挥市场在资源配置中的决定性作用。三是建立新型的金融创新与监管体制与机制,使金融对重庆经济发展的贡献度显著提升,扎实推进国内重要功能性金融中心建设,为金融支持"一带一路"建设奠定坚实基础。

三、重庆市金融服务五大功能区域建设

(一)加速资源向都市功能核心区汇集,推进金融核心区建设

出台金融核心区建设扶持政策,统一区县金融发展优惠政策,确立金融核心区政策优势,支持"江北嘴—解放碑—弹子石"金融核心区加快发展。江北嘴已完成基础设施和形态开发,即将进入全面功能开发阶段。解放碑金融业稳健发展,聚集辐射能力持续增强。全年新设法人和分行级机构90%落户都市功能核心区,有力促进了总部经济发展,外资银行总部和区域性总部17家,占全市比重100%,外资保险机构总部和区域性总部2家,占全市比重100%。完善要素市场体系,壮大交易平台—电子商务平台—融资平台综合服务功能,提高定价

影响力,2015年全市14个要素市场有12个布局在功能核心区,2015年,都市功能核心区要素市场交易量达9660亿元,占全市要素市场交易量的97.4%。

(二)发挥都市功能拓展区政策优势,大力发展跨境金融服务

立足两路寸滩保税港区、西永综合保税区,开展外汇资金集中运营管理、开展离岸金融结算、两江新区外商投资企业资本金意愿结汇、电子商务外汇支付等改革试点,促进外汇体制改革在都市功能区先行先试。2015年,全市各类离岸业务1061.1亿美元,同比增长13.9%;其中,惠普(重庆)结算公司结算量846.8亿美元,同比增长2.8%。跨国企业外汇资金集中收付量1147.9亿元,累计实现资金集中收付量1541亿元。跨境人民币结算量1983.4亿元,同比增长23.8%,继续保持中西部首位。跨境电子商务第三方结算58.8亿元,同比增长2.3倍。

(三)积极拓展多元化融资渠道,支持城市发展新区建设

抓住城市发展新区工业化、城镇化主战场的定位,将新区建成全市重要的金融改革深化试验区、特色金融服务区,成为全市功能性金融中心重要战略支点。积极拓展多元化融资渠道,稳定信贷资金投放,运用银团贷款、联合贷款等方式,服务重大基础设施项目、重大产业项目融资需求,引导信贷资金与项目对接。大力发展直接融资,积极支持当地企业通过债券、上市等方式融资。2015年,城市发展新区贷款占比达14.3%,战略性新兴产业贷款增速高于全市平均水平。

(四)实施差异化政策,引导金融资源服务渝东北、渝东南区域发展

实施差异化政策,引导金融资源服务渝东北生态涵养发展区、渝东南生态保护发展区。推动出台《关于引导农村产权流转交易市场健康发展的实施意见》(渝府办发〔2015〕167号),力求显化和提升农村产权要素价值。加强财政奖补政策与货币政策工具的配合,鼓励和引导信贷资源服务当地"三农"和特色产业。大力实施金融扶贫,对向渝东北、渝东南生态发展区发放的贷款、承销债务融资工具、布设金融服务机具设备等,给予增量奖励、费用补贴等政策支持。出台小额贷款公司服务实体经济的工作意见,适度降低在渝东南、渝东北设立分公司的资本标准,支持小额贷款公司利用面向农村的互联网电商企业向"三农"提供信贷服务。

第二篇　改革篇

第四章　重庆市深化金融改革情况

一、重庆市深化金融改革概况

重庆市积极推动金融改革。一是稳步推动利率市场化改革。组织推动建立重庆市场利率定价自律机制,制定自律公约和自律规则,充分发挥好成员单位互相监督和自律管理的作用。创设并对成员单位发布重庆市最优贷款利率,促进理性定价。二是完善合格审慎评估长效机制。推动辖区法人城市商业银行(以下简称"城商行")、农村商业银行(以下简称"农商行")全部为全国市场自律机制基础成员,获得发行大额存单等利率市场化标准产品资格。三是建立辖区法人机构同业存单、大额存单发行交易报备制度,督促其加快发行进度。重庆地方法人金融同业存单全年发行量超过700亿元,2015年12月份大额存单成功发行落地。

二、银行业深化金融改革情况

2015年,重庆银监局系统推动银行业机构治理体系等改革。

(一)推进法人机构完善公司治理体系

1.完善公司治理架构

引导重庆银行进一步完善建立高管层落实董事会意见的反馈报告机制,加强高管层对董事会决策的执行力。重庆银行完成新任监事长选举。引导重庆三峡银行完成新任监事长、独立董事的选举,并对董事会专业委员会成员进行了调整。督导重庆农村商业银行持续修订完善发展战略,深化事业部制、准事业部制和直线职能部制并行的管理模式,调整优化了董事会专门委员会,新设三农金融服务委员会。

2.引导修订战略规划

引导机构结合自身特色和内外部形势变化,立足服务实体经济,深化金融服务,研究制定下一阶段的战略发展规划。支持重庆国际信托有限公司(以下简称"重庆信托")转型为股份有限公司,为争取上市奠定了良好基础。

3.审慎制定发展计划

要求法人机构体现风险防控与科学发展相结合、监管指标达标与业绩考核相平衡、内控管理与机构覆盖面相匹配的原则。要求财务公司不断完善"六大机制",夯实财务公司行业稳健发展基础。

4.完善激励约束机制

督导重庆银行探索员工风险金延期支付后的运用方式;重庆三峡银行董事长、行长的绩效薪酬延期支付比例提高至30%~40%;重庆农村商业银行建立差异化的考核体系,推广运用合规手册,新增及修订制度386个。

(二)推动法人机构充实资本

重庆银行于2015年12月23日完成定向增发4.22亿股H股工作,募集32.27亿港元,成为近两年在港增资的首个中资银行;15亿元二次资本债已获重庆银监局批复。重庆三峡银行通过股东配股的方式补充资本22.03亿元,并于12月24日在银行间市场发行9亿元二级资本债,资本充足状况得到显著改善。重庆汽车金融公司完成重组增资,引入兵装集团、长安汽车等实力雄厚的股东,注册资本金由5亿元上升至25亿元。新华信托股份有限公司(以下简称"新华信托")完成增资扩股,注册资本金由12亿元上升到42亿元。

(三)持续引导民间资本进入银行业

一是积极推动民营银行组建工作,指导民营银行工作组持续完善试点方案,就民营银行发起人的经营状况、筹建动机、公司治理等情况开展尽职调查,做好筹建前期辅导。二是支持地方法人机构扩大民间资本占比,重庆银行、重庆三峡银行和重庆农村商业银行民间资本占比分别达到58.79%、87.59%、33.53%,新华信托民间资本占比94.43%,力帆财务有限公司注册资金8亿元全部为民间资本。三是积极推进村镇银行全覆盖,持续引导优化重庆农村中小金融机构股权结构,积极探索民间资本进入村镇银行的有效途径,在村镇银行组建环节、增资扩股环节、转让环节,推动民间资本进入村镇银行,加快股权本地化、多元化、民营化,持续提高民营资本占比。2015年新设(包括筹建中)的4家村镇银行的非金融企业股东中,93.33%为当地民营企业,40%为涉农企业。截至2015年末,已开业村镇银行的民间资本占比为85.41%,较2014年末上升8.41个百分点,较全国村镇银行水平高13.11个百分点。

三、证券业深化金融改革情况

(一)融资功能有效发挥,直接融资大幅增长

2015年,重庆企业境内证券市场直接融资697.16亿元,同比增长190.81%。其中,3家公司首发融资10.22亿元,8家上市公司再融资116.79亿元,16家公司在全国股转系统融资8.55亿元,21家企业发行公司债融资561.6亿元。辖区上市公司积极开展并购重组和增发融资,部分公司通过并购重组,迈上发展新台阶,如太极集团旗下西南药业、桐君阁2家股份有限公司先后完成重大资产重组,进一步整合医药资产,大幅减少关联交易。2015年,重庆辖区新三板公司挂牌59家,占挂牌公司总数1.15%,实施定向增发22次,融资7.81亿元。其中,新安洁、广建装饰、奥根科技、帮豪种业等4家公司均已实施再融资3次;峻岭能源、广建装饰、多普泰等公司融资金额上亿元,新三板的融资功能得到较好发挥。

(二)服务地方实体经济能力增强

1.市场规模稳步发展

2015年,新增3家首发上市公司,新增37家新三板挂牌公司。截至2015年末,辖区上市公司增至43家,总股本468.3亿股,较年初增长23.94%;总市值6495.93亿元,较年初增长45.76%。已申报境内首次公开募股(IPO)企业9家,较年初增长50%;已进入上市辅导程序企业14家,较年初增长40%。在全国股转系统挂牌企业59家,较年初增长168.18%。

2.公司业绩总体增长

2015年,辖区上市公司总体经营情况良好,43家上市公司共实现营业收入2957.01亿元,同比增长42.17%,实现净利润170.05亿元,同比增长3.14%。一批优质上市公司如长安汽车、西南证券、重庆水务等业绩保持增长,金融业上市公司西南证券业绩增幅较大。截至2015年末,西南证券全年实现营业收入84.97亿

元,同比增长131.22%;净利润35.45亿元,同比增长163.22%。2015年,公司境内外业务协同发展:获得股票期权自营与做市业务、客户资金消费支付等创新业务资格;收购香港上市券商敦沛金融,并发行15亿元人民币离岸债券补充资金。

(三)证券期货经营机构发展取得新成效

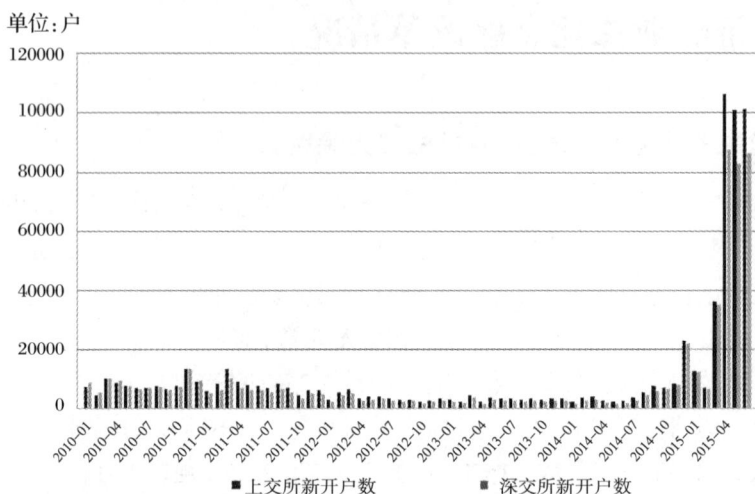

注:数据来源Wind资讯

图4-1　在渝投资者沪深两市新开户数

截至2015年末,全市共有证券分支机构188家,比年初增加15家,证券营业部已遍及所有区县。全年累计代理证券交易额6.41万亿元,同比增长193.65%;实现营业收入54.72亿元、净利润31.03亿元,同期分别增长169.82%与262.92%;辖区投资者开户数271.96万户,较年初增长27.39%;客户资产4682.84亿元,较年初增长56.70%。

全市共有35家期货经营机构,其中期货公司4家,期货营业部31家。期货投资者数量为10.64万户,同比增加27.09%,累计代理成交金额为21.44万亿元,同比增加74.22%;4家期货公司资产总额79.91亿元,同比增加58.72%,净资本10.19亿元,同比增加14.32%;4家公司全部取得了资产管理业务资格,2015年累计资产管理业务收入423.12万元,同比增加1553.46%;3家公司取得了投资咨询业务资格,投资咨询业务累计收入为156.36万元,同比增加513.18%;1家公司维持分类评价A级不变,3家公司的分类评价均上台阶,其中1家由B级晋级为BBB级,1家由B级晋级为BB级,1家由CCC级晋级为B级。

基金管理公司方面,新华基金管理公司管理基金31支,管理规模343.6亿元,同比增加74.4%,子公司新华富时管理基金产品104支,管理规模422.87亿元,较去年同期增加24.28%。备案的私募基金管理公司达299家,备案产品共204支,管理规模994.6亿元。其中,华融渝富实缴管理规模达441.76亿元,已进入全国前二十名的行列。

(四)证券业深化金融改革措施

2015年,重庆证监局推动证券业机构深化金融改革。

1.充分利用多层次资本市场,大力推动直接融资,服务实体经济发展

一是支持辖区内上市公司开展并购重组和增发融资。2015年,对4家上市公司做出并购重组分道制评价,支持8家上市公司增发股份。

二是推动公司债券市场规范发展。贯彻落实《公司债券发行与交易管理办法》,支持符合条件的市场主体充分利用债券融资工具。2015年,公司债发行快速增长,全年公司债融资561.6亿元,为实体经济发展提供了宝贵的资金支持。

三是加强拟上市企业辅导培育和新三板市场培育。引入社会监督,全面公开首发上市、辅导备案企业及其保荐机构信息。7家拟上市企业通过现场辅导验收。2015年,新增3家公司首发上市。与市工商业联合会就中小企业新三板挂牌业务建立常态合作培训机制,举办新三板挂牌业务培训活动3场。

2.加强事中事后监管,提高监管有效性,加大违法违规处罚力度

一是以年报审核为抓手,提升非现场监管效果。突出重点公司、重点问题,将监管重心聚焦在次高风险以上公司。制定《重庆上市公司分行业监管工作指引》,进一步优化行业监管机制,提高非现场监管预判风险及发现违规问题和线索的能力。

二是深化信息披露监管,提升公司规范运作水平。以信息披露监管为核心,对2家上市公司、5家债券发行人开展现场检查,对上市公司及股东等有关责任主体采取行政监管措施4项。与交易所加强监管协作,主动就发现的信息披露违规线索与交易所动态沟通,向交易所发出提请关注函6份,处理交易所抄送的相关上市公司监管函28份。

三是与稽查执法有效衔接,从严处理违规问题。在现场检查程序、取证要求等方面对接稽查办案标准。检查过程中,及时将发现的违法违规行为与稽查部门会商,如达到立案标准的及时移交稽查。对2家上市公司大股东的违规减持行为快速立案,3日内完成调查工作,移送证监会处罚委。

四是加强中介机构监管,推动勤勉尽责。事中加强风险提示,在上市公司信息披露、公司治理、并购重组等资本市场活动过程中,充分发挥审计、券商等中介机构作用,要求中介机构对存疑事项发表专项核查意见;事后强化检查问责,2015年对2家审计机构执业项目开展专项检查,对2家机构注册会计师采取行政监管措施。

3.以承诺履行监管、引导现金分红、处理投诉举报等专项工作为抓手,维护投资者合法权益

一是落实好专项工作并构建长效机制。对承诺履行监管、现金分红监管等专项工作,加强总结,固化工作经验,形成长效工作机制,通过持续更新承诺台账,强化对重点公司承诺事项的事中督促和指导,开展现金分红情况"回头看"等工作,巩固前期工作成果。建新矿业等公司充分披露了承诺变更情况,星美联合新进大股东积极履行重组承诺,相关重组方案已报证监会;2015年辖区31家上市公司实施现金分红,分红额达51.06亿元,同比增加39.01%。

二是加大投资者诉求处理力度。制定《重庆证监局上市公司举报事项监管工作指引》,进一步明确举报过程各个环节的具体要求。确立举报线索专业会商机制,受理举报后,及时对相关线索进行核实,通过外围取证和公司现场核查,对举报事项进行全面排查,发现违法违规线索的,快速启动调查程序;排除违法违规嫌疑的,及时将相关情况答复举报人。2015年重庆证监局共接收处理投资者各类咨询投诉439件,均依法按时妥善办理,保护了投资者合法权益。

三是充分发挥重庆上市公司协会自律功能,提升投资者保护工作质量。指导重庆上市公司协会对辖区上市公司网站建设、投资者沟通渠道等情况进行全面检查,并将评价结果在辖区上市公司范围内通报。指导重庆上市公司协会对辖区上市公司投资者热线接听情况开展3次抽查,接听率达99%。

四、保险业深化金融改革情况

(一)商业车险费率市场化改革试点平稳落地

根据中国保监会的安排,重庆作为全国深化商业车险条款费率管理制度改革(以下简称"商业车险改革")的6个试点地区之一,于2015年6月1日正式启动商业车险条款费率管理制度改革。重庆保监局有序推进改革平稳落地,一是加强请示汇报和沟通协调。市政府常务会议专题研究并印发保障改革的文件,市级相关部门联合开展改革动员和风险防范工作。二是抓牢做实风险评估预判工作。精准定位风险隐患,全覆盖、全过程督导改革政策落实,动态监测各类风险,采取灵活措施疏解市场压力。三是加强市场监管和政策执行检查。改革启动后及时对重点机构开展现场检查,确保改革政策不走样、不变形。目前,商业车险改革在重庆市平稳落地,有序运行,社会反响良好。市场竞争总体理性,初步实现行业发展和消费者受益的"双赢"目标。

(二)保险创新示范区县建设有序推进

按照"一区县一特色"的工作思路,加强与长寿、南岸、秀山、綦江等区县合作,推动相关保险改革创新在基层地区先行先试。经过充分酝酿和反复论证,重庆保监局已分别与南岸区、长寿区政府签订合作备忘录,正在与綦江区、秀山土家族苗族自治县磋商,力争形成面上整体推进、点上重点突破、服务功能完备、区域特色鲜明的保险创新发展格局。重点支持南岸区在建设"保险产业园",基于物联网、车联网的保险产品研发创新和社会治理创新等方面先行先试;支持长寿区统筹城乡发展,促进国家级工业经济开发区和农业示范基地提质增效以及养老社区建设等方面探索创新。

(三)重点领域保险发展成果突出

根据工作分工,由市应急办牵头推进巨灾保险工作,重庆保监局负责起草全市巨灾保险试点工作方案,经面向20余个市级部门征求意见,并组织开展外地调研后,修改形成送审稿提交市政府,获得市领导批示肯定,为巨灾保险落地奠定了良好的工作基础。重庆保监局联合市卫计委印发《关于深化医疗责任保险工作的意见》,推动二级以上公立医院医责险全市统保,2015年末已实现签单。重庆保监局印发《重庆市农业保险承保理赔实施细则》,提升农业保险服务水平。协调推动水稻、玉米、马铃薯保险试点区域扩大到23个区县,烟叶保险实现全市统保,食品安全责任险在餐饮业、中小学食堂进行试点。军队保险前期调研工作顺利开展。

(四)保险服务民生成效显著

市政府出台《关于加快发展商业健康保险的实施意见》,全面部署加快商业健康保险发展。保险业深度参与医疗保障体系建设相关改革大力推进。大病保险实现省级统筹全覆盖,目前累计承保2616.7万人。城镇职工医保大额互助保险于2015年1月1日起正式由保险机构承办,覆盖548万人。基本医保个人账户余额购买商业保险和意外险实现38个区县全覆盖。推动保险业参与金融扶贫创新试点,率先启动贫困户大病医疗补充保险和贫困地区农户农房保险试点,失独家庭保险覆盖24个区县,农村扶贫小额保险实现建卡扶贫人口全覆盖。

第三篇　运行篇

第五章　重庆市银行业发展情况

一、总体情况

2015年,面对复杂严峻的形势,重庆市银行业把自身发展放到促进全市经济社会发展的大局中去谋划,把金融风险防控放到维护全市经济社会稳定的大局中去推动,实现促进发展与防好风险并举。

(一)机构情况

截至2015年末,全市法人和市级分行机构数量破百。全年新增8家,达到103家。广发银行重庆分行开业,全国性股份制银行除渤海银行外,已全部在重庆完成布点。新韩银行重庆分行开业,重庆辖区内外资法人银行分行达15家,外国银行分行1家,外国银行代表处1家,外资银行分行数量保持中西部第一。重庆基本实现银监会监管体系下的机构类型全牌照,成为中西部机构种类较齐全地区之一。

(二)资产情况

2015年末,全市银行业总资产3.9万亿元,同比增长12.02%,增速较2014年提高3.13个百分点。其中各项贷款余额2.3万亿元,同比增长11.22%;新增贷款主要集中在个人贷款、房地产、交通运输仓储邮政业、买断式转贴现、租赁和商务服务业。房地产贷款持续较快增长。2015年末全市银行业总负债达3.8万亿元,同比增长11.99%,增速较2014年提升3.34个百分点。其中各项存款增速全年走势先抑后扬,12月末同比增长12.6%,略高于全国水平。全年银行业季末存款偏离度整体达标。2015年末,银行业不良贷款余额207.3亿元,比年初增加114.2亿元;不良贷款率0.9%,比年初上升0.45个百分点,低于全国平均1.09个百分点。全年全市银行业实现利润542.5亿元,同比少增49.4亿元。银行业净息收入占营业收入的比重为79.8%。

(三)业务情况

一是资产结构多元化。银行业正逐步摆脱原有的路径依赖,资产负债增速较前几年明显放缓,同时进一步呈现多元化发展趋势。二是业务结构综合化。银行业主动适应利率市场化和客户多元化金融需求,加快综合化经营步伐,存款理财化、商业银行投行化趋势日益明显。全年辖内银行业累计新发行理财产品6845支,金额3763.5亿元,同比增长29.3%。三是盈利结构"轻型化"。轻资产、重服务成为大多数银行的转型路径,拓展中间业务收入来源、增加产品线、创新服务手段成为优化盈利结构的重要抓手。四是机构方向差异化。由于各家银行资产配置、客户结构不同,以及转型时机、方向和战略的差异,业绩分化更加明显。

二、机构情况

(一)政策性银行

1.中国农业发展银行与中国进出口银行

2015年,农发行重庆市分行、进出口银行重庆分行两家政策性银行认真履行政策性金融机构职能,不断加大信贷投放,积极服务国家和地方发展战略,支持全市"三农"和外向型经济发展。年末资产总额1342.1亿元,比年初增加124亿元,增幅10.17%。全年投放贷款509.9亿元,贷款余额1266.1亿元,比年初增加69.8亿元,增幅5.83%,实现税后利润15.1亿元。农发行重庆市分行推出委托代建、政府购买服务模式的整体城镇化建设贷款,全年审批项目5个,金额217亿元。先后开办重大水利工程建设专项过桥贷款、扶贫开发贷款、专项建设基金投资等业务,投放金额达17.4亿元、5.5亿元、75亿元。积极支持农业农村基础设施建设,全年发放水利建设贷款23.1亿元、农村土地整治贷款170.8亿元、农民集中住房建设贷款18.1亿元、农村路网建设贷款5.6亿元。进出口银行重庆分行积极服务"一带一路"和"长江经济带"建设,对果园港集装箱码头、重庆铁路口岸保税物流园、两路寸滩保税港区、江北国际机场等相关项目发放贷款38.7亿元。积极支持全市企业"走出去",向15个"走出去"项目提供贷款34亿元。与重庆市外经贸委和重庆对外经贸(集团)公司签署《支持企业"走出去"战略合作协议》,共同搭建"3+N"平台,全年受理"3+N"战略合作项目161个、申贷金额211.4亿元,实现放款项目12个、金额53.8亿元。

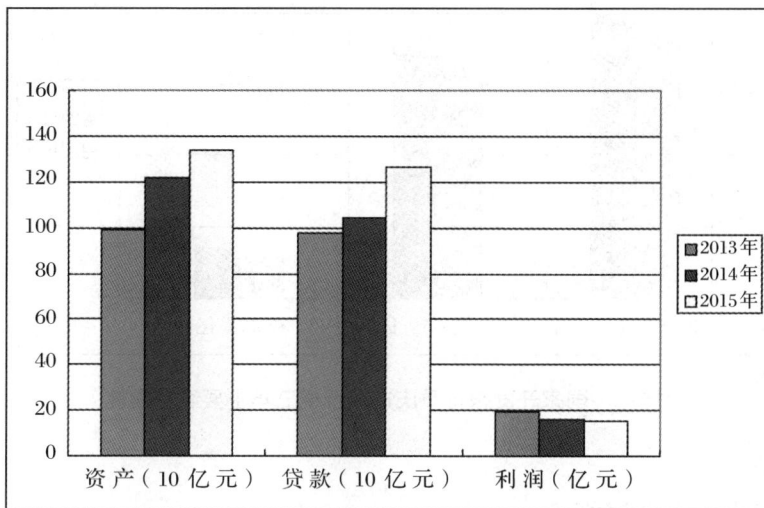

图5-1　中国农业发展银行重庆市分行、中国进出口银行重庆分行近三年主要经营指标

2.国家开发银行

2015年,国家开发银行重庆市分行主动适应转型改革,围绕国家战略和地方发展提升金融服务水平。年末资产总额2365.2亿元,较年初增长19.07%。其中,贷款余额1912.5亿元,较年初增长10.52%。实现税后利润37亿元。服务战略发展,发放棚户区改造专项贷款126亿元,支持了11个区县4.1万户居民321万平方米棚户区改造;高效投放专项基金,前四批基金累计完成投放107个项目、143.8亿元;与市扶贫办签订《开发性金融扶贫合作协议》,向贫困区县派出金融扶贫专员,积极探索易地扶贫搬迁、高标准农田建设等扶贫贷款品种。深度融入地方发展,参与重庆市新型城镇化综合试点方案制定。积极支持重点领域,发放公路领域贷款67.4亿元、城市轨道交通领域贷款26.3亿元、产业类贷款62.7亿元。

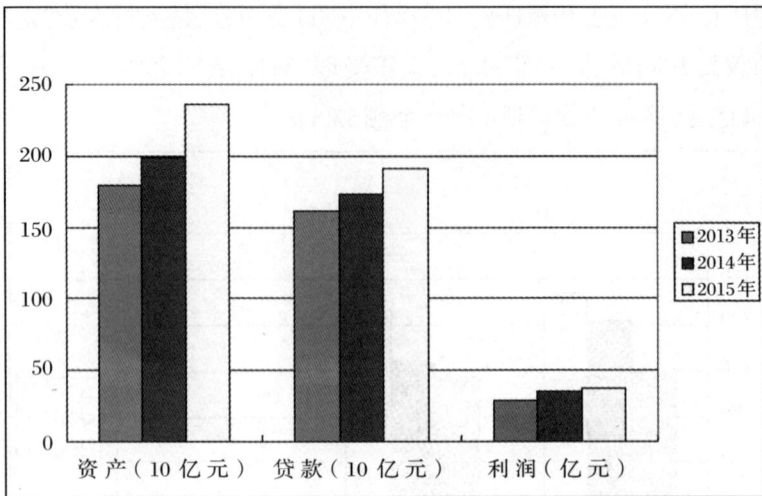

图5-2　国家开发银行重庆市分行近三年主要经营指标

(二)大型商业银行

2015年,重庆辖区内五家大型商业银行(工商银行、农业银行、中国银行、建设银行、交通银行)发展平稳,效益规模稳步增长。年末五家大型商业银行总资产余额11611.3亿元,比年初增长6.47%。各项贷款余额9504亿元,比年初增长8.11%。各项存款余额10705.9亿元,比年初增长7.19%。全年实现净利润200.6亿元。一是满足重点行业领域信贷需求。投向个人、制造业、交通运输和仓储邮政业贷款余额合计5678.2亿元,占各项贷款余额的59.75%。住房按揭贷款余额3198.7亿元,比年初增加509.8亿元,增幅18.96%,高于全市平均2个百分点,有效满足了居民合理的住房需求。二是加大力度扶持小微企业发展。2015年末,小微企业贷款余额1372.5亿元,比年初增长12.44%,增速高于各项贷款增速5.26个百分点;小微企业贷款户数余额18876户,比年初增加4085户;申贷获得率90.88%,较年初提高1.76个百分点,完成了"三个不低于"目标。

表5-1　重庆大型商业银行近三年资产负债

单位:亿元

年份	总资产	总负债
2013年	10403.7	10235.6
2014年	10906.0	10722.4
2015年	11611.3	11468.9

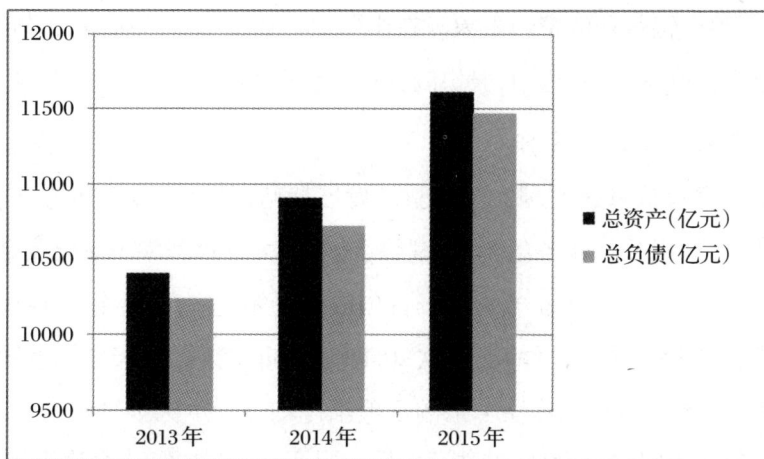

图5-3　重庆大型商业银行近三年资产变化图

(三)股份制商业银行

2015年,重庆辖区内股份制银行达到11家(光大、招商、浦发、中信、华夏、平安、兴业、民生、恒丰、浙商、广发),较2014年同期新增1家。资产规模年末余额为7918.4亿元,实现利润96.4亿元。

1.品牌建设卓有成效

股份制银行中有8家已经开业十年以上,各家机构特色业务开展成效明显,如招商银行重庆分行的零售业务,兴业银行重庆分行大力发展绿色信贷。近年来,各行贴近市场需求开发特色产品,如中信银行重庆分行"快快贷"、浙商银行重庆分行"涌金票据池"等产品受到客户的广泛欢迎。

2.积极服务实体经济

大力支持"一带一路"战略和长江经济带建设,贷款余额达到514.2亿元。新增信贷重点投向民生领域,如个人消费贷款余额达到964.7亿元,同比增长16.3%,比全市银行业整体快1个百分点。各股份制银行积极参与重庆市战略性新兴产业股权投资基金,累计达成意向合作协议约800亿元。

3.窗口服务质量保持高水准

股份制银行网点数量保持较快增长,分行及支行数量合计达到268家,其中在远郊区县开设支行的股份制银行达到8家。股份制银行网点服务质量较高,提升了整个银行业的窗口形象。在中国银行业文明规范服务"千佳"示范单位、"五星级银行网点"评选中,股份制银行是获选网点最多的一类机构。

4.转型创新走在市场前列

股份制银行认真落实国家创新驱动发展战略,结合产业升级方向、地方经济发展特点,积极开展业务创新,尝试综合化经营,应对利率市场化及金融脱媒的冲击。其中,多项创新业务为市场首创或市场领先,如民生银行重庆分行中标重庆市首个PPP项目,目前已放款20.4亿元;浦发银行重庆分行承销发行债券项目数、市场份额和私募债承销额三项指标均位列重庆全辖区第一;平安银行重庆分行成立网络金融部,打造互联网金融平台,推进"橙e网"等网络金融产品落地,分行"橙e平台"拥有客户3000余户。

表5-2　在渝股份制商业银行近三年主要经营指标

单位:亿元

	2013年	2014年	2015年
资产	7571.47	7087.01	7918.37
负债	7400.83	6929.50	7797.23
利润	150.96	138.27	96.38

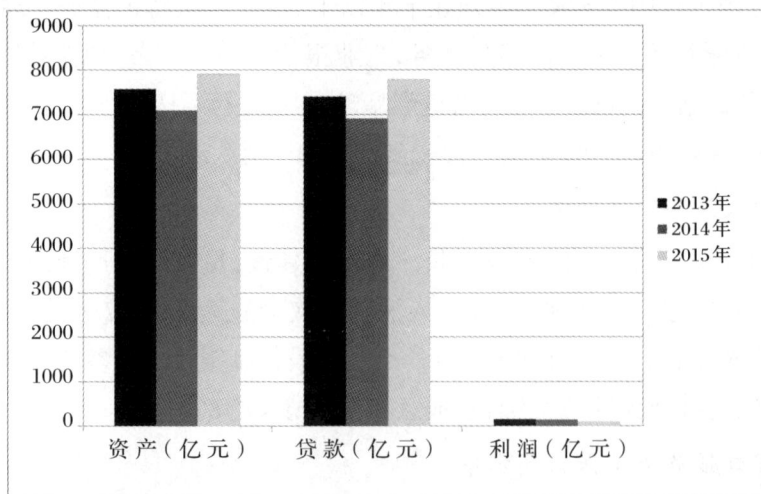

图5-4　在渝股份制商业银行近三年主要经营指标

（四）中国邮政储蓄银行

2015年,邮储银行重庆分行努力提升服务实体经济质效,紧扣四项任务深入践行普惠金融。年末,资产规模2149.7亿元,较年初增长10.02%,其中,贷款余额517.8亿元,增长42.32%。存款余额2078.9亿元,增长10.14%。一是积极支持贫困区县特色产业发展,截至2015年末,累计向全辖区18个贫困区县投放各类贷款330亿元。二是合力推进"三农"服务。将"三农"服务情况纳入绩效考评体系,以"融资+融智"模式助推农业现代化发展。截至2015年末,"三农"贷款余额157亿元,同比增长35%。三是稳步助推小微发展。提高小微企业贷款不良容忍度,新研发及改进小微信贷产品9项,截至2015年末,小微贷款余额139亿元,较年初增加16亿元。四是尽心服务城乡居民。在社区设立自助银行、试点社区金融服务站,在农村地区建立现金服务站和助农取款点、布放便民终端设备,填补空白乡镇、行政村46个。

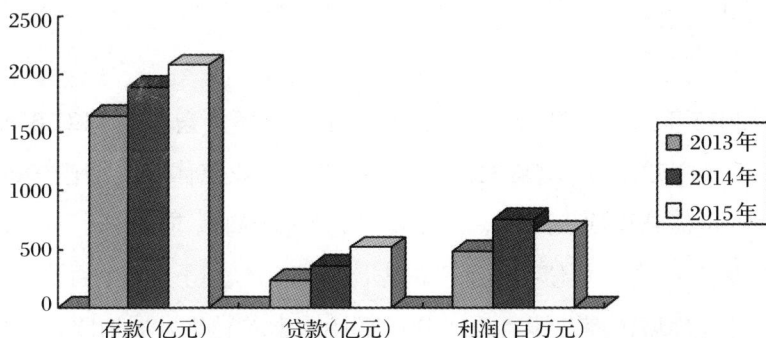

图5-5　中国邮政储蓄银行重庆分行近三年主要经营指标

（五）城市商业银行

1.法人银行

2015年,两家法人城商行在抓合规、守底线、防风险的同时,积极推动改革发展,基本实现了年度经营及风险管理目标。一是实现经营发展逆势突破。年末,重庆银行资产余额3198.3亿元,较年初增长16.3%;实现净利润31.7亿元,同期增长12.11%。重庆三峡银行资产规模达1326.6亿元,较年初增长31.49%;实现净利润16.5亿元,同比增长29.05%。二是风险水平总体可控。年末,两家法人城商行的资本充足率、流动性比例等主要监管指标均达标。重庆银行各项减值准备计提充足,确保了贷款拨备率的稳步提升。重庆三峡银行资本充足率达14.01%,较年初上升3.5个百分点。三是治理改革持续推进。重庆银行成功实现H股定向增发,重庆三峡银行实现了配股增资和发行次级债,进一步夯实了资本基础;不断加强公司治理和组织架构的优化调整,两家法人城商行基本完成"十三五"战略规划的制定工作;重庆银行探索推行分支机构风险官和风险经理派驻制,重庆三峡银行持续优化员工违规积分制度和会计条线的飞行团队建设。四是坚持创新转型发展。重庆银行公司、小微企业、零售业和同业四个业务条线均衡发展,储蓄存款占比首次跃上20%的新台阶,小微实现"三个不低于",推出首单PPP业务,成功发行企业和个人大额存单。重庆三峡银行推进"小企业之家"营销模式,创新抵押担保方式,持续加大对小微企业支持力度,实现小微"三个不低于",受到银监会普惠金融部表彰。

2.异地城商行

截至2015年末,全辖区共有异地城商行7家,资产总额为1121.65亿元,其中贷款余额582.72亿元,增长31.08%,比全市银行业整体贷款增速快20.3个百分点。资产负债结构逐步改善。2015年末,异地城商行重庆分行资产投向和负债来源逐步多元,资产负债构成前三的占比较去年分别下降5个百分点和3.5个百分点。各异地城市商业银行重庆分行坚持探索差异化发展道路,全力推进品牌建设,部分特色产品在重庆市场进一步扩大了知名度和认可度,如广东南粤银行的"信用速贷"、哈尔滨银行的"个人物业通"和"易贷宝"等。

(六)农村商业银行

2015年末,重庆农商行总资产达7041.9亿元,较年初增加888.9亿元,增幅14.45%;各项贷款、各项存款余额分别达到2545.2亿元、4660.6亿元,同比分别增长8.51%和14.41%,实现净利润70.5亿元。

积极推进农村金融服务,大力推进精准扶贫。创新"土地开发整理贷款"、农户"小额消费贷款"等支农信贷产品,继续推进手机银行"村村通",完成涉农贷款高于全市贷款平均增速目标。试点推出"光伏扶贫助农贷"产品、搭建光伏用电供销产业链,在18个贫困区县投放贷款余额589.7亿元,较年初增加31亿元。

积极支持"大众创业、万众创新"。年内设立小微企业专营支行12家,创新"小微企业增信贷",积极推广助业保证捷贷、"嘿好贷"、商标专用权抵押贷等融资方式,积极推广发票、税票和订单贷等"弱担保"产品。2015年小微企业开户数11万户,小微企业贷款新发放18.3亿元,均居全市第一,完成小微企业金融服务"三个不低于"的目标。

积极支持国家重大战略和地方经济发展。开辟"一带一路"战略及建设长江经济带"贷款审批绿色通道",重点围绕十大新兴战略产业、支柱产业的转型升级以及基础设施建设等需求,加快信贷资金投放,全年支持重点项目240个,贷款余额476亿元;大力支持地方企业"走出去",发放全市首笔外储委托贷款9797万美元;积极落实减费让利,全年共减免5.1亿元的收费项目。

积极推进产品创新。与深圳微众银行合作推出"微粒贷"授信产品,搭建面向社区的"江渝惠"线上线下金融服务平台,上线"江鱼儿"直销银行;推出全市首款汽车联名IC信用卡;成功发行首笔大额存单。获得中国金融认证中心(CFCA)颁发的"2015年区域性商业银行互联网金融业务创新奖";手机银行作为中国区唯一金融创新案例,入选全球支付业务典型案例。

大力推进风险防控。进一步强化专家审贷、费用拨付、特别检查等内控和风控机制建设,上线一系列信息系统强化信用风险、市场风险和流动性风险的管控,主要风险指标保持在较好水平。完成同城灾备中心建设,全面搭建"两地三中心"架构,是国内农合机构中首家实现同城和异地灾备真实切换的机构。

(七)外资银行

2015年,辖区内外资银行积极强化内部控制和转型调整,加强本土化进程,着重发展差异化、特色化业务,发挥自身在贸易融资和国际结算方面的优势,为企业"引进来"和"走出去"提供良好的金融服务和支撑,各项业务稳健发展。年末,资产负债规模大幅增长,资产总额达244.76亿元,比年初增长13.07%。各项贷款、存款快速增长,余额分别达192.6亿元、146.3亿元,同比分别增长8.22%、

14.77%。同时,外资银行抓住机遇,积极推动地方经济发展。三家新资银行(星展、大华和华侨银行)紧抓"中新(重庆)战略性互联互通示范项目"机遇,发挥在新加坡以及香港等亚洲成熟金融中心的经验优势,携手中资金融机构,与政府及企业签署了合作备忘录等协议,促进新加坡和重庆乃至中国西部地区之间的金融联系。

表5-3 在渝外资银行资产负债情况简表

单位:亿元

	余额	比年初增长	
		金额	比率
总资产	244.76	28.30	13.07%
其中:各项贷款	192.61	14.63	8.22%
总负债	213.56	24.20	12.78%
其中:各项存款	146.31	18.83	14.77%

(八)其他机构

1.住房储蓄银行

2015年,中德住房储蓄银行重庆分行继续围绕"专业于住房金融、专注于住房储蓄"的发展定位,切实完善与建设银行的协同机制,不断调整产品结构,探索推出电子银行业务,较好地扩大了住储业务的品牌知名度和影响力。年末,资产总额80.2亿元,较年初增长22.94%;住房储蓄合同余额112亿元,较年初增长58%。

2.票据营业部

2015年,工行票据营业部重庆分部根据票据市场特点,制定发展重点,强化风险管理,取得较好业绩。全年系统外票据累计交易量3089亿元,同比增长12.5%;实现拨备前利润4.42亿元。持续防控风险,继续保持了假票收进率、不良资产率、资金损失率、经济发案率为零的优良记录。

3.信用卡中心

截至2015年末,在渝独立持牌的信用卡中心达4家(交通、中信、华夏、民生银行信用卡中心重庆分中心),年内新增发卡量达到28万张,资产质量良好。各信用卡中心重庆分中心以市场为中心,以客户为重点,与分行等渠道开展良性合作,大力发展传统信用卡业务和消费信贷业务,有力支持了广大信用卡客户的消费升级需求;整合多方资源,持续开展多种刷卡优惠活动,提升了消费活跃度,形成了良好的品牌效应。

第六章　重庆市证券业发展情况

一、机构情况

截至2015年末,重庆辖区内有上市公司43家。其中,主板上市公司33家、中小板上市公司5家、创业板上市公司5家,仅发A股公司40家,仅发B股公司1家,同时发A、B股公司1家,同时发A、H股公司1家。此外,2015年新增拟上市公司7家,已申报境内IPO企业9家,已进入上市辅导程序企业14家。全国股转系统挂牌企业59家,较年初增加37家。

证券期货经营机构方面,证券公司1家,证券营业部171家,证券分公司17家,证券投资咨询公司1家;期货公司4家,期货营业部31家,基金管理公司1家,私募基金管理公司299家。

表6-1　2015年重庆市证券行业基本情况表

项目	数量
总部设在辖区内的证券公司/家	1
总部设在辖区内的期货公司/家	4
总部设在辖区内的基金公司/家	1
总部设在辖区内的私募基金公司/家	299
年末国内上市公司数/家	43
股转系统挂牌公司数/家	59
拟上市公司数/家	23
证券分公司/家	17
证券营业部/家	171
期货营业部/家	31
证券咨询公司/家	1
当年国内股票(A股)筹资/亿元	697.16
当年国内债券筹资/亿元	561.6

二、资产情况

截至2015年末，重庆市上市公司资产、市值总体呈现稳步上升，证券期货业资产呈现快速增长。重庆市境内43家上市公司总股本468.3亿股，较年初增长23.94%；总市值6495.93亿元，较年初增长45.76%；总资产6399.46亿元，较年初增长19.41%。证券期货业总资产979.4亿元，较年初增长42.49%。

三、业务情况

按照证监会行业划分，重庆辖区内上市公司分属制造业、房地产业、电力、热力及水生产和供应业等9个行业。上市公司全年实现营业收入2957.01亿元，同比增长42.17%。

证券经营机构方面，全年代理证券交易额6.41万亿元，同比增长193.65%；公募基金公司产品数量31支，较去年增长34.78%；私募基金公司备案产品共204支，证券营业部已遍及所有区县，网点布局更趋合理，服务水平进一步提升。

期货经营机构方面，全年累计成交量为13563.71万手，同比增长49.16%；累计代理期货交易额21.44万亿元，同比增长74.22%。

四、盈利情况

2015年归属于上市公司股东的净利润170.05亿元，同比增长3.14%。

证券期货业净利润60.22亿元，同比增长39.69%。其中证券公司净利润58.6亿元，期货经营机构净利润1.62亿元。

五、风险情况

上市公司方面，个别上市公司有可能因风险监测处置机制不足，信息披露不准确、不完整、不及时，股东违规减持，宏观经济形势和行业动态的分析能力较匮乏，投资者信访投诉和突发风险事件应急处理机制不完善而引发风险，并可能引起投资者不满，影响辖区经济和社会稳定。

　　证券期货经营机构方面,主要涉及声誉风险、信用风险、操作风险、流动性风险和信息技术风险五大类风险。声誉风险主要是业绩大幅提升与股市剧烈下滑形成强烈反差和行业社会责任意识较为淡薄。信用风险主要是融资类业务比重过大,业务发展约束机制不健全,信用风险管理能力偏弱和通道类业务风险管理薄弱。操作风险主要是复杂业务中的差错失误等。流动性风险主要是缺乏主动管理意识,大部分公司以被动满足监管指标为主,很少主动对资产负债结构、经营方式、流动性和盈利性的平衡进行管理。信息技术风险主要是信息技术与网络安全管理和系统安全稳定运行等方面可能出现的交易事故。

第七章　重庆市保险业发展情况

一、机构情况

截至2015年末,重庆市共有保险公司法人机构3家,分别是安诚财产保险股份有限公司、恒大人寿保险有限公司、利宝财产保险有限责任公司。市级分公司45家,较年初净增加2家;市级以下分支机构1218家,较年初净增加34家;中介法人机构28家,省级分公司33家;银行、邮政、车商等保险兼业代理机构5283家。

二、业务情况

截至2015年末,在渝保险公司总资产1364.1亿元,较年初增长34.8%。2015年,全市保费收入514.6亿元,同比增长26.4%,保费规模在全国排名第18位,保费增速在全国排名第6位。其中:产险公司保费收入176.8亿元,同比增长19.9%;寿险公司保费收入337.8亿元,同比增长30%。

三、保险赔付

全市保险赔付支出220.2亿元,同比增长45.4%。其中,产险公司赔付支出100.1亿元,同比增长20.8%;寿险公司赔付支出120.1亿元,同比增长75.1%。机动车保险赔款支出70.1亿元,同比增长6.4%。

四、风险情况

在经济下行压力持续加大、资本市场大幅震荡、满期给付和退保风险持续高企的背景下,全行业积极构建多层次风险监测体系,密切关注风险苗头,及时预警,提早介入,妥善处置个别机构集中退保、媒体跟进报道等风险事件,坚决守住了风险防范底线。保险市场稳健运行,全年未发生系统性区域性风险。

第八章　重庆市担保行业发展情况

一、机构情况

截至2015年末，重庆市共有融资担保机构161家，其中法人机构151家，分支机构10家。从机构性质看：重庆国有及国有控股担保机构71家，占总数的44.1%；民营及外资担保机构90家，占总数的55.9%。从注册资本金规模来看，重庆融资担保机构注册资本总额359.3亿元，其中国有资本187.7亿元，民营及外资171.6亿元，注册资本金最低为5000万元，最高为36亿元（重庆市三峡担保集团有限公司），户均注册资本2.38亿元。2015年8月，重庆市再担保有限责任公司获批成立。该公司由渝富集团、地产集团、三峡担保、进出口担保、兴农担保和瀚华担保共同出资设立，是一家以经营再担保业务为主的国有政策性担保公司，它的成立将有效发挥再担保"分险、增信、规范、引领"的职能，标志着行业顶层设计的初步确立和重庆市担保体系的进一步完善。

二、规模情况

2015年，重庆市担保行业新增担保额1831.9亿元，同比增长14.41%，其中国有担保公司年内累计担保发生961.82亿元，占比52.5%；民营及外资年内累计发生870.08亿元，占比47.5%。重庆市担保行业在保余额2045.8亿元，同比增长13.05%，其中国有控股担保公司在保余额合计1478.4亿元，占全市的72.27%，这个比重较2014年末上升了4个百分点，维持了国有担保业务余额的发展速度；民营及外资担保公司在保余额为567.4亿元，占比27.73%，较2014年末下降了4个百分点。担保行业整体放大倍数5.23倍，其中国有控股担保公司放大倍数6.87倍，民营及外资放大倍数3.13，与2014年末基本持平。

三、盈利情况

截至2015年末,重庆市融资担保机构全年实现担保收入35.3亿元,同比下降21%,上缴税金6.4亿元,比年初增长3.2%,行业净资产收益率3.8%,担保代偿率2.2%,拨备覆盖率238%。从行业盈利增长情况看,担保收入降幅较大,行业整体盈利水平降低,经济下行周期影响导致担保机构风险管理成本迅速上升,代偿率也增长较快,行业净利润增长缓慢。2015年,重庆市融资担保机构净利润15.9亿元,同比下降22.8%。

四、风险情况

2015年,受经济下行影响,全年重庆融资担保机构累计担保发生额同比增加230.7亿元,增速较去年下降14个百分点,年末在保余额比年初增加236.2亿元,增速较2014年下降7.8个百分点。2015年全行业业务收入为25.3亿元,比2014年减少9.4亿元,下降21%。

第九章 重庆市金融要素市场发展情况

一、机构情况

截至2015年末,全市共有14家交易场所,包括重庆联合产权交易所、重庆渝涪农副产品电子交易市场、重庆药品交易所、重庆股份转让中心、重庆涪陵林权交易所、重庆航运交易所、重庆农村土地交易所、重庆外滩摩配电子交易所、重庆文化产权交易中心、重庆农畜产品交易所、重庆土特产品交易中心等,交易场所整体运行良好,较好地起到了资金积聚、资源配置、服务行业、提高效率的作用。

按交易品种性质区分,重庆要素市场大体可分为两大类:一是权益类。权益类交易是指产权、股权、债券、林权、矿权、知识产权、文化艺术品权益及金融资产权益等交易。重庆市权益类交易所有5家,重庆联合产权交易所、重庆金融资产交易所、重庆涪陵林权交易所、重庆股份转让中心和重庆文化产权交易中心,权益类交易所交易产品的本质是物权,其关键环节是权利的确认、发现和转移。二是合约类。合约类交易是指商品合约及其他合约为交易对象的合规交易。重庆市交易所均为商品合约范围,共9家,分别是重庆农村土地交易所、重庆农畜产品交易所、重庆药品交易所、重庆航运交易所、重庆渝涪农副产品电子交易市场、重庆外滩摩配电子交易所和重庆土特产品交易中心等,均采取现货即期交易。

二、规模情况

截至2015年末,全市14家交易场所累计交易总额达24729.05亿元,2015年新增交易额9918.97亿元,同比增长9.78%。其中重庆联合产权交易所648.39亿元,重庆农村土地交易所43.81亿元,重庆农畜产品交易所5.32亿元,重庆股份转让中心41.01亿元,重庆药品交易所193.95亿元,重庆航运交易所74.86亿元,重庆金融资产交易所210.56亿元,重庆涪陵林权交易所1.22亿元,重庆渝涪农副产品电子交易市场257.53亿元,重庆外滩摩配交易所0.05亿元,重庆文化产权交易中心0.15亿元,重庆土特产品交易中心71.01亿元。全市交易场所服务实体经济作用明显,成为全市资源配置的重要场所。

三、业务特色

2015年全市交易场所运行良好,较好地起到了资金聚集、资源配置、服务行业、提高效率的作用,以服务改革发展和实体经济为导向,积极创新发展,促进交易场所功能完善。

(一)市场集聚辐射能力进一步提升

重庆药品交易所、重庆联合产权交易所初步建成全国性交易市场,在全国的影响力进一步增强;重庆金融资产交易所业务扩大至全国18个省市,初步形成全国影响力。2015年以来,各交易场所先后十余次接待兄弟省市考察学习。

(二)探索打造"三合一"综合服务平台

围绕要素市场交易平台——电子商务平台——融资服务平台"三位一体"建设,创新开展"互联网+"业务。重庆农村土地交易所构建全市统一农村产权交易平台,并搭建全市农村电商平台;重庆药品交易所建成全流程电子商务公共服务平台,建立医药公信网,探索开展电子购物平台(B2B2C)和线上到线下(O2O)电商业务新模式,成立保理公司为交易主体提供保理服务;重庆航运交易所成立担保公司,实现行业保险、融资担保等服务整合;重庆土特产品交易中心搭建农村土特产品互联网电商平台助农增收。

(三)交易场所逐渐呈现集团化、体系化发展趋势

以重庆联合产权交易所为代表的要素市场,呈现集团化、体系化发展态势。重庆联合产权交易所的产权交易总所、分支机构、涪陵林权交易所、内江产权交易所协调发展,已组建联付通、惠民金融、联房通融、合润金融等4家第三方支付结算及金融中介服务子公司,会计审计、法律咨询、资产评估等产业随之发展壮大。重庆农村土地交易所收购了渝涪市场,建成"惠融通"投融资平台、

商业保理公司和投资公司,集团化发展初具雏形。重庆药品交易所在做大做强公共药品全流程电子交易服务平台的同时,相继成立全资子公司重庆医药公信网有限公司、重庆医药数据信息科技有限公司、重庆药易商业保理公司,初步呈现体系化、集团化发展形势。

四、风险情况

2015年,重庆市金融要素市场总体运行良好,部分交易场所出现了一些不规范的行为,主要表现在以下方面:一是部分要素市场对于机构或分支机构设立、机构重大变更、业务模式变化、交易品种上线、日常业务开展等相关事项不按照监管要求履行申报审批、报告、报备等手续,欠缺风险意识、规范意识、合规意识、主动意识、配合意识。二是个别交易场所存在风控制度机制不够健全、落实不到位,内部治理缺乏制衡等问题。以上风险的发生都及时采取了监管处置措施,整体而言,重庆要素市场风险可控,突发性风险预防和紧急情况处置安全稳妥。

第十章　重庆市私募股权基金发展情况

一、机构情况

截至2015年末,全市私募股权投资类企业快速发展,共有备案股权投资类企业492家,今年新增54家。其中,备案并注册的私募投资基金165家,人民币备案并注册的私募投资基金管理机构271家。

二、规模情况

截至2015年末,全市备案私募投资基金注册资本(认缴出资)共1320.83亿元人民币,今年新增635.9亿元(包含战略性新兴产业基金认缴出资255.03亿元),同比增长284.67%。其中,人民币备案并注册的私募投资基金管理机构注册资本(认缴出资)1260.18亿元,备案并注册的私募投资基金注册资本(认缴出资)60.65亿元。2015年,全市私募股权投资类企业实收资本501.05亿元,累计对外投资金额477.46亿元,当年投资金额297.3亿元。私募股权投资企业还在吸引外资方面发挥出积极作用,截至2015年末,重庆市共有外资及跨境人民币股权投资类企业37家(其中:管理公司19家,基金18家),注册资本(认缴出资)为202.42亿元,累计到位资金43.68亿元。

三、风险情况

2015年,重庆市开展备案私募股权投资类企业风险排查工作,共排查164家企业,其中6家公司被立案侦查或者关闭和注销,2家公司可能涉及有承诺还本付息行为,3家公司有注册地和实际办公地不一致的情况。

第十一章 重庆市小额贷款行业发展情况

一、机构情况

截至2015年末,重庆市小额贷款公司批筹总数达265家,居全国第23位。全年引进实力较强的企业如百度、京东、小米等投资设立小额贷款公司共6家,注册资金达30多亿。小额贷款公司从业人员8302人,较2014年增长44.74%。按照公司性质划分,包括民营小额贷款公司211家,国有控股小额贷款公司10家,外资小额贷款公司44家。

二、规模情况

截至2015年末,重庆市小额贷款公司注册资本总额621.83亿元,居全国第5位,小额贷款行业资产总额1025.03亿元,同比增长19.4%。按照公司性质划分,民营小额贷款公司注册资本总额449.98亿元,占比72.36%,平均每家公司2.13亿元;国有控股小额贷款公司注册资本总额22.48亿元,占比3.62%,平均每家公司2.25亿元;外资小额贷款公司注册资本总额149.37亿元,占比24.02%,平均每家公司3.39亿元。

三、业务情况

2015年,重庆市小额贷款公司当年累放贷款4411.6亿元;年末贷款余额887.94亿,位居全国第2,同比增长11.56%;90%的贷款投向中小微经济体,其中小微企业的贷款余额为655.6亿元,占比73.83%。在宏观经济不断下行的压力下,小额贷款公司加快创新转型步伐,积极发展普惠金融,一是逐步向微贷模式转型,全年有10余公司转型做小微贷款,目前全市微贷模式的小额贷款公司已有近30家,年末贷款余额124亿元,占行业贷款余额的14%。二是部分符合条件的公司积极稳妥开展网络贷款业务,截至2015年末,开展网贷业务的公司达

17家,已开办业务的11家公司全年累计放贷17387.03万笔,6368.67亿元。三是创新融资方式,商汇小贷成为西部第一家在新三板挂牌的小额贷款公司并成功定向增发5166万股,瀚华小贷在上交所发行5亿元的资产证券化产品,全年包括通过回购式资产转让、资产专项管理计划、发行私募债等直接融资方式实现融资的小额贷款公司有73家,融资余额达221.76亿元,新增64.43亿元。

四、盈利及风险情况

2015年,全市小额贷款公司实现利润30.88亿元,全年实现各项税金14.85亿元,小额贷款行业不良贷款余额22.57亿元,不良贷款率2.54%,风险总体可控。风险拨备余额45.4亿元,拨备覆盖率达201%,能够覆盖现有风险,没有发生流动性风险和非法集资事件,守住了系统性风险和区域性风险底线。

第十二章　重庆市其他金融机构发展情况

一、新型农村金融机构

（一）机构情况

截至2015年末，重庆辖区内新型农村金融机构达38家（其中村镇银行35家，资金互助社2家，贷款公司1家）。民间资本进入村镇银行步伐加快，2015年末，村镇银行民间资本占比85.41%，高于全国72.3%的平均水平，较去年上升8.41个百分点。

（二）规模情况

重庆辖区内新型农村金融机构资产总计263.6亿元，较年初增长10.14%。加权平均资本充足率33.92%，高于全国27.1%的平均水平；流动性比例等主要监管指标均达标。2015年，重庆辖区内新型农村金融机构利息净收入13.3亿元，占总收入的比例为85.60%；实现净利润4.5亿元。

（三）业务情况

重庆辖区内新型农村金融机构信贷投向集中于农户和小微企业，贷款合计159亿元，占各项贷款的90.05%，总体完成小微企业金融服务"三个不低于"目标和涉农贷款"一个高于"目标。客户群体不断扩大，2015年末贷款户数达2.67万户，同比增长33.5%；共向5万余名客户累计发放贷款8.5万笔、719亿元。村镇银行共设立支行55家，其中乡镇支行30家。4个省级贫困县已实现全覆盖，14个国家级贫困县已覆盖13个。2015年，新提取各项资产减值准备3.15亿元，期末余额7.11亿元，增幅58.35%，抵御风险能力进一步增强。

二、信托行业

（一）机构情况

截至 2015 年末，重庆辖区内两家信托公司（新华信托股份有限公司、重庆国际信托有限公司）固有资产总额达到 312.3 亿元，较年初增长 55.92%；受托管理信托资产规模 2775.8 亿元，较年初减少 16.77%；实现净利润 40.8 亿元。全年 364 个信托项目均如期清算，累计规模达到 975.5 亿元。

表 12-1　2011—2015 年信托公司财务情况

单位：亿元

年份	资产	负债	所有者权益
2011 年	108.4	13.3	95.1
2012 年	127.3	25.5	101.8
2013 年	162.9	44.9	118.0
2014 年	200.3	46.3	154.0
2015 年	312.3	93.6	218.7

单位：亿元

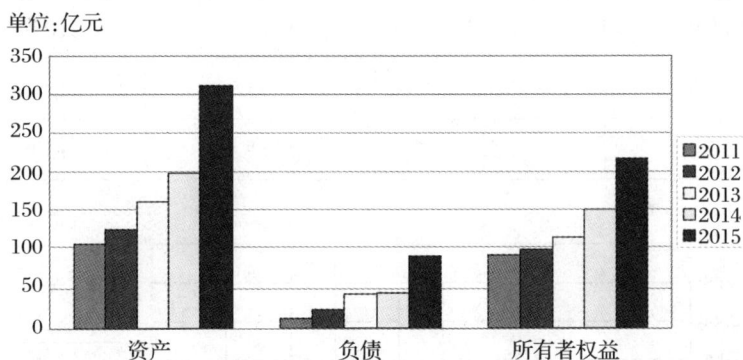

图 12-1　2011—2015 年信托公司财务情况

（二）业务情况

2015年全年，重庆信托公司盈利能力显著提升，净利润行业排名位列前三；取得特定目的受托业务资格，具备开展资产证券化业务条件；成为中国信托业保障基金公司出资最多的四家股东之一，并拥有董事席位，行业地位及影响力明显提升。

（三）有效支持地方经济发展

重庆市信托行业积极响应国家关于对"一带一路"和长江经济带建设提供金融支持的号召，积极向地区城市交通、产业园、沿江环境治理、重大基础设施、五大功能区域、绿色信贷、能效信贷提供有力的资金支持。2015年末，两家信托公司投向重庆的信托资金共计492.1亿元。重庆信托荣获重庆市"金融贡献优秀单位"、银行业协会"社会责任特殊贡献奖"等荣誉。

表12-2　2011—2015年信托公司信托业务变化情况

单位：亿元

年份	财产权信托	单一资金信托	集合资金信托
2011年	87.6	546.4	556.4
2012年	90.4	735.6	736.5
2013年	123.2	1671.7	1079.3
2014年	90.8	1866.3	1286.9
2015年	85.4	1271.5	1308.7

单位：亿元

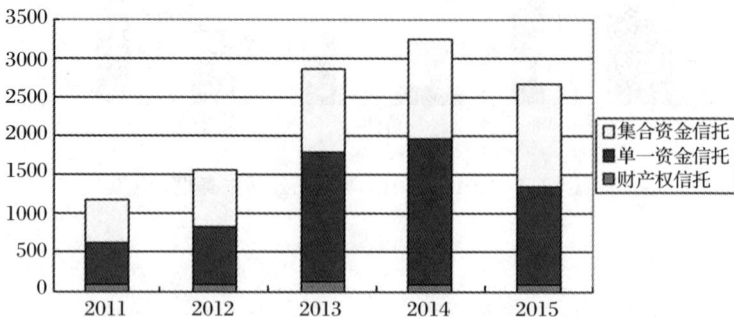

图12-2　2011—2015年信托公司信托业务变化情况

三、财务公司

(一)机构情况

2015年末,重庆辖区内四家财务公司(重庆化医控股集团财务有限公司、重庆机电控股集团财务有限公司、重庆力帆财务有限公司、重庆市能源投资集团财务有限公司)资产总额233.5亿元,无不良资产,全年实现营业收入6.5亿元,净利润2.6亿元。

(二)业务情况

财务公司紧紧围绕"资金集中管理、提高资金使用效率"目标,为企业集团成员单位提供财务管理服务。在经营发展过程中,不断完善金融服务手段,有效提升财务公司服务集团产业的深度和广度。一方面,持续跟踪监测、研究分析集团产业的发展变化和经营风险,在企业集团消化过剩产能和产业结构转型升级中发挥专业支持作用。另一方面,积极研究延伸产业链金融服务,探索解决集团核心成员单位产业链上下游小微企业融资难、融资贵的问题,对促进财务公司服务实体经济能力、帮助企业集团提升核心竞争力及放大产业协同效应产生了积极影响。

四、消费金融公司

(一)机构情况

截至2015年末,重庆市共有1家法人消费金融公司,即马上消费金融股份有限公司。公司于2015年6月获批开业,截至2015年末,公司资产总额30843万元,其中贷款余额14181.7万元,负债总额2152万元,所有者权益28691万元。

(二)业务情况

2015年,马上消费金融股份有限公司累计发放个人消费贷款近7万笔,业务范围涵盖全国所有省(直辖市、自治区)。马上消费金融股份有限公司各项基础建设取得较大进展,自主开发的核心业务系统运行稳定,数据建设初见成效,接入多个外部数据源,为风险控制系统的运行打下较好基础。

五、汽车金融公司

（一）机构情况

截至2015年末，重庆市共有1家法人汽车金融公司，即重庆汽车金融有限公司。2015年末，重庆汽车金融有限公司资产总额33.8亿元，较年初增长127.26%，其中贷款8.4亿元。

（二）业务情况

重庆汽车金融有限公司全年实现净利润764.5万元。2015年，重庆汽车金融有限公司调整了市场导向，逐步收缩原有的销售渠道，业务重心向长安系列乘用车相关业务转移，顺利完成了对长安铃木、长安马自达品牌乘用车经销商库存融资业务的对接，并计划实现长安系列乘用车金融业务全面更替公司的各项业务。

六、金融租赁行业

（一）机构情况

截至2015年末，重庆市共有两家金融租赁公司，即昆仑金融租赁有限责任公司和渝农商金融租赁有限责任公司。两家公司租赁资产余额合计580亿元，较年初增长7.67%，全年实现净利润7.7亿元。

（二）业务情况

2015年末，昆仑金融租赁有限责任公司和渝农商金融租赁有限责任公司两家金融租赁公司认真贯彻监管要求，及时把握地方经济金融发展的方针政策，发挥金融租赁业务优势，积极融入国家及地方重大发展战略，进一步完善管理机制，提升风险防控水平，强化特色化经营建设，为实体经济发展做出了较大贡献。2015年，两家金融租赁公司累计投放租赁资产151.7亿元，其中投向重庆市内项目的资金45.4亿元，在轨道交通、重钢环保搬迁、高速公路、城市管网等行业和项目中发挥了独特的支持作用。

(三)风险情况

在注重业务发展的同时,两家金融租赁公司严格把控风险环节,强化合规管理和风险防控,增强风险抵御能力。2015年末,租赁资产不良率0.74%,低于辖区内银行业平均水平0.16个百分点;拨备覆盖率616.55%,大大高于金融租赁行业的平均水平。

七、融资租赁行业

(一)机构情况

1. 国有民营融资租赁机构概况

截至2015年末,重庆市有内资融资租赁试点企业4家,分别为重庆银海融资租赁有限公司、重庆市交通设备融资租赁有限公司、民商(重庆)租赁有限公司、重庆鸿晔锦盛融资租赁有限公司。

(1)重庆银海融资租赁有限公司

重庆银海融资租赁有限公司于2005年12月经市国资委批准,由重庆渝富资产经营管理集团有限公司联合重庆公交集团、重庆机电集团发起设立,2006年4月,经商务部和国家税务总局批准成为西南地区首批内资融资租赁试点企业,在混合所有制方面先行先试,目前注册资本12亿元,正有序推进新三板上市工作。银海租赁是重庆市属国有重点骨干企业、渝富集团核心企业、西南地区规模最大的内资融资租赁公司,在经营发展过程中,银海租赁充分发挥国有经济的实力优势和民营经济的活力优势,坚持服务于实体经济的根本理念,推动业务拓展与风险控制双轮驱动。

(2)重庆市交通设备融资租赁有限公司

重庆市交通设备融资租赁有限公司成立于2008年3月,其前身为重庆市交通设备租赁有限公司,是由重庆市交通委员会发起,经重庆市人民政府特批成立的专业从事融资租赁的国有企业法人单位。2009年经商务部和国家税务总局批准成为内资融资租赁试点企业。公司注册资本10亿元,2014年底完成混合所有制改革,成为一家由民营上市公司控股的混合所有制企业。公司现有员工42人,汇集了金融、财务、法律、营销等领域的高素质人才,已形成了业务拓展、风险控制、资金融通、后勤保障等一系列科学管理模式。

（3）民商（重庆）租赁有限公司

民商（重庆）租赁有限公司成立于2014年7月，由民商投资控股集团股份有限公司全额出资设立，注册资本2亿元，经商务部和国家税务总局批准成为全国第十三批内资融资租赁试点企业，是重庆市首家民营内资融资租赁试点企业。

（4）重庆鸿晔锦盛融资租赁有限公司

重庆鸿晔锦盛融资租赁有限公司成立于2014年12月，系重庆鸿业实业（集团）有限公司（重庆市黔江区区属国有企业）的全资子公司，注册资本1.7亿元。2015年3月经商务部和国家税务总局批准成为第十三批内资融资租赁试点企业。

2. 外商投资融资租赁机构概况

截至2015年末，重庆市累计批准设立外资融资租赁企业45家，同比增长80%，排名全国第九，中西部第一。其中，外商独资融资租赁企业16家，占总数的35.56%，中外合资融资租赁企业29家，占总数的64.44%。其中，2015年新批设立外商融资租赁企业20家，同比增长11.11%。在渝注册登记的外省市外商投资融资租赁分公司已逾20家，增长率超100%。

重庆市设立的45家外资融资租赁企业注册资本总额为20.45亿美元。其中，外商独资企业注册资本总额8.06亿美元，占总数的39.41%，同比增长20.12%；中外合资企业注册资本总额12.39亿美元，占总数的60.59%，较去年增长159.21%（其中，外方认缴出资总额3.94亿美元，占中外合资企业注册资本的31.80%）。2015年新增合同外资4.78亿美元，同比下降22.02%。从资金到位情况看，2015年融资租赁企业外资实到注册资本共计1.02亿美元，同比下降35.03%。从注册资本的规模上看，注册资本金最高为29700万美元，最低为1000万美元，有36家外商融资租赁企业的注册资本金集中在3000万美元至5000万美元之间，注册资本5000万美元以上的企业有6家。此外，2015年有3家外商融资租赁公司举借外债，总额达1.95亿美元，其中鑫源融资租赁单笔外债超过1亿美金。

重庆市外资融资租赁企业中，共有6家融资租赁公司属于混合所有制，其中新增的3家均是两江新区开放平台下属企业与外方合资组建，分别是重庆两江机器人融资租赁有限公司、重庆通航融资租赁有限公司、重庆新能源汽车融资租赁有限公司。

（二）规模情况

1. 国有民营融资租赁规模情况

截至2015年末，重庆市设立的4家国有民营融资租赁企业注册资本总额为25.7亿元，总资产65亿元。其中，国有融资租赁企业注册资本13.7亿元，占比46.7%，混合所有制融资租赁企业注册资本10亿元人民币，占比38.9%，民营融资租赁企业注册资本2亿元，占比7.78%。

2. 外商投资融资租赁规模情况

由于部分融资租赁企业2015年底才成立，目前正常开展租赁业务的外资融资租赁企业有18家，约占注册外资融资租赁企业总额的40%。截至2015年末，重庆市已开展经营的外资融资租赁企业资产总额已达117.40亿元，是实到资本总额的2.37倍。总资产达到10亿元以上的企业有4家：华科融资租赁有限公司27.74亿元、重庆新汇融融资租赁有限公司21.04亿元、重庆两江机器人融资租赁有限公司14.26亿元和两江融资租赁股份有限公司12.12亿元。其中，重庆新汇融融资租赁放大倍数最高，约为7倍。华科融资租赁还获得"2015年中国融资租赁年度公司"称号；两江融资租赁股份有限公司作为重庆市第一家股份分置改革的外商投资融资租赁公司，即将成为重庆市第一家登陆新三板的融资租赁企业。

（三）业务情况

1. 国有民营融资租赁业务情况

截至2015年末，全市4家国有民营融资租赁企业已开展业务且有经营数据的有3家，融资租赁业务规模余额约78.95亿元。

（1）重庆银海融资租赁有限公司

2015年末结存租赁项目38家单位40个项目，租赁项目投资余额（本金）25.65亿元。2015年新增租赁项目19个，较上年减少1个，降幅5%；合同金额16.22亿元，较上年减少6.37亿元，降幅28.2%；实际完成投放13.79亿元，较上年减少7.31亿元，降幅34.64%；增加租赁项目投资余额12.40亿元，较上年减少7.09亿元，降幅36.38%；平均租期3.17年，较上年缩短0.12年。

（2）重庆市交通设备融资租赁有限公司

2015年，公司累计实现新增租赁投放规模26.23亿元，累计融资租赁投放余额40.84亿元。

(3)民商(重庆)租赁有限公司

民商(重庆)租赁有限公司坚持服务小微企业,助力地方经济发展,在工业、医疗、科技、交通物流和城市基础设施等行业领域开展租赁业务。截至2015年末,公司总资产达2.15亿元,业务规模实现1078万元,无逾期出现。

2.外商投资融资租赁业务情况

截至2015年末,外商投资融资租赁企业共签订合同逾200个,合同金额50.98亿元,同比增长20.21%,合同平均金额约3000万元,租赁业务模式主要包括直接租赁、售后回租、厂商租赁等,涉及装备制造、物流、医疗、教育和交通等行业。

随着平行进口汽车的放开,国内涌现了大量的经销商。但是作为中高端汽车,单台车价多为50万~100万元,100台的资金周转量就达到5000万~10000万元。大多数经销商很难独自承受如此的资金压力,导致实际操作中效率低下以及客户提车等待时间长等问题。重庆万隆融资租赁有限公司在仔细研究汽车行业特点,进行全过程风险分析后,设计出一整套控制方案来为客户提供服务。2015年完成平行车进口1100台,2016年预计进口2000台,进口额12亿元。

重庆通航融资租赁有限公司分别向亚捷通用航空无锡有限公司、河北天山逊司特通用航空有限公司以及新疆通用航空有限公司提供为期5年,总额2.4亿元的通航飞机直租业务。其中,2.28亿元为落户于两江新区的瑞典皮拉图斯飞机项目自产的PC-6和PC-12通航飞机。

另外,自中国和新加坡第三个政府间合作项目"中新(重庆)战略互联互通"项目正式落户重庆市以来,各种金融政策利好不断。国家发改委更是专项切块"外债指标"于重庆市,华科融资租赁、长融国际融资租赁充分意识到此次合作的重要意义,已制订采用新加坡发债、商业贷款等方式为中新项目各项基础建设提供低成本资金的方案,以融资租赁公司特有的优势积极投身于项目建设中。

(四)盈利情况

1.国有民营融资租赁盈利情况

受宏观经济形势及国际国内市场环境的影响,2015年国有民营融资租赁企业经营效益情况总体平稳,略有回落。全市已开展业务且有经营数据的3家内资融资租赁公司中,重庆银海融资租赁有限公司主营业务收入2.49亿元,与上年相比略有减少,降幅0.13%,实现利润总额1.32亿元,净利润1.12亿元,实现净资产收益率8.26%,预缴企业所得税2055万元,同比减少729万元;重庆市交通设备融资租赁有限公司全年实现营业收入21028.17万元,与上年度相比增加1986.59万元,增幅10.43%,全年实现利润总额10048.36万元,超额完成年度任务指标;民商(重庆)租赁有限公司经营业务实现起步,全年实现营业收入71.6万元,盈利6.5万元。重庆鸿晔锦盛融资租赁有限公司2015年12月才正式开展业务,暂时无法测算盈利。

2. 外商投资融资租赁盈利情况

截至2015年,正常开展经营的企业中13家实现盈利,其中,华科融资租赁总资产规模已达27.74亿元,盈利5000万元;新汇融融资租赁总资产规模21.04亿元,盈利7048万元;两江融资租赁总资产规模已达12.12亿元,实现税前利润6351万元。

(五)风险情况

1. 国有民营融资租赁风险情况

2015年,重庆内资融资租赁企业始终坚持稳步发展的工作思路,在经营活动中严格遵守《中华人民共和国公司法》《中华人民共和国合同法》、商务部《融资租赁企业监督管理办法》(商流通发〔2013〕337号)、《商务部、国家税务总局关于从事融资租赁业务有关问题的通知》《商务部、国家税务总局关于加强内资融资租赁试点监管工作的通知》等相关法律法规和政策文件规定,引进高素质技术型风控人员,提升风险识别能力,进一步强化风控体系及制度建设,严格把控项目风险,加强风险预警及处置管理,确保经营业务平稳运行。全市租赁项目总体运行良好,全年无重大经营风险发生。

2. 外商投资融资租赁风险情况

为贯彻落实《商务部办公厅关于开展融资租赁业风险排查的通知》(商办流通函〔2015〕21号)文件精神,市外经贸委、市外商协会租赁业委员会于2015年3—5月对全市外资融资租赁企业进行2015年外资融资租赁行业非法集资风险排查,通过收集企业自查报告与财务经营数据,聘请第三方会计师事务所审核以及采用问卷调查、走访调研等方式完成对全市外商投资融资租赁企业的非法集资风险排查工作。重庆市外商投资企业协会租赁业委员会在主管部门的坚强领导和各会员企业的大力支持参与下,为全市融资租赁企业健康快速发展做出了贡献。

（1）融资渠道收窄，资金杠杆作用发挥不充分

一是受"e租宝"事件恶劣影响，部分银行对租赁资产融资持谨慎态度，更倾向与国有资本的混合所有制企业合作，大部分融资租赁企业难以获得银行融资；二是受注册资本金未到位不得举借外债的规定约束，大部分融资租赁企业还未能成功举借外债；三是融资租赁合同期一般在3—5年，甚至更长，有的企业面临资本金用完之后，不能及时增资，从而无法继续开展新项目的合作，资金杠杆作用无法充分实现。

（2）专业人才匮乏，行业支撑不足

融资租赁行业综合性很强，既涉及经济金融、商品贸易、会计税务、法律等众多专业，也涉及生产制造、医疗教育、交通运输等广泛行业，对企业管理者和从业人员的专业素质和知识结构要求很高。重庆市今年新增融资租赁企业20家，人才供需矛盾更加突出，作为新兴行业，国内融资租赁行业面临人才匮乏的局面，而重庆的情况更严峻：本地人才数量不足，外地人才招聘困难，本市高等院校没有开设相关专业，人才储备不足，企业不得已只能从银行、担保、小额贷款等金融企业招聘，仍然不敷使用。

（3）部门协调较弱，缺乏可持续发展动力

就重庆市而言，部分市级部门、开发区已充分认识到融资租赁对本市、本区的实体经济拉动作用，致力推动出台优惠扶持政策。但总体而言，仍然缺乏市级层面的、综合集中的、力度较大的优惠政策支持。融资租赁作为较为新兴行业，各部门间的认识并不完全一致，在一些项目进行的过程中存在部门的沟通障碍，从而影响企业的实际收益，更有甚者直接导致项目无法落地。

八、商业保理行业

（一）机构情况

重庆市商业保理企业分为内资商业保理和外资商业保理企业。截至2015年末，重庆市共成立内资商业保理公司41家，集中注册于两江新区，其中2015年新成立内资商业保理公司16家，注册资本金10.1亿元；重庆共有外商投资商业保理公司8家，包括外商独资商业保理公司4家，中外合资商业保理公司4家。

(二)规模情况

全市内资商业保理公司注册资本金35.5亿元,2015年全年业务发生额累计约70亿元,其中,发生额超过1亿元的保理公司超过10家。

全市外商商业保理公司注册资本近1.1亿美元,包括外商独资商业保理企业注册资本总额4437万美元,中外合资商业保理企业注册资本总额6530万美元。从注册资本的规模上看,注册资本1000万美元以上企业5家,其中,重庆明德商业保理有限公司注册资本金3268万美元为最高额。

(三)盈利和风险情况

2015年全年,全市商业保理公司共实现收入约2亿元,利润总额超过1亿元。目前,两江新区作为重庆市唯一商业保理试点地区,辖区内的商业保理企业均依托真实贸易背景,行业发展扎实起步,业务模式逐步明晰,资产规模增长较快,经营管理人才逐步聚集、素质逐步提升,行业整体风险较小,影响力迅速扩大。但由于商业保理企业是近年来新出现的创新类金融机构,其相关的法律、法规还在起草制定过程中,其配套的相关制度也还比较欠缺,导致商业保理企业在实际经营中仍然存在较多困难及一定风险。

第四篇 创新篇

第十三章　重庆市农村金融服务创新

一、农村金融服务相关政策

围绕《关于金融服务"三农"发展的实施意见》(渝府办发〔2014〕105号),重庆市不断完善金融支农政策制度体系,2015年出台了《新型农村经营主体主办行制度》《金融支持"美丽乡村"建设行动实施方案》《重庆金融业贯彻落实"精准扶贫、精准脱贫"行动方案》《关于重庆银行业支持精准扶贫精准脱贫的指导意见》等一系列配套的支持政策和制度。重庆银监局出台了《关于做好2015年农村金融服务工作的通知》《关于服务"三农"承诺有关事宜的通知》等文件,进一步完善农村金融体制机制,大力发展农村普惠金融,引导加大涉农资金投放,支持精准扶贫精准脱贫。

(一)加强信贷政策,引导金融机构定向支持

专门印发《2015年重庆市信贷投向指引》,引导金融机构积极创新产品和服务方式,加大"三农"等领域的信贷投入,加快推动信贷结构调整优化,加大对"三农"、小微企业等薄弱领域的信贷支持。开展涉农信贷政策导向效果评估,强化金融与财政合作,印发《关于加大渝东北渝东南生态发展区信贷投放的政策意见》,激励金融机构加大对生态区内农户、农业企业支持力度。

(二)建立实施新型农业经营主体主办行制度

专门出台《关于实施新型农村经营主体主办行制度的通知》,指导辖区内金融机构在生态发展区选择一批优质的新型农业经营主体,建立新型农业经营主体主办行制度,开展持续跟踪和"一对一"服务。

（三）积极推进农村产权抵押融资

一是出台《重庆市农村产权流转交易管理办法》和农村土地经营权、林权、养殖水面经营权等交易规则，完善监管体制机制和农村产权交易平台，促进农村产权便捷流转、加快农村产权流转交易体系建设。二是研究制定了《重庆市村级农村金融服务组织试点管理办法》和相关操作指南，明确了区县、乡（镇）、村三级联动的协同监管机制，探索开展村级农村金融服务组织试点，尝试建立乡村内生的信用约束机制和农村产权资产合法有效流转机制。三是配合大足区农村集体经营性建设用地入市改革试点，牵头拟订大足区集体经营性建设用地使用权抵押融资指导文件，多次组织金融机构和相关人员开展专题调研，积极探索推动集体经营性建设用地使用权抵押融资。

（四）深入开展金融支持"美丽乡村"建设

联合农委部门，深入推进《金融支持"美丽乡村"建设行动实施方案》，指导各主办银行认真制定实施方案，签订互助协议，推动"美丽乡村"更好发展。目前，已有215个乡村纳入"美丽乡村"示范村建设方案，成为重点支持对象。

（五）深入推进扶贫开发金融服务工作

制定《重庆金融业贯彻落实"精准扶贫、精准脱贫"行动方案》，实施金融精准扶贫、精准脱贫行动。组织召开扶贫开发金融服务工作交流会暨金融扶贫示范区建设推进会，搭建起政银联动扶贫合作机制。与市扶贫办、市财政局联合开展扶贫小额信贷工作，帮助贫困户脱贫致富。此外，重庆银监局在全国率先出台《关于重庆银行业支持精准扶贫精准脱贫指导意见》，推动银行完善对接联动、正向激励、服务创新机制，制定方案、连片帮扶、区域作战，以进一步发挥辖内银行业金融机构在支持精准扶贫、精准脱贫中的作用。一是明确总体目标。至2017年建成全方位覆盖贫困地区各阶层和弱势群体的普惠金融体系，确保金融支持精准脱贫作用得到充分发挥，推进贫困地区金融服务水平接近全市平均水平。二是提出基本原则。明确工作开展紧密围绕"突出重点、产业扶贫、商业可持续、协同联动"四项基本原则。引导银行业金融机构在精准扶贫的重点区域、领域，既统筹兼顾确保无金融支持空白，又各有侧重发挥好比较优势。三是列出重点工作。确立持续完善多层次的精准扶贫金融服务体系，大力推进贫困村基础金融服务全覆盖，开展特色、精准、高效的产品和服务创新，持续引导信贷资源向贫困地区倾斜,持续强化贫困地区消费者权益保护等方面重点工作。四是强化组织实施。进一步建立和完善贫困地区金融服务的专项统计制度,强化对银行业金融机构金融支持精准扶贫工作的监测评估,提升重庆银行业金融支持精准扶贫的整体合力。

二、农村金融服务创新实践

(一)统筹运用多种货币政策工具

积极落实人民银行总行降息降准调控政策,2015年,落实辖内金融机构5次降息、5次降准政策调整,支持金融机构加大涉农信贷投入。充分用好用活支农再贷款,在全国率先推出"欣农贷""惠农贷"等央行冠名与银行运作相结合的"再贷款+"系列金融扶贫产品。积极办理金融机构再贴现业务,对"三农"政策支持的再贴现给予优先办理。

(二)积极拓宽区县企业融资渠道

开展债券融资政策和知识宣传培训,提高县域企业等债券知识水平。积极储备优质县域发债企业和项目,加强与银行间交易商协会合作,努力提高县域企业直接融资规模。2015年,重庆市县域企业在银行间市场发债直接融资达到160亿元。

(三)深入推进农村产权抵押融资

一是按照人民银行总行"两权"抵押贷款试点工作指导小组部署,组织开展"两权"抵押贷款试点区县申报。截至2015年末,国家已经公布试点地区名单,重庆市13个地区全部成为"两权"抵押贷款试点区县。二是积极推动创新开展农村承包土地的经营权、农村住房财产权、林权抵押贷款等多种产品。截至2015年12月末,全市银行业金融机构农村承包土地的经营权、农民住房财产权、林权抵押贷款余额70.9亿元,2015年累计发放贷款22.6亿元。

1.大力推广土地收益保证贷款

重庆兴农资产管理公司积极开展农村土地收益保证贷款,通过对涉农资产的贷前托底收储,免去了不良资产诉讼执行等法律程序,解除了金融机构对农村资产处置变现的担忧,现已在重庆市荣昌区、潼南区等8个区县发放土地收益保证贷款14笔,金额5000万元,全部用于当地种养殖业。

2.探索开展村级农村金融服务组织试点

在贫困县忠县新立镇桂花村探索开展首个村级农村金融服务组织试点,尝试建立乡村内生的信用约束机制和农村产权资产合法有效流转机制。县、乡(镇)政府以及村委会共同推动,深入农户发动、宣传,开展问卷调查,召开筹备会议,筛选确定了发起会员名单。

3.积极申请全国农村承包土地经营权和农民住房财产权抵押贷款试点

2015年9月,按《国务院关于开展农村承包土地的经营权和农民住房财产权抵押贷款试点的指导意见》(国发〔2015〕45号)文件精神,认真组织开展农村承包土地的经营权和农民住房财产权抵押贷款试点申报工作。重庆市有10个区县获得农村承包土地经营权抵押贷款试点资格,3个区县获得农民住房财产权抵押贷款试点资格。

4.大力开展涉农主体动产抵押融资

重庆市工商部门积极组织开展涉农动产抵押宣传培训和动产抵押登记指导工作,不断提高涉农经营者动产抵押融资意识。2015年全市共办理涉农动产抵押269件,融资金额11.61亿元,其中,以苗木、药材、畜禽等种植(养殖)物抵押158件,融资8.18亿元。

5.推动农村资产评估机构发展

兴农价格评估公司充分发挥政策性评估公司的作用,积极开展评估业务,在全国率先建立了"三权"资产评估行业标准,取得了国家发展改革委甲级评估资质,并在渝东南、渝东北及渝西各组建了1家分公司,有效解决了农村资产评估难、标准不统一等难题。目前,该公司累计评估资产350多亿元,带动"三农"融资200多亿元,平均评估费率在千分之三以内,对1000余个"纯"农村产权抵押融资的农业项目执行免评估费政策,减轻了涉农主体的评估费用负担。

6.积极推进农村集体经营性建设用地抵押贷款

积极推动大足区集体经营性建设用地入市试点改革,大足区集体经营性建设用地已实现交易113亩,金额4000万元。积极完善农村集体经营性建设用地抵押融资试点的相关制度和指导文件,推动银行业金融机构在大足区开展农村集体经营性建设用地抵押贷款,实现农村集体经营性建设用地与国有建设用地同等的抵押权能。

7.完善农村产权交易平台

为促进农村产权便捷流转、加快农村产权流转交易体系建设,重庆市依托土交所建设全市统一的农村产权流转交易市场和农村产权抵押信息管理系统,完善监管体制和机制。现已有巴南、长寿、南川等19个区县农村产权流转交易市场建成运营,形成了以市级平台为核心、区县平台为支撑、乡镇平台为基础的交易体系。2015年地票交易共计2.1万亩,39.3亿元;承包地经营权、林权、"四荒地"经营权等成交3.08万亩,金额2.5亿元,惠及农户7984户。

8.优化产品和服务方式

一是开辟农村产权抵押贷款快捷通道,对符合条件的农村产权抵押贷款减少中介评估环节,提高贷款审批效率。二是通过实施组合"打包"抵押方式,将林权、农房、承包土地经营权以二合一或三合一的方式进行综合评估、抵押,提高涉农授信额度。三是推动兴农担保与银行合作,采取"担保+新型农业经营主体+农户"的方式,累计支持恒都肉牛、张鸭子等农业龙头企业融资27.52亿元,有效助推了龙头企业标准化基地建设,延伸产业链;累计支持"涪陵塞清菊""潼南张甜""城口坪坝猕猴桃"等专业大户、家庭农场和农民专业合作社融资168.77亿元,较好支持了农业产业化和特色效益农业。四是围绕特色效益农业、新型农业经营主体、农民工创业、特殊弱势群体等重点和薄弱领域,通过与政府、担保公司、保险公司等合作,积极稳妥创新低成本、可复制、易推广的农村金融产品和服务方式,推出"助农贷""山羊贷""花椒贷""集约农贷"等特色信贷产品。五是积极开展"互联网+"业务。重庆农商行积极探索手机银行在农村地区推广运用,做法经验入选全球银行支付业务典型案例。

9.创新小贷服务农村金融模式

重庆市北部新区小康小额贷款有限公司利用畜牧兽医数据对养猪农户开展网络信贷服务。该公司正在测试和完善互联网线上业务系统,推动加快正式运营。其战略合作方北京宝讯溯源科技有限公司与四川等八个省(自治区)动物卫生监督所签订合作协议,建设了畜牧兽医数据中心,承担动物检疫、动物卫生监督、重大疫情防疫、动物标识及疫病可追溯体系、畜禽产品质量安全检测等数据采集应用工作,协议均约定该公司共享数据所有权并可自行用于商业目的。全国各省的财政对养殖户购买生猪保险均有较高比例的保费补贴,养殖户申请保险时,可通过小额贷款公司的手机App软件申请差额保费贷款,此类贷款不收息,小额贷款公司收入来源是生猪保险经纪公司(北京宝讯溯源科技有限公司关联方)经纪费收入的一部分。对于有过猪险贷经验的规模化养殖户,小康小贷按每头生猪不超过200元提供流动资金贷款。借贷合同中约定出现生猪死亡等事件发生保险赔付时,小康小贷有优先受偿权。

(四)金融精准扶贫

1. 创新农村金融产品和服务

2015年末,全市18个贫困区县贷款余额达到2806亿元(中国人民银行口径),占全市涉农贷款的65%。国家开发银行重庆市分行发挥中长期贷款和"统贷"模式优势,向18个贫困区县贷款732亿元,并发放21亿元助学贷款,13万贫困生受益。中国农业银行重庆分行向连片扶贫地区授信100亿元,已发放专项扶贫贷款11.2亿元。中国邮政储蓄银行重庆分行在12个贫困区县推出了"涉农龙头企业+上下游种养殖户/经销商产业链"模式贷款,在云阳等贫困区县开展"扶贫示范区"创建活动,在酉阳创新贫困户"山羊贷"等品种,获得较好效果。重庆银行在云阳、开县、城口等贫困区县积极推广"农户道德诚信贷"新产品模式,重庆银行与彭水苗族土家族自治县协议制定"三卡一品"金融扶贫套餐。重庆农商行支持危房改造、高山搬迁等民生工程,发放"美丽乡村"住房贷款5亿元,有效改善5300户贫困农户住房环境。石柱中银富登村镇银行推动"中央银行再贷款+石柱中银富登村镇银行贷款+社会资本+商业保险、政策性保险"模式。

2. 加大扶贫信贷贴息和风险分担补偿力度

2015年,安排扶贫贷款贴息资金3500万元,贴息贷款规模达24亿元,贷款覆盖1000余个贫困村,5万余户贫困户。进一步扩大扶贫小额信贷试点,将黔江、石柱等9个区县纳入试点范围,市、区县两级财政建立的扶贫小额信贷风险补偿金达到6850万元。

3. 财政出资为贫困户购买保险服务

2015年,重庆市安排财政专项扶贫资金2110万元,为尚未购买农村扶贫小额保险的48.2万建卡贫困户购买保险,实现重庆市建卡贫困户全覆盖。安排市级财政扶贫资金1100万元,为巫溪、彭水、石柱等13个区县、60.8万建卡贫困户购买大病医疗补充保险,降低了贫困户因大病重病致贫返贫风险。

(五)农村金融相关工作

1.降低"三农"融资成本和金融服务收费

一是降低融资成本。及时落实央行下调贷款基准利率政策,全年降息5次,累计下调1.25个百分点,通过建立市场利率定价自律机制,推动银行业金融机构优化内部考核,对涉农企业、农户贷款利率进行合理定价,降低融资成本。二是减免服务收费。通过清理不合规收费项目,统一服务收费名录、规范服务收费行为、扩大免费服务范围,切实为涉农经营主体减轻负担。积极督导银行业金融机构严格执行银监会关于涉农金融服务收费政策,从2012年整治不规范经营以来,累计清退服务收费3.1亿元,取消收费项目3693项,降低收费标准505项。

2.加强货币政策和监管政策引领

一是积极落实降准政策。通过5次降准以及对符合条件的银行业金融机构下调存款准备金率,引导金融机构切实将释放的资金投向"三农"和小微企业等重点领域和薄弱环节。二是用好用活支农再贷款。在全国率先推出"欣农贷""惠农贷"等中国人民银行冠名与银行运作相结合的"再贷款+"系列金融扶贫产品,累计投放支农再贷款10.8亿元,带动涉农贷款新增21.6亿元,贫困地区所获支农再贷款占全市支农再贷款总额的70%左右。三是加大再贴现力度。再贴现投放量同比增长41.4%,优先支持边远区县、小微企业和涉农领域。

3.加大对"三农"服务的财税政策支持

市、区县两级财税部门实施"奖、贴、补、免"等多项政策,提高金融机构支农服务积极性,引导金融资源向"三农"倾斜。一是拨付农村金融机构定向费用补贴资金1.53亿元,对新型农村金融机构以及基础金融服务薄弱地区的银行业金融机构(网点),按年度贷款平均余额的2%给予补贴。二是拨付财政奖励资金1.13亿元,对县域金融机构当年涉农贷款平均余额同比增长超过15%的部分,按2%的比例给予奖励。三是拨付支农贷款贴息资金1.3亿元,对农业、农业综合开发、林业、扶贫等涉农贷款进行贴息。四是落实税收优惠政策。按照农村金融机构营业收入减按3%税率征收营业税等政策要求,2015年对重庆市农商行、农行、村镇银行等农村金融机构共计减收税款4099万元。

4.跟进监测评估与保障支持

加强与扶贫主管部门信息共享和沟通。督导银行业金融机构建立专项机制,适度放宽对贫困区县信贷审批权限和适度提高风险容忍度倾斜政策。建立监测评估机制,对措施得力、成效显著的银行机构,在市场准入、监管评级以及"五个维度"综合评价时,给予差异化监管支持。

三、农村金融服务创新成效

近年来,重庆市农村金融组织建设有序推进,农业保险覆盖面逐步扩大,涉农贷款持续增长,金融支持"三农"发展能力显著提升。具体来讲,有以下几个特点:

(一)涉农贷款实现"一个高于"目标

截至2015年末,全市涉农贷款(银监数据)余额4377亿元,同比增长11.10%,比年初增加476亿元,同比高于各项贷款增速0.32个百分点,完成涉农贷款"一个高于"目标。

(二)涉农银行主渠道作用凸显

截至2015年末,全市发放涉农贷款的银行占开展信贷业务银行总数的82%,比2014年提高7个百分点。开创性地实施"三农"书面承诺制,全辖区64家银行签订承诺书并逐级建立承诺机制,至2015年末,全市涉农贷款余额4377亿元,比年初增长11.10%,高于各项贷款增速0.32个百分点。重庆农商行、中国农业发展银行重庆分行、中国农业银行重庆分行、中国邮政储蓄银行重庆分行四家涉农银行涉农贷款余额2848.51亿元,占全市涉农贷款余额的65%以上。重庆农商行积极创新了"家庭农场贷款""农村青年与妇女创业贷款""返乡农民工创业贷款"等贴近涉农主体需求的信贷产品,2015年末涉农贷款达到1206亿元,占全市涉农贷款的27.55%。农发行重庆市分行投放新型城镇化、水利建设、新农村建设、农村路网等农业农村基础设施专项贷款项目32个,金额358亿元。

(三)积极培育发展村镇银行等新型农村金融机构

截至2015年末,全市共有34家村镇银行及69家支行、2家农村资金互助社、1家贷款公司,村镇银行覆盖面达到89%(尚未设立村镇银行的3个区县均已落实主发起银行,将于2016年设立),较年初提高8个百分点,在西部地区位居前列。截至2015年末，全市18个贫困区县中已有17个设立了村镇银行，仅剩的秀山土家族苗族自治县目前也正在积极筹建中。32个区县开展了村级互助资金组织试点，试点村1327个。在非银行金融机构方面，国家级贫困区县融资性担保公司、小额贷款公司、互助资金组织数量分别达到24家、39家和955家。截至2015年末，全市村镇银行等新型农村金融机构贷款余额达175.18亿元，同比增长11.14%。

（四）农村基础金融服务覆盖面不断扩大

截至2015年末，重庆市有中国农业银行重庆分行"惠农通"电子机具10332个、重庆农商行便民服务点694个、中国邮政储蓄银行重庆分行POS终端设备7908台、转账电话3178个、助农取款点607个，农村地区网上银行、手机银行用户累计超过650万户。重庆市农村基础金融服务在全市8300多个行政村覆盖率超过91%，较年初提高了8个百分点，现已初步形成了"乡有网点，村有自助设备，家有手机银行"的多层次金融服务体系，贫困地区农户"存、取、贷、汇、缴"等基础金融服务基本得到满足，让贫困户享受到更快捷、更便宜的基础金融服务。

（五）"三农"融资担保服务力度进一步加强

近年来，先后设立了专为"三农"服务的兴农融资担保公司（注册资本30亿元）和农业担保公司（注册资本3.65亿元）。截至2015年末，重庆市兴农融资担保公司、农业担保公司、三峡担保公司3家国有性质涉农担保公司在保余额853.8亿元。兴农融资担保公司通过创新"担保+新型农业经营主体+农户"的方式，累计为1.91万个客户提供融资担保256.25亿元，担保额年均增长170%，户均担保金额130万元，办理每笔业务的平均时间在20天之内。兴农融资担保公司现已在重庆市26个涉农区县设立了子公司，明确了"助推新型农业经营主体提质增效，助推两大生态区改革发展，助推农村青年、农村妇女、贫困农户等特殊群体就业增收"的工作重点，实施"一区（县）N产品"的特色化经营和产品创新战略，推行农业产业链金融开发模式，拓宽服务范围，提升服务质量，有效缓解了农村地区金融服务不足的状况。

（六）小额贷款公司服务"三农"成效初步显现

通过加强导向监管，鼓励小额贷款公司结合种植养殖大户、农业深加工企业、农村专业合作社经营特点,借助互联网和大数据技术,提供多样、灵活、高效、风险可控、可持续的"三农"金融服务。积极开展了涉农产业链贷款、村镇居民消费贷款、农业合作社贷款,利用畜牧兽医数据开展养猪农户网络信贷,取得了较好成效。截至2015年末,全市有涉农贷款的小额贷款公司达150家,约占机构总数的58%,发放涉农贷款余额35.48亿元,比年初增加1.06亿元,同比增长3.08%,占各项贷款的4%。

(七)农村信贷投放力度持续加大

金融机构创新"互联网+"平台,推动扩大全市农村信贷投放力度。2015年末,全市涉农贷款(银监数据)余额4377亿元,全市18个贫困区县贷款余额达到2800亿元,同比增长12.2%,高于全市贷款平均增速0.3个百分点,贫困地区存贷比达55.9%,较2011年底提高4.7个百分点。中国农业银行重庆分行依托"武陵生活馆"等政府打造的农村电商平台"互联网+农行金融"业务已成功上线,在全部106个实体店已实现中国农业银行小企业简式贷、农户贷款申请,信用卡、借记卡、电子银行等业务办理。重庆三峡银行也借助自身优势,充分发挥"互联网+"的作用,利用自己的"三峡付"平台,专门为秀山土家族苗族自治县政府重点扶持的农村电商平台项目"武陵生活馆"推出"e商贷"产品。

(八)农业保险持续提质扩面

2015年,全市农业保险实现保费收入3.04亿元,同比增长32.9%,承担保险责任491.20亿元,赔付支出1.95亿元,同比增长15.8%。政策性农业保险持续提质扩面,生猪保险已覆盖所有区县,水稻、玉米、马铃薯保险试点区域扩大到23个区县,油菜保险、渔业保险试点顺利推进。烟叶保险实现全市统保。生猪、蔬菜、血橙等农业价格指数保险试点有序推进。农房保险承保129万户,提供风险保障208.59亿元。

第十四章　重庆市小微金融服务创新

一、小微金融服务相关政策

(一)出台相关扶持政策,夯实政策落地根基

2015年3月,出台《关于进一步贯彻落实小微企业扶持政策的通知》(渝府办发〔2015〕44号),引导银行机构针对小微企业经营特点和融资需求,创新产品、优化服务;引入跨境低成本资金,建立健全公开透明的政策性信贷投放机制,降低小微企业融资成本;发挥产业发展引导基金、股权投资基金作用,支持小微企业发展壮大;扎实做好小微企业贷款风险补偿工作,有效保证扶持小微企业政策落地实施。

(二)推出"一禁一承诺"制度,提升银行"支小"力度

2015年7月,积极落实银监发〔2015〕38号文件,下发《关于转发进一步落实小微企业金融服务监管政策有关文件的通知》(渝银监发〔2015〕86号),在落实银监会"对暂时出现经营困难的小微企业不采取'一刀切'的抽贷、断贷、惜贷、拒贷"相关要求的基础上,创新推出"一禁一承诺"制度,严禁银行违反借款人意愿,强制贷款转票据融资;建立银行业小微金融服务事前承诺制,要求银行承诺对小微企业等授信客户不欺诈、不恶意转嫁风险、不做不实承诺、不恶意或强制收贷,对经营困难的企业不搞一刀切的抽贷、压贷,全市64家银行签订了承诺书。

(三)出台知识产权融资办法,丰富小微企业融资产品

2015年8月,出台《重庆市知识产权质押融资管理办法(试行)》(渝科委发〔2015〕84号),建立科技型、创新型小微企业融资风险补偿机制,提高了金融机构开展知识产权质押融资积极性,拓宽了小微企业融资渠道。2015年重庆市知识产权质押融资有较大突破,共实现22笔贷款,融资金额达4.4亿元。

(四)出台中小微企业区域性市场挂牌奖励办法

对重庆市鼓励类中小微企业在重庆股份转让中心挂牌孵化板的一次性奖励5万元,挂牌成长板的一次性奖励25万元。截至2015年末,已对全市32家挂牌企业兑现奖励500万元。

重庆出台以上政策,加上2014年7月出台的《重庆市完善小微企业扶持机制实施方案》(渝府发〔2014〕36号)及修订的《微型企业创业扶持贷款风险补偿实施细则》,重庆已经构建起较为完善的金融支小政策制度体系。

二、小微金融服务创新实践

(一)持续优化支小金融机构体系

1.引导金融机构网点布局向小微企业集中区下沉

积极引导全市银行业突出服务小微企业导向,引导新设网点继续向城郊、县域、集镇、园区等小微企业集中区域扎根,大力发展新型金融机构。截至2015年末,全市共设立34家村镇银行、47家小微企业专营支行、200余家社区支行,极大地满足了基层群众的金融需求。同时,线上大力推广手机银行、电子银行、微信银行等新型终端,丰富小微金融服务的"毛细血管"。

2.设立专注于小微企业的融资担保公司

2015年3月,重庆市挂牌成立了首家专注于小微企业融资担保的政策性担保机构,为重庆市金融支持小微企业发展工作搭建了又一重要平台。同时,市政府出资设立10亿元专项担保基金,委托小微担保公司按规定运营管理,专门为小微企业和创业重点群体提供服务,完善了小微金融服务体系。截至2015年末,由小微担保公司担保,全市新发放小额担保贷款26.7亿元,其中大学生贷款2.4亿元,直接扶持2.8万人创业,带动就业9.8万人,有力支持了"大众创业、万众创新"。

3.成立再担保公司

2015年8月,重庆市再担保公司成立,完善了重庆市融资担保行业的顶层设计,公司注册资本10亿元,按照"政策性引导、市场化运作、专业化保障、公司化管理"的原则运作,充分发挥再担保的"分险、增信、规范、引领"职能,提高行业抗风险能力,加大担保行业支持小微企业发展力度。

4.积极推动民营银行试点筹建工作

根据《国务院办公厅转发银监会关于促进民营银行发展指导意见的通知》(国办发〔2015〕49号),按照民营银行试点五项原则,重庆市不断完善民营银行可研报告和组建方案,明确以"扶小助创"为市场定位,突出"面向小微、支持双创、信用为主"的经营特色,着力为小微企业提供专业的、贴近的金融服务,并对剩余风险做好了制度安排,已形成基本成熟的方案。

(二)突出小微企业扶持政策导向

1.建立小微企业融资奖励补贴机制

对按基准利率发放的微型企业创业扶持贷款,继续由市财政给予承贷银行1个百分点的奖励,2015年市财政拨付微型企业奖励资金73.6万元。对金融机构向渝东北、渝东南生态发展区符合产业布局定位的中小企业贷款,按贷款平均余额增量的1.5‰给予奖励,且对科技创新型、文化创意型中小企业贷款奖励比例提高至2‰。2015年市财政拨付了上半年发生的相关贷款奖励资金(2016年初拨付2015年下半年发生的相关贷款奖励),其中,对鼓励类行业中小微企业贷款增量奖励453.9万元,对科技创新、文化创意型中小企业贷款增量奖励37万元。对担保机构服务中小微企业收取的担保费率在2%以下的,由市财政给予0.5%的补贴,2015年市财政给予36户符合条件的担保机构补贴2988万元。对市级重点拟上市培育企业,按照改制、挂牌、上市分阶段给予前期费用补贴,鼓励企业在重庆股权转让中心、新三板和境内外交易所挂牌上市。2015年拨付补贴资金2865万元,支持28户重点拟上市企业在全国中小企业股份转让系统挂牌及主板市场上市。

2.实施微型企业创业扶持贷款及创业担保贷款政策

城镇登记失业人员、就业困难人员、复员转业退役军人等五类人员及其他具有创业意愿的登记失业人员,以及符合规定条件的劳动密集型小企业可申请15万~200万元不等的政策性贷款,承贷银行贷款利率不得超过基准利率3个百分点,企业在按时还款后可根据规定申请创业担保财政贴息。2015年支持2.3万户小微企业(含个体工商户)获得政策性贷款22.6亿元。

3.健全小微企业风险补偿机制

建立小微企业贷款损失风险补偿机制,设立1亿元市级小微企业贷款风险补偿金,对小微企业创业扶持贷款(按基准利率贷款发放)逾期不良部分,按金融机构、市财政、区县财政4∶3∶3的比例予以风险补偿。2015年,重庆市按照《财政部关于印发金融企业呆账核销管理办法(2015年修订版)的通知》(财金〔2015〕60号),放宽了小微企业贷款呆账核销条件,并配套提高了银行机构放贷积极性,市财政全年拨付承贷银行风险补偿资金1134万元。

4.推动"政银"合作,搭建"中小微企业转贷应急机制"

为帮助部分生产经营正常、市场前景好的中小微企业渡过续贷难关,重庆市财政出资5亿元,首期已到位2亿元,建立中小微企业转贷应急机制,遵循"专款专用、封闭运行、滚动使用、确保安全"的原则,对于符合银行信贷条件,贷款即将到期而足额还贷出现暂时困难的中小微企业提供短期资金支持。目前,前期准备工作已基本完成。

5.建立小微企业融资专项评价机制

在将小微企业创业扶持贷款纳入银行业金融机构支持地方经济发展综合评价的基础上,继续开展小微企业融资专项评价机制,按年对金融机构小微企业信贷规模、增速、占比、利率、客户数、申贷获得率等开展评价,对于小微企业的信贷投放规模较大、融资成本较低的银行机构给予专项奖励。

(三)着力提高小微企业贷款可获得性

1.创新设立"银企"对接平台

重庆市银行业协会建立互联网银企积极对接平台——"小微E贷通",创建银行会员单位和小微企业双向融资信息平台,缓解银企信息不对称问题,促进"银企"共同发展。截至2015年末,重庆市共有70余家银行进驻该平台。

2.推广"助保贷—购置贷"融资服务模式

为引导更多银行信贷资金投向小微企业,重庆市为小微企业量身定做了贷款时间长、融资成本低、用于小微企业购置固定资产的"助保贷—购置贷"。由市财政拨付一定比例的资金作为政府风险金,为各区县参与"助保贷—购置贷"进行配比,承贷银行按财政出资额1∶10比例放大资金为参与项目园区内的小微企业贷款。截至2015年末,"助保贷"签约平台已基本覆盖全市,累计对400户小微企业流动贷款客户,发放近20亿元流动资金贷款。

3.创新贷款产品、期限及还款方式

不断完善小微金融产品,满足小微企业固定资产购置需求及出口需求,针对小微企业客户,重庆银行推出"年审贷""足值贷"等创新产品,同时,通过抵押物自评、抵押登记费自担和微型企业开户"两免一减"等措施为小微企业减费让利,2015年实现小微贷款余额475.75亿元,并可为小微企业年节约成本近1000万元。重庆三峡银行将中小企业银行作为战略定位,2015年建成10家小微企业专营支行和3支专业营销团队,建立"连续贷""流量贷"等产品试验基地,筹建小企业成长俱乐部,截至2015年末,实现小微企业授信余额185.62亿元。在信贷产品期限创新方面,部分银行推出中长期小微信贷产品及循环使用类信贷产品;在还款方式创新方面,近20家银行推出了可借新还旧的信贷产品,为小微企业"雪中送炭"。截至2015年末,重庆市银行业小微贷款还款方式创新贷款余额782亿元,占比提高到15.4%,比年初增幅达50.6%;小微贷款期限创新余额2123亿元,占比达42%,比年初增幅达37.8%。

4.加大保险对银行贷款的增信作用

继续加大支持银行与保险公司合作开展的小额保证保险贷款试点工作力度,鼓励银行以保险保证作为主要担保方式向借款人发放小额、短期流动资金贷款,拓宽小微企业、农村种植养殖大户、城乡创业者等金融服务薄弱环节融资渠道。截至2015年末,银行累计向807户小微企业发放小额保证保险贷款12.9亿元,户均160.4万元,贷款余额2.5亿元,部分保险公司还探索开展个人贷款保证保险和消费信贷保证保险。

5.创新互联网金融业态,支持小微企业

支持阿里、百度、苏宁等互联网企业在渝成立网络担保公司和网络小额贷款公司,为其电子商务平台上的网商小微企业提供融资担保和小额贷款服务。允许小额贷款公司与互联网平台合作开办互联网金融业务。截至2015年末,重庆市已有15家网络小额贷款公司,注册资本金85.4亿元,全年累计放贷3612.7亿元,放款笔数达15426.4万笔,平均每笔贷款约0.23万元。

(四)全面提升小微企业直接融资比例

1.建立市级小微企业发展产业引导基金

按照股权投资等市场化运作方式,吸引社会资金投入,共同设立多支小微

企业发展股权投资基金,重点支持市场潜力大、创新能力强的小微企业发展,满足其发展中的资金需求。2015年,全市共设立5支股权投资基金,投向7家小微企业,总投资规模1.7亿元,有力支持了小微企业发展。

2.建立区域性股权转让场外交易市场

支持小微企业在全国中小企业股份转让系统和重庆股份转让中心挂牌融资。实施中小微企业场外市场挂牌融资财政奖补政策,对成功在重庆市OTC(场外交易市场)"孵化板""成长板"挂牌的中小微企业给予一定奖励,鼓励重庆市中小微企业通过区域性资本市场直接融资。2015年拨付奖补资金500万元,支持32户中小微企业在重庆OTC挂牌。截至2015年末,重庆股份转让中心累计为274家中小企业提供了挂牌和展示服务,提供股权质押等市场融资411.1亿元,培育了20家挂牌企业转板全国中小企业股份转让系统,3家企业申报首次公开募股。

3.支持发行中小企业私募债券

2015年,全市支持中小企业沪深市场发行私募债券34支,融资金额175.8亿元(中小企业私募债26.6亿元,私募公司债149.2亿元),同比增长302.3%。

(五)优化小微企业金融配套服务体系

1.推进小微企业信用体系试验区建设

建立企业联合征信工作机制,通过完善市企业联合征信系统,建立了企业信用信息数据库,加强企业信用信息服务。截至2015年末,共征集全市63个成员单位和全市所有区县的5092万条企业信用信息。

2.全面放开微型企业开户限制

引导银行完善开户服务"绿色通道""专线电话"等便利化措施。截至2015年末,全市共开立微型企业银行账户同比增长16%。

3. 不断完善征信系统

支持以服务小微企业为主的小额贷款公司、担保公司等地方法人机构接入中国人民银行征信系统。帮助金融机构有效防范信贷风险,推动中小微企业贷款有效投放。截至2015年末,全市接入征信系统的机构达200余家,其中小额贷款公司接入80家,融资性担保公司40余家,接入家数分别较2014年同期增长31.3%、21.2%。

三、小微金融服务创新成效

近年来,重庆市实施差异化分类扶持政策,持续推动小微企业融资渠道、产品及服务方式创新,全市小微企业金融服务水平不断提升,小微企业融资难、融资贵问题得到有效缓解。截至2015年末,全市银行业小微企业(含个体工商户和小微企业主)贷款余额5068.2亿元,同比增长11.5%,较各项贷款平均增速高0.69个百分点;小微客户数、申贷获得率分别较2014年同期多1.07万户、高0.9个百分点,小微企业贷款实现"三个不低于"目标。同时,重庆市地方金融机构加大支持小微企业融资力度,截至2015年末,全市融资担保机构对小微企业在保余额826.2亿元,占比40.4%;全市小额贷款公司对小微企业贷款余额379.1亿元,占比42.7%。

(一)充分发挥货币政策工具支小重要作用

1.继续发挥再贷款、再贴现引导作用,扩大融资规模

2015年,向地方法人银行发放"支小"再贷款52亿元,带动发放小微企业1009户,贷款116亿元。累计办理再贴现153亿元,其中,中小企业票据占比超过90%。实施4次"普降"和"定向降准",对县域法人金融机构和农行县级"三农金融事业部"实行优惠准备金率,撬动金融机构发放小微、涉农企业贷款165亿元。

2.充分发挥利率引导作用,降低融资成本

全年累计5次降息1.25个百分点,同时牵头建立全市的市场利率定价自律机制,加强利率政策调控精神解读,引导金融机构合理控制贷款利率上浮幅度。下调再贷款利率,并对金融机构运用再贷款、再贴现资金投放贷款和办理贴现实行利率上限管理。2015年12月末,重庆市企业贷款加权平均利率5.87%,较年内最高位降低1.27个百分点。

(二)多措并举缓解小微企业"融资贵"

1.严格规范服务收费

配合重庆银监局,要求银行业严格执行小微金融政策,主动向小微企业减费让利,降低银行服务小微企业的运营成本。积极督导银行业严格执行银监会及重庆银监局关于小微金融服务收费政策,督导银行业严格执行"七不准四公

开""两禁两免"等小微金融服务收费规定,全年开展四项专项整治活动,从2012年整治不规范经营以来,累计清退服务收费3.1亿元,取消和减少收费项目3693项,降低收费标准505项。其中,2015年专项开展的"两加强、两遏制"行动,对违规银行罚款1800余万元,处罚5名银行高管。

2.引导银行优化内部流程,降低小微企业融资成本

鼓励引导银行业试点抵押评估等环节免除不必要收费项目,这方面工作已取得初步成效,如重庆农商行、重庆银行、重庆三峡银行等地方法人银行试行一定额度以下抵押物不经外部评估,而由银行内部进行认定,节省了小微企业的资产评估费用,提升了信贷审批工作效率。

3.发挥小额贷款保证保险作用

2015年,小额贷款保证保险支持1.5万笔小微企业和个人贷款,融资金额达到13.9亿元,同比增长8.4%。借款人年化融资成本控制在11%以内,保险逐步成为小微企业缓解融资难、融资贵问题的重要手段。

(三)拓宽市场化融资渠道

印发《重庆市银行间市场债务融资推动方案(2016—2018)》(渝银发〔2015〕109号),系统优化辖区银行间市场融资环境。两次邀请交易商协会来渝开展讲座和调研,加大对有潜力、有意愿企业的培育和储备力度,积极向交易商协会沟通重庆地方发展战略并争取对重点区域、重点企业和重大项目给予政策支持,全年银行间市场融资突破千亿元。

(四)优化企业金融服务

大力推广应用应收账款融资服务平台,盘活应收账款存量。全面放开微型企业开户限制,引导银行完善开户服务"绿色通道""专线电话"等便利化措施。截至2015年11月末,全市开立微型企业银行账户同比增长16%。不断完善征信系统,为企业发展保驾护航。截至2015年11月末,重庆市接入征信系统的机构有200余家,覆盖面进一步提升。

第十五章　重庆市互联网金融创新发展

一、银行机构互联网金融创新

2015年,重庆银行业加快改革转型步伐,努力落实国家创新驱动发展战略,通过金融业务和产品创新,践行差异化特色化经营发展战略,提升金融服务质量和水平,有力支持实体经济发展,普惠"三农"、小微企业和各类金融消费者。

银行业金融机构主要围绕"四个适应"开展创新。

一是适应风险防范需要,强化信贷风险识别、风险分担和风险缓释机制,重塑信贷管理模式或业务流程,加强市场主体合作,积极开展信贷资产转让、信贷资产证券化,创新推广存货、应收账款、专利权等动产或权益质押,审慎防范、处置经济下行期各类风险隐患。

二是适应互联网金融发展需要,利用互联网和各类通信技术,在支付结算、资产管理和融资服务等领域开展电子银行(包括网上银行、手机银行、ATM机等)及互联网金融创新,突出简便、易用、高效的客户体验。直销银行等热点创新继续稳步发展。

三是适应利率市场化和金融脱媒化需要,推动大资管转型,加强与证券、保险、基金、信托及金融要素市场合作,大力创新和丰富理财产品,满足多元化的客户需求。理财计划和理财直融工具正在稳步推动之中。

四是适应普惠金融需要,针对"三农"、小微企业、社区等金融服务薄弱领域,广泛运用互联网思想与技术推动金融平权和基础金融服务均等化,扩大金融覆盖面积,降低金融服务门槛,推动"互联网+"普惠金融良好发展。

二、互联网支付业务发展情况

(一)互联网支付市场高效运行

2015年,重庆市互联网支付市场保持安全、平稳运行,市场参与主体持续丰富,业务规模和客户数量稳步增长,支付服务内涵和外延深入拓展,在互联网金融蓬勃发展的背景下,产业格局不断调整和变革,呈现出"传统向新兴转移,业务布局深度融合"的发展趋势。随着监管和自律体系的逐步完善、行业全面风险防范体系的初步建立、客户权益保障机制的不断健全,重庆市互联网支付市场将保持持续增长态势,在服务民生、拉动消费等方面发挥积极作用。

(二)市场参与主体更加丰富

随着电子商务和信息技术的迅猛发展,银行业机构和第三方支付机构深入布局,银行业机构数平稳增加,支付机构数量居中西部前列。截至2015年末,全市共有2家支付机构获得互联网支付牌照,同时,中国人民银行积极创造条件,明细备案流程,支持互联网支付机构落地,12家互联网支付机构在重庆开立分公司,并推动钱宝等支付机构迁移入渝,为重庆市场增添新的活力。

(三)业务规模保持稳定增长

截至2015年末,全市商业银行当年共处理网上支付业务3.87亿笔,金额17.36万亿元,分别比上年增长102.62%和8.91%,笔均业务金额4.49万元,日均处理业务106.03万笔,日均业务金额475.62亿元。其中,单位用户网上支付业务0.74亿笔,金额14.82万亿元,笔均业务金额为20.03万元;个人用户网上支付业务3.12亿笔,金额2.54万亿元,笔均业务金额为0.81万元。从不同用户支付业务量数据分析,单位用户网上支付仍为主流,但个人用户业务笔数急剧攀升,较2014年增长168.97%,显示个人用户增长潜力巨大。

表15-1　2014年、2015年商业银行网上支付业务量

年份	网上支付业务笔数合计(亿笔)	网上支付业务金额合计(万亿元)	单位网上支付业务笔数(亿笔)	单位网上支付业务金额(万亿元)	个人网上支付业务笔数(亿笔)	个人网上支付业务金额(万亿元)
2014年	1.91	15.94	0.75	14.10	1.16	1.84
2015年	3.87	17.36	0.74	14.82	3.12	2.54

法人支付机构2015年共处理互联网支付业务1440.55万笔,金额487.67亿元,分别较上年增长85.66%和175.02%,笔均业务金额为0.34万元,日均处理业务3.95万笔,日均业务金额1.34亿元。其中,银行账户模式172.09万笔,金额

222.21亿元,笔均业务金额1.29万元;支付账户模式交易1268.46万笔,金额265.46亿元,笔均业务金额0.21万元。从不同账户模式交易量看,支付账户交易主要表现为小额多笔,银行账户则表现为大额低频,与去年同期比较,银行账户模式笔数上升289.66%,支付账户模式笔数则仅增加73.34%,说明银行账户模式有效增长,对支付账户支付的规范管理取得了一定成效。

表15-2 2014年、2015年支付机构网上支付业务量

年份	网上支付业务笔数合计（万笔）	网上支付业务金额合计（亿元）	银行账户模式业务笔数（万笔）	银行账户模式业务金额（亿元）	支付账户模式业务笔数（万笔）	支付账户模式业务金额（亿元）
2014年	775.91	177.32	44.13	82.25	731.78	95.07
2015年	1440.55	487.67	172.09	222.21	1268.46	265.46

总体来看,互联网支付业务规模保持稳定增长,银行机构网上支付继续占据主导地位,第三方支付机构业务发展迅猛,增速良好。同时,监管部门对支付业务分类监管取得实效,通过引导和监督,银行机构主导大额支付,保证支付安全,第三方支付机构则通过多元化和个性化服务满足不同用户小额支付需求,实现了市场各方、创新和规范之间的有效平衡。

（四）客户数量持续快速增长

2015年,全市银行网上支付客户总量为2297.17万个,同比增长55.72%,其中,单位客户33.25万个,个人客户2263.92万个,分别较同期增长90%和55.31%。支付机构为客户开立的支付账户总量为1480.03万个,同比增长22.28%,其中,单位账户2.52万个,个人客户1477.51万个,分别较同期增长133.33%和22.18%。总体来看,随着网民数量的增长以及支付方式多样化和安全性提升对用户的吸引,无论银行机构和第三方支付机构,客户数量均保持高速增长态势。

表15-3 2014年、2015年网上支付客户规模

年份	银行客户			支付机构支付账户		
	客户总数（万个）	单位客户数（万个）	个人客户数（万个）	账户总数（万个）	单位支付账户数（万个）	个人支付账户数（万个）
2014年	1475.18	17.50	1457.68	1210.39	1.08	1209.31
2015年	2297.17	33.25	2263.92	1480.03	2.52	1477.51

(五)行业创新动能持续释放

信息技术和电子商务的发展为互联网支付带来机遇和挑战,市场参与主体积极开展业务创新,推动市场持续、健康、快速发展。重庆地方性商业银行发挥其优势,构建新的经营管理模式和业务增长模式以适应互联网时代的金融生态环境和客户需求变化。一是不断完善电子货币支付体系,推动传统金融业务的互联网化,推出直销银行服务。重庆银行打造直销银行,将传统理财和贷款产品进行包装,实现网络直销,推出乐惠存、聚利宝、DIY贷等直销产品;重庆农村商业银行推出江鱼儿网络银行,打造投融资平台。二是基于平台化发展战略,搭建电子商务金融服务综合平台。重庆农村商业银行于2015年6月推出电子商城,截至2015年末,共发展商户10810个,交易6.5万笔,交易金额为963万元,实现重庆地方性商业银行电子商务零突破。三是积极探索新技术应用,提升支付安全等级。2015年11月16日,重庆银行发布了人脸识别验证系统,通过将人脸识别技术嵌入直销银行业务流程,丰富客户体验,提升在线交易安全性和便捷性。这是重庆本地法人银行首次引入人脸识别技术,是重庆市互联网金融发展的又一重大突破。

第三方支付机构则以新技术、个性化服务为切入点,向包括证券、基金、保险等金融领域各产业链渗透,尝试跨行业、跨市场、多样化的组合产品创新。重庆易极付科技有限公司于2015年2月获批为基金销售机构提供支付结算服务,成为重庆地区首家获得该项资格的支付机构。

三、互联网保险业务发展情况

重庆市互联网保险处于探索阶段,参与的市场主体以在渝保险法人机构为主,业务规模总体偏小,其中恒大人寿(原中新大东方人寿)通过自建的恒大商城及与阿里巴巴旗下的天猫网、招财宝、专业保险中介平台慧择网合作销售保险,安诚财产保险自建电商平台安诚商城并与E家保险网合作开展保险销售。

第十六章　重庆市跨境结算及投融资便利化发展

一、推进跨境结算及投融资便利化措施

(一)注重实效,扎实推进跨境结算与投融资创新突破

1.主动争取外汇储备低成本资金支持"走出去"

把握外汇储备资金可用于支持"一带一路"等重大战略项目的契机,主动出击,在全国率先与总局联系,获批3亿美元外汇储备贷款额度、确定3个贷款项目,定向支持企业面向"一带一路"沿线国家开展境外并购、基础设施建设。截至2015年末,已完成1.5亿美元贷款资金发放,贷款期限长达7年,帮助企业降低融资成本10%。通过引进外汇储备低成本资金,拓宽重庆对接"一带一路"项目融资来源,有力支持"走出去"战略实施。

2.丰富完善跨境电子商务结算体系

稳妥开展扩大跨境外汇支付业务范围风险评估,加大支付机构业务指导与监管力度,强化对总局沟通汇报,成功获批服务贸易跨境外汇支付业务资格,试点机构成为中西部首家拥有全业务资质的支付机构。推动易极付公司与7省市异地海关、80家商户对接,实现异地跨境电商交易在渝结算,扩大跨境电子商务结算集聚辐射效应。推动深圳钱宝迁址来渝取得总行同意,重庆钱宝已完成登记注册手续,后续将逐步开展跨境外汇支付等试点。指导北京开联通公司做好申请迁址来渝准备,完成重庆币币科技有限公司申请互联网支付业务许可初审及上报,支持大龙网申请第三方支付牌照,丰富支付机构后续储备。

3.成功推动惠普全球结算由离岸转为在岸

在前期惠普结算中心高效运营基础上,紧跟惠普集团全球拆分进程,引导惠普将其结算模式纳入更加便利的跨国公司资金集中运营政策框架,从离岸结

算转为在岸结算。在具体推进中,制定详细转换方案,加强与惠普高层专项对接,全面阐释新政策框架优势、要求,指导惠普及其结算银行做好系统和管理方式对接,最终推动惠普在渝新设惠普云(重庆)科技公司,将其软件、网络架构等部分业务全球资金结算纳入在岸框架,实现其资金运营全流程"重庆结算"。惠普全球结算向在岸转型,有利于充分发挥龙头企业示范效应,促进跨境资金集聚重庆,支持产业结构转型升级,打造跨境金融结算高地。

(二)贴近实需,进一步提升贸易投资便利化水平

1.大力拓展跨境人民币结算使用范围

加大业务宣传推介力度,推广跨境人民币结算及对外贸易投资计价,实现市政府、市外经贸委等在政府工作中以人民币代替美元计价,推动人民币在涉外经济运行中发挥更大作用。扩大交易所平台跨境产权交易人民币结算范围和业务规模。支持外资股权投资基金采用人民币进行直接投资,3家外资股权投资基金合伙企业人民币资本金汇入10.5亿元。推进人民币对外投资、非金融企业境外人民币放款,进一步拓宽人民币跨境使用渠道。

2.积极推广跨国公司本外币资金集中运营

选择业务规模较大或特点突出的重点主体,采取现场走访、专人对接等方式,扩大跨国公司本外币资金集中运营主体范围。推动跨国公司外汇资金集中运营试点企业增至7家、跨境双向人民币资金池试点企业增至2家。做好对存量试点企业的综合服务,进一步完善资金运营管理,推动做大资金归集规模。在外汇资金集中运营框架下,积极探索外债比例自律管理,扩大中外资企业借用外债规模,批准力帆集团3亿美元对外借债,预计可为企业节约资金成本2至3个百分点。

3.扎实推进重点领域简政放权

简化资本项目外汇管理,将外商直接投资、境外投资登记下放银行直接办理,实现直接投资基本可兑换,资本项目行政审批数量减少7成,缩短业务办理时间2至5天,有效节约企业"脚底成本"。高效推进两江新区资本金意愿结汇试点,并自2015年6月起拓展至全市,累计结汇84亿元,帮助企业节约汇兑成本近三分之一。优化货物贸易企业分类管理,全市99%的企业分类结果为A类,外汇收支可在银行直接办理。扎实推进保险外汇管理改革,简化保险机构

市场准入及外汇资本金结汇核准。落实银行结售汇管理实施细则,优化结售汇市场准入、衍生业务管理及法人银行结售汇综合头寸正负区间管理。

4.进一步优化金融外汇服务

争取2015年短期外债指标同比增长50%,强化投向控制,加强对中资企业、中小企业外债融资支持。推动银行建立"3+N"优惠贷款合作机制,为符合条件的项目提供1%贴息,扩大优惠利率信贷覆盖面。紧跟"一带一路"国家战略,引导鼓励银行为渝新欧国际物流公司等重点主体提供跨境汇款、结售汇费率减免等优惠政策,新增印度卢比等小币种挂牌交易,可兑换币种增至24个,切实便利重庆与沿线国家、地区经贸往来。新增5家企业开展系统联机接口服务,实现大批量数据系统直报,切实减轻企业统计负担。

5.健全多层次跨境金融服务体系

引导银行增设网点、拓展业务,全市结售汇网点突破1200家,外汇衍生业务资格银行增至34家,开展个人外汇电子银行业务的银行增至13家。深化个人本外币兑换特许业务试点,在机场等重点窗口开立网点,大力支持个人旅游外币现钞双向兑换。支持非金融企业进入银行间市场交易,获中国外汇交易中心高度肯定。

二、跨境结算及投融资便利化成果

一是涉外收支规模创历史新高。全年涉外收支1156亿美元、结售汇527亿美元,同比分别增长3%、12%,创历史新高,居中西部首位,进入全国前十。二是跨境人民币结算保持中西部领先。办理跨境人民币收付结算1983亿元,保持中西部第一、全国第九,同比增长24%;结算企业999家,同比增长26%。人民币成为除美元外的第二大涉外收付货币和对外贸易、直接投资主要结算币种。三是跨国公司资金集中运营实现倍增。全年跨国公司外汇资金集中运营1148亿元,同比增长1.9倍,跨境双向人民币资金池业务4.8亿元,有力支持跨境融通资金和调剂余缺。四是跨境电子商务结算快速发展。全年实现结算59亿元,同比增长2.3倍,绝对量和增速都位居中西部前列。五是跨境融资、结算更加便利。为126家企业提供跨境贸易融资894亿元;离岸银行、NRA账户结算214亿美元,同比增长99%;外汇衍生业务签约1326亿元,同比增长32%,帮助涉汇主体节约汇兑成本近7亿元。

第十七章　重庆市股权投资产业
引导基金创新

一、产业引导股权投资基金相关政策

为充分发挥财政资金的引导和放大效应，重庆市对产业发展扶持资金的分配方式由之前的补贴支持改为市场化股权投入。重庆市国资委、环保局、科委等市级部门分别成立了一批引导性股权投资基金，以进一步加大对相关产业的扶持力度。近期市科委还将成立引导性的种子基金、天使基金和风投基金。同时，部分区县也在积极筹建设立产业引导股权投资基金。如长寿区出资2亿元，设立总规模5亿元的产业引导股权投资基金，巴南、璧山、渝北、两江新区、涪陵、南岸等多个区县也成立了区级产业引导股权投资基金。江北、渝中、北部新区、潼南、綦江、黔江等多个区县也启动成立产业引导股权投资基金的前期调查。市级部门和区县成立的引导性股权投资基金，进一步加强了对社会资本的引导和撬动作用。

重庆市专门组建重庆产业引导股权投资基金有限责任公司负责运营管理，引导基金资金主要来源于此前市财政扶持产业发展的部分专项资金，以及其他政府性资金，由市财政按每年25亿元连续拨付5年共计125亿元，并引导社会资本出资组建专项子基金，共同投向工业、农业、现代服务业、科技、旅游业、文化产业等6大产业。该引导基金按照"政府引导、市场运作、科学决策、防范风险"的原则运行，政府只负责在前端审定引导基金的总体投资方案，在后端把握专项基金的投资方向。对引导基金的运行管理，政府不干预，完全按照市场化原则运行。

为了增强重庆作为"一带一路"与长江经济带连接点的战略支撑能力，打造依托长江黄金水道、渝新欧铁路大通道和渝昆泛亚铁路大通道的"铁、公、水、空、管道"多式联运体系，推动重庆建设成为长江经济带西部物流枢纽，重庆引导基金出资5亿元，成立总规模100亿元的物流产业发展基金，通过金融资本服务物流基础设施建设和物流产业发展升级。

二、产业引导股权投资基金创新实践

(一)打造层次丰富的专项基金群

2015年,重庆市产业引导股权投资基金积极招募基金管理人,打造专项基金群覆盖六大产业,关注企业初创期、成长期、成熟期等各个阶段,为重庆产业发展提供了全链条、全方位的资金和资源支持。

1.坚持高标准引入专业基金管理人

成功引入九鼎投资、和君资本、上海金浦、英飞尼迪、盛景嘉成、中信集团旗下的中信逸百年、国家开发银行旗下的中非信银等知名社会基金管理人来渝合作。红杉、摩根士丹利、软银(中国)、深创投、上海永宣、清华系的清研资本等知名基金公司主动来渝对接合作事宜。

2.针对性引进大型产业集团旗下基金管理公司

针对重庆市产业结构,结合产业规划和发展布局,针对性引入与重庆产业互补性较强、能促进产业升级发展的大型产业集团来渝合作,目前重庆市产业股权投资引导基金已与兵装集团、招商局集团、天士力集团旗下的基金公司合作发起汽车及先进制造、现代服务、生物医药专项基金,并启动实质投资。

3.有力促进重庆本地基金管理公司发展

重庆市产业引导股权投资基金与西证渝富、华融渝富、贝信投资等本地基金公司开展深入合作,合作发起工业、电子信息专项基金,并启动实质项目投资。

(二)探索一系列产业引导的投资方式

围绕推动产业升级发展的核心,积极探索产业引导基金支持产业发展的有效方式,督促专项基金加快项目投资,发挥在产业发展中的引领作用。

1.聚焦重点行业,支持薄弱环节

通过项目推荐、派员参加专项基金投委会等机制,引导专项基金明确和优化投资方向,聚焦重庆市重点产业,如投资长安汽车、力帆股份等新能源汽车项目,推动传统支柱产业拓展新业务领域;投资重庆医药、润生科技等生物医药项目,推动生物医药产业创新发展;投资泰克环保、新安洁等环保项目,支持环保产业进一步做大做强。同时,积极引导专项基金投资重庆市产业发展薄弱环节,如投资重庆钱宝等新兴金融项目,弥补重庆市在第三方跨境支付平台等领域的空白;孵化幼信通等移动互联网小微企业,解决初创期企业资金瓶颈问题。

2.充分利用股权投资纽带作用,开展招商工作

重庆市产业股权投资引导基金结合重庆产业实际,在全国范围精选优质项目,利用专项基金股权投资纽带,配合做好引进落地。如德瀚创投投资的北京九誉科技已在南岸区落地全国营收中心;和信汇智投资的领航时尚,将在重庆复制北京中关村创业孵化器模式;荣获2015年新三板创新公司第8名的吉林差旅天下公司,准备在重庆落地西南分公司。以基金合作为契机,促进产业龙头集团落户重庆,带动产业发展。如与国内一流文化产业上市公司完美环球合作设立文化基金,并签订补充协议,推动完美环球将其部分主营业务落地重庆,促进重庆市文化产业发展。

3.有效撬动社会资本实现二次放大

通过专项基金和优质产业的强强联合,进一步带动其他社会资金跟投项目,实现二次带动的倍增效应。如重庆慧林基金投资重庆钱宝5904万元后,带动招商局集团跟进投资4.78亿元,带动投资比达到8倍。联合招商、华夏、平安等托管银行,开展"投贷联动"等业务,为被投企业提供配套债权资金,如和信汇智基金投资九龙橡胶后,促成中国银行续贷1500万元。

三、产业引导股权投资基金创新成效

(一)专项基金招募及发起设立情况

截至2015年末,共确定发起设立专项基金21支,基金总规模196.25亿元,重庆市产业引导股权投资基金认缴出资50.23亿元,资金放大3.91倍。其中,2015年新设专项基金11支,基金总规模较2014年增加128.07亿元,增长187.84%;21支专项基金均在重庆注册,16支明确在重庆设立基金管理公司。21支基金包括:主投工业的6支,分别由九鼎投资、兵装集团、和君资本、西证渝富、华融渝富、洹杉投资等发起,总规模85.53亿元,认缴出资24亿元,资金放大3.56倍;主投农业的3支,分别由中信逸百年、英飞尼迪、惠农资本发起,总规模16.15亿元,认缴出资7.94亿元,资金放大2.03倍;主投现代服务业的4支,分别由招商资本、渤溢投资、金浦投资、众利投资发起,总规模46.01亿元,认缴出资8亿元,资金放大5.75倍;主投科技的5支,分别由红马资本、贝信投资、和亚化医、昌辉传播、德众合元发起,总规模20.53亿元,认缴出资4.79亿元,资金放大4.29倍;主投文化的2支,分别由盛景嘉成、重庆文投发起,总规模18.04亿元,认缴出资3.5亿元,资金放大5.15倍;主投旅游的1支,由中非信银发起,规模10亿元,认缴出资2亿元,资金放大5倍。

此外,重庆市产业引导股权投资基金还积极承接国家供销合作总社专项资金,出资0.5亿元发起5亿元重庆供销合作发展基金;出资5亿元,推动发起100亿元重庆现代物流产业发展基金;出资50亿元,与重庆市国有企业和其他机构共同发起800亿元重庆战略性新兴产业发展基金。

(二)项目投资情况

截至2015年末,通过基金投决会批准投资项目34个,投资金额28.88亿元,带动其他社会投资38.7亿元。其中,投资重庆项目20个,投资金额22.5亿元,占比77.9%,带动其他社会投资19.32亿元。

为培育战略性新兴产业,促进产业结构调整和优化升级,推动电子核心部件、物联网、机器人及智能装备、新材料、高端交通装备、新能源汽车及智能汽车、MDI及化工新材料、页岩气、生物医药、环保装备等十大战略性新兴产业发展,市政府在2015年5月中旬,由重庆市产业引导股权投资基金代表财政出资50亿元,由重庆渝富资本股权投资基金管理有限公司、重庆渝资光电产业投资有限公司、重庆市江北嘴中央商务区投资集团有限公司共出资200多亿元,引导金融机构、养老基金等社会资本出资550亿元,共同发起设立800亿规模的重庆战略性新兴产业股权投资基金。成立初期,全国共有16家机构签署协议愿意参与该基金的设立,意向规模达1600亿元。截至12月末,战略产业基金已完成投资或投决会同意投资项目共8个,投资超100亿元,带动项目总投资超400亿元。

分行业领域看,工业领域项目13个,投资金额13.60亿元,带动其他社会投资12.53亿元;农业领域项目3个,投资金额0.65亿元,带动其他社会投资0.98亿元;现代服务业领域项目7个,投资金额6.75亿元,带动其他社会投资22.43亿元;科技领域项目10个,投资金额4.87亿元,带动其他社会投资2.76亿元;文化领域项目1个,投资金额3亿元。

分专项基金看,2015年签署合伙协议的11支专项基金中,3支已投项目6个,投资金额8.24亿元,投资进度16.48%,带动其他社会投资7.82亿元。

第五篇　环境篇

第十八章　重庆货币市场运行情况

一、同业拆借市场运行情况

一是同业拆借交易量大幅增长。2015年,重庆市同业拆借全年成交额8021.51亿元,同比增长128.75%。二是同业拆借以拆入交易为主。2015年,重庆市同业拆入成交额6668.83亿元,同比增加130.66%;同业拆出成交额1352.68亿元,同比增加119.76%;净融入资金5316.15亿元,同比增加133.61%,各季度净融入额均保持在千亿元以上。三是拆借利率波动下行后企稳回升。受春节资金集中需求和新股密集发行等因素影响,第一季度利率水平较高。6月,银行间市场利率降至年内最低值1.82%。此后,银行间市场利率波动上扬,但整体处于较低水平。12月,全市银行间市场同业拆借利率为2.30%,同比下降1.57个百分点。四是拆借期限有所延长。隔夜拆借、7天拆借分别占交易总量的57.16%和23.93%,同比下降4.4和0.13个百分点;14天拆借成交量901.94亿元,占比上升2.13个百分点。此外,2015年开始出现1个月以上期限的同业拆借。

二、票据市场运行情况

一是承兑业务萎缩,余额和发生额双降。截至2015年末,重庆市金融机构票据承兑余额3453.01亿元,同比减少8.16%;年累计承兑额6717.53亿元,同比减少5.69%。二是票据贴现交易活跃。年末票据贴现余额887.97亿元,同比增长60.6%;年累计贴现交易额64451.2亿元,同比增长34.82%。其中,转贴现交易额63061.90亿元,占贴现交易额的97.84%。三是票据贴现、转贴现利率全面降低。2015年第四季度,银行承兑汇票贴现加权平均利率为3.4%,较上季度下降0.57个百分点,同比降低1.62个百分点;商业承兑汇票贴现加权平均利率为5.58%,比上季度回落0.12个百分点,同比降低1.06个百分点;票据买断和票据回购转贴现加权平均利率分别为3.19%和3.05%,分别较上季度下降0.55和0.38个百分点,同比下降1.70和1.86个百分点。

三、银行间债券市场运行情况

一是债券质押式回购交投活跃,净融入资金有所上升。2015年,重庆辖区银行间市场成员债券质押式回购交易量68201.04亿元,是上年同期的2.91倍。其中,正回购交易量34990.01亿元,同比增长156.03%;逆回购交易量33211.03亿元,同比增长240.43%;净融入资金1778.98亿元,同比减少54.51%。二是债券买断式回购交易额倍增,净融入转为净融出。2015年,重庆辖区银行间市场成员债券买断式回购交易量6246.81亿元,是上年交易额的10.98倍。其中,正回购交易量1313.41亿元,同比增长176.04%;逆回购交易量4933.4亿元,同比增加51.83倍;净融出资金3619.99亿元,而上年同期为净融入资金382.42亿元。三是现券交易量持续增长,现券净投资略有下降。2015年,重庆辖区银行间市场成员债券现券交易量5671.51亿元,同比增长80.22%。其中,现券卖出2768.76亿元,同比增长95.06%;现券买入2902.75亿元,同比增加68.04%;现券净投资133.99亿元,同比下降56.48%。

第十九章　重庆市金融行业风险及监管情况

一、银行业风险及监管情况

(一)银行业风险情况

1. 信用风险持续释放,不良贷款连续"双升"

虽然当前重庆银行业不良贷款在全国仍处于较低水平,但在经济增速放缓和结构调整转型的大背景下,一些传统行业和企业生产经营面临长期困难,实体经济信用风险进一步显性化,全市银行业不良贷款持续16个月"双升",2015年末不良贷款余额207.26亿元,不良率0.9%,分别较年初增加114.21亿元和0.45个百分点。部分企业通过银行、信托、私募、民间借贷等多头融资,资金链断裂风险较大,加上江浙、川贵等地区形成的债务链金融风险跨区域传染,信用风险事件频发,小微企业成为"重灾区",川威系、达钢系、金易系、晋愉系等大中型企业也相继曝出资金链断裂风险。

2. 利率市场化和金融脱媒加快,行业发展面临挑战

2015年央行5次降息、存款利率上限逐步放开,利率市场化持续深入推进,银行对优质存款客户的竞争日趋激烈,但在有效信贷需求不足的背景下,贷款定价却很难提升,加上不良贷款不断攀升,资产减值计提力度随之加大,导致银行业利润空间明显收窄,累计税后净利润已连续5个月同比负增长。同时,随着互联网金融快速发展,网贷平台、第三方支付、股权众筹等新型金融业态不断涌现,对客户和资金分流效应不断显现,金融脱媒化日益加剧,银行业传统经营模式和服务模式面临严峻挑战,特别是部分经营仍然粗放、服务手段落后、人才储备不足的银行机构将难以适应,亟待转型。

3. 体系外投融资风险不断暴露,对金融体系形成冲击

小额贷款公司、担保公司、投融资咨询类公司等民间投融资主体达到上万

家,但是各类市场主体良莠不齐,客户盗刷卡,短信和电话诈骗,小额贷款、担保公司违规借贷,投融资咨询机构非法集资,P2P平台提现困难或跑路等现象仍时有发生,并表现出隐蔽性更强、复杂度更高、传染性更强、变化更快等特征,同时,体系外投融资风险通过信贷客户融资链条、担保关联关系,以及银行员工充当资金掮客,参与非法集资等渠道向银行体系内扩散,加剧风险传染和累积。

(二)银行业监管情况

重庆银监局严控重点领域风险,严防信用风险、流动性风险、操作风险,严防社会金融风险、信息科技风险、声誉风险,保护消费者合法权益。

1. 严防信用风险

按照"总量控制、分类管理、区别对待、逐步化解"的总体原则,引导银行业积极支持融资平台在建项目,扎实防范即期风险,有序开展地方政府债券置换存量债务,融资平台贷款总体风险得到控制,结构得到优化。一是有效防范到期风险。督导银行制定还款方案,按月监测每笔到期贷款偿付情况,全年到期融资均已收回,继续保持无不良贷款和无违约事件,守住了不发生区域性风险底线。二是加强稳增长支持力度。成功发行824亿元地方债,引导银行业机构依法合规支持国家及地方在续建项目,全年平台贷款新增478亿元,发挥了积极的稳投资作用。三是存量贷款持续优化。引导银行平台贷款押品整改,年末有效担保平台贷款占比达91.9%。现金流全覆盖平台贷款占比较年初提高0.2个百分点。平台贷款拨备额108亿元,超过关注类平台贷款余额。四是巩固监管基础工作。持续监测平台全口径融资,完善银行业风险防控机制。开展联合调查,加强监管联动,形成监管合力。

2. 紧盯流动性风险

强化重庆银行、重庆三峡银行两家城市商业银行流动性管理。一是不断完善流动性风险管理体系,修订完善流动性管理制度、压力测试体系及应急预案,加强应急演练,适时开展流动性风险评估,加快推进流动性风险管理信息系统建设。二是完善利率市场化和存款保险制度对接机制,加强主动负债管理。2015年,重庆银行开展了同业、单位和个人大额存单业务,年末余额分别为150亿元、1.25亿元和0.08亿元。重庆三峡银行推出"财富存"产品,该产品全年新增个人定期存款45.04亿元,带动储蓄存款逆势增长。三是加强存款稳定性管理,坚决遏制存款"冲时点"行为,全年未出现存款偏离度不合规的情况。四是积极参与城市商业银行流动性互助机制试点工作,推进对发起设立的村镇银行流动性救助。

持续推进农村中小金融机构提升流动性管理能力。一是结构调整持续深化。重庆农商行有效控制同业负债比例,同业融入融出指标均符合监管要求,同业业务的资金杠杆始终控制在合理范围内。新型机构持续优化存款结构,截至12月末,新型机构储蓄存款占比38.69%,较上年大幅提高7.2个百分点,负债稳定性进一步增强。二是管理机制持续优化。重庆农商行印发《流动性风险管理工作意见》,流动性风险管理信息系统正式上线。新型机构搭建流动性风险管理基本框架,完善制度建设和管理职责。督导全辖区农村中小金融机构加强资金业务的合规管理和杠杆控制,2015年末,重庆农商行杠杆率6.08%,30家村镇银行平均杠杆率11.7%,均超过4%的监管要求。三是预防手段持续强化。重庆农商行按季开展压力测试,并首次较大范围使用数理模型,建立由外部风险因素至内部承压指标之间的传导过程,测试科学性大幅提升。具备条件的村镇银行持续深化流动性压力测试。四是监管监测持续加码。建立常态化的流动性风险监测机制,建立流动性风险的专项预警和分析模型,先后组织辖区内农村中小金融机构开展流动性风险专项调研、重点领域风险排查。

3. 盯防操作风险

一是盯责任落实,着力思路引领。制定2015年度案防安保工作指导意见,针对三大类工作,明确14项规范动作。督导各银行业金融机构层层签订责任书,传导案防政策和压力。对全辖区87家机构开展案防评估,对评为"黄牌"的11家机构强化监管。

二是盯压力传导,着力风险提示。开展26次巡查督导,解析案防形势、宣讲案防制度,传导案防压力和工作要求,指导工作开展,查找不足和风险隐患。编发案情通报与风险提示,揭示案件风险苗头和典型作案手法,遏制同类案件在辖区内发生。

三是盯执行约束,着力管控行为。对全辖区1698名高管人员进行了案防知识考试,增强其案防主体责任意识。出台指导意见规范基层网点负责人日常案防工作履职到位。强化"灰名单"运用,在高管任职、人员招录、提拔等环节持续强化"灰名单"作用,防范"带病上岗""带病流动"。

四是盯案件风险排查,着力查改并进。将案件风险滚动排查与"两个加强、两个遏制"专项检查相结合,以"回头看"操作风险专项检查巩固和深化检查成果,紧盯存款"失踪"、票据造假等开展重点排查,有效防范操作风险。开展员工行为专项排查,发现并整改风险隐患138个,督促机构从严处罚。

五是盯案件风险处置,着力纠建并举。建立重大案件(风险)约谈告诫制度,及时对涉案涉事机构进行警示和告诫,提升监管针对性。督促机构建立案件移送、立案的内部细化标准,合理确定追偿债权的诉讼方式。指导银行成功堵截案(事)件69起。

4. 严防社会金融风险

一是加强风险统计和监测,提升前瞻预警能力。进一步改进融资担保贷款、银行向小额贷款公司融资等专项统计制度,目前已形成覆盖辖区所有机构的"银担""银小"季度统计监测框架。持续加强"银担""银小"合作的风险监测及情况反馈,强化风险应对管理,促进风险防范和化解。积极引导银行业金融机构加强对外部风险信息的监测、反馈和处理,主动了解和掌握辖区内非法集资风险动态,督促引导进一步建立健全防火墙机制。

二是引导银行完善管理机制,夯实外部风险防范基础。指导银行业金融机构利用各种技术手段,加强对线上线下涉嫌非法集资可疑资金的日常监测,对有异动特征的资金进行重点监测分析,及早发现和报告风险线索。加强对"飞单"、贷款企业涉及民间借贷及非法集资等风险事件的及时跟踪处置。开展员工行为专项排查,重点管控和排查员工参与资金"揽客"交易、私售"飞单"、参与非法集资等高风险异常行为。加大打击非法集资、电信网络诈骗、融资诈骗等犯罪活动的力度,建立电子化快速查询和冻结机制。

三是开展防范处置非法集资教育宣传。组织辖区内银行业金融机构以营业网点为重点依托,充分利用门户网站、微信等平台,开展形式多样的防范打击非法集资宣传教育活动。通过参与"送金融知识下乡""阳光重庆"电台专题节目等活动,进一步提高金融消费者自我保护意识和风险识别能力。

四是强化联动促进监管协同。加强多方联动,及时获取形势发展、企业变化、案件侦破等方面的最新信息,促进风险化解。

5. 严防信息科技风险

一是把握监管重心,狠抓法人银行信息科技风险治理。完成辖区内三家地方法人银行的年度信息科技监管评级,召开信息科技专项监管会谈,引导银行完善信息科技治理顶层设计和制度框架,积极开展法人银行信息科技现场检查、部分机构基础设施快速巡查。

二是严守风险底线,提升业务连续性管理水平。对各法人银行"两地三中心"建设和业务连续性管理的整改情况进行销号制管理,并定期开展现场督查,三家地方法人银行于9月底之前全部完成"两地三中心"建设,同城灾备覆盖率大幅提升。重庆农商行成功开展"两地三中心"整体业务真实切换演练工作。

三是强化监管引领,践行分类监管和指导。指导各法人银行认真制定"十三五"信息科技发展规划,督促其加强外包风险管理,对马上消费金融公司和广发银行重庆分行等新设机构加强辅导,对昆仑金融租赁、渝农商金融租赁的信息科技管理现状和支撑能力进行调研,指导中信、华夏、交通和农业银行等分支机构配合其总行扎实做好核心系统升级切换等工作。

6.严防声誉风险

一是持续关注、及时回应社会关切。持续关注银行业舆情,建立健全舆情提示、参阅、快报机制,及时将社情民意传达到监管部门。畅通主动发声渠道,及时回应、引导舆论热点。督导各银行业金融机构建立完善媒体合作机制。

二是高度重视、积极核处舆情线索。通过"舆情提示单"制度,加强对舆情线索处置的督查督办力度,群众反映的问题得到有效解决,涉及银行业违法违规的舆情线索得到及时核查。统筹行业内资源,加强同宣传、公安等部门联动配合,有效防控声誉风险。

7.保护消费者合法权益

进一步健全工作机制。建立重庆银行业消费者权益保护联席会议制度。制定推动金融知识宣传教育活动统筹开展的实施意见,实现公众金融知识宣传教育工作的统一部署、协作实施和共同评价。

进一步深化金融消费者宣传教育。组织开展"3·15"系列、"金融知识进万家"等宣传活动,编印金融知识宣传资料,在观音桥、解放碑等主要商圈投放公益性广告,全年共发放金融宣传资料200万余份,发送短信、微信300万余条。邀请VISA、上海百特教育咨询中心召开青少年金融教育座谈会,学习实践经验及调研成果。打造重庆市消费者权益保护的教育基地和实验窗口,探索建立银监局、银行业专家双轮岗机制,联合银行、法院等单位开展"每月一讲"。

进一步加强消费者投诉处置。出台《重庆银行业消费者投诉处理实施规程》，完善投诉处理流程并召开会议培训。成立中西部地区第一家银行业消费者投诉纠纷调解中心，探索多元化投诉纠纷处置机制。完善消费者信访投诉台账，并按季统计分析评估，及时了解消费者投诉及处置情况，2015年共受理消费者投诉事项64起，办结64起。

进一步提高基础金融服务质量。加强银行柜面服务，推进网点服务语言与流程标准化工作，并以现场走访及暗访等形式跟踪督促。抽取20家银行开展暗访，组织"神秘人"交叉体验各行金融服务，专题研究提升柜面服务质量、缓解消费者排长队的问题。继续督导机构加强春节期间对农民工金融服务，不断完善营业场所、自助机具设备等方面设施建设和改造，更好地适应特殊群体日常金融服务需求。

进一步规范服务收费和销售行为。在全国率先建立消费者权益保护专区，在中西部地区率先印发《银行业金融机构理财产品和代销产品录音录像工作意见》。开展银行服务收费问题"回头看"工作，遏制不规范服务收费行为。持续加强对营业网点销售行为的监管，对27家机构64个问题进行责任追究和惩戒。

二、证券业风险及监管情况

（一）证券业风险情况

1.证券经营机构面临的风险

证券公司以及证券分支机构合规风控机制方面还需完善，证券公司总部对个别业务环节的合规风险未全覆盖，辖区市场主体还没有完全从"要我规范"转变为"我要规范"，规范运作的长效机制和内生动力还不够。财务、经纪业务、融资融券业务等方面存在一定的风险情况，需进一步完善。

一是财务方面，行业负债规模持续增大，财务杠杆不断提高。截至2015年末，证券行业净资本为1.25万亿元，仅其自营业务就占用资金近2万亿元，且沪深两市两融余额达1.17万亿元，证券公司经营及融出资金多为举债融入，行业杠杆比例上升较快，总体杠杆已由2011年的1.41倍提升至2015年的3.01倍。二是经纪业务方面，各市场经营主体主要通过争抢客户、增加交易获取收入，对客户权益保护要求落实不到位。三是融资融券业务方面，存在客户持仓集中度过高、担保证券市盈率较高以及低资产客户人数较多的情况。

2.期货经营机构面临的风险

期货市场面临的风险主要涉及流动性风险、技术风险、操作风险和道德风险四大类风险。流动性风险是指期货公司是否建立适应业务需要的动态风险监控和资本补足机制,净资本等风险监管指标是否持续符合标准。技术风险主要体现在资产管理业务中涉及的程序化交易中的高频交易和基金代销业务等特殊环节,无论是计算机软硬件故障还是信息系统故障都会导致严重的交易事故。操作风险主要是复杂业务中会有可能出现程序设计差错、风险参数设置错误或者人为的操作失误等。关于道德风险,期货公司在业务中一方面是交易经纪商和产品销售中介,另一方面又作为投资顾问或资产管理人,如果在产品说明中对这些利益关系没有充分揭示,这必然会导致利益冲突,在销售环节投资者被误导的概率会大幅提升,在投资交易环节期货公司通过交易佣金转移利益的可能性也会加大。

3.公募基金管理机构面临的风险

基金管理公司作为中介机构的定位存在偏差,面临的风险主要是以下几点:一是部分机构大量从事通道类融资业务,增加了社会融资环节和成本,一定程度上演变为金融自循环,存在脱实向虚的倾向,没有为社会真正创造价值,有的机构以创新之名规避监管,偏离服务实体经济的方向;二是一些复杂产品的设计推广存在问题,如分级基金,运作机制较为复杂,成熟市场通常不向普通投资者推广分级基金,而很多机构向普通投资者大力推广分级基金,投资者适当性管理明显存在问题;三是部分机构的子公司、孙公司的内部管理、资本约束等与业务发展严重不匹配,大量涉足非持牌业务甚至非金融业务,"非标业务"投资占比大,而且有相当比例投向过剩产能等领域,随着宏观经济增速放缓,违约风险持续加大。

4.私募基金管理机构面临的风险

当前,私募基金管理公司正处在从快速发展向规范发展方向转变的重要阶段,面临的风险主要是以下几点:一是登记备案信息失真。私募基金管理机构存在信息不完整、不真实、不及时,更新不到位等情况。二是资金募集行为违规。私募基金管理人未能严格落实私募暂行办法关于合格投资者的要求,存在向非合格投资者募集资金、变相降低投资者门槛等情况。三是公司管理失范。基金管理人在关联交易管理方面,存在程序不规范的问题,未经公司内部审议程序,未经外部审核程序,存在内控失当的问题。四是涉嫌违法犯罪。以虚假或夸大项目为幌子,以保本高收益为诱饵,向不特定对象公开募集资金,涉嫌非法吸收公众存款或集资诈骗。五是兑付风险。私募基金风险较大,如基金运作不规范,盲目扩张,在经济形势较为严峻的时候,兑付风险就会逐渐显现。

(二)证券业监管情况

1.综合施策,全力维护辖区市场稳定

一是积极应对股市异常波动风险。针对2015年6月出现的股市异常波动,重庆证监局积极引导辖区上市公司增持回购。20家上市公司大股东及董事、监事等高管人员累计增持各自公司股份1.1亿股,增持金额达12.28亿元。

二是加强舆情引导,督促公司兑现承诺。及时向重庆市证券经营机构下发通知,引导从业人员坚定市场信心,不信谣、不传谣,开展正面宣传,提升投资者信心;要求做好客户服务和安抚工作,防范出现极端行为甚至群体性事件。督促西南证券逐一兑现21家证券公司联合公告有关承诺,积极履行市场主要参与者的社会责任。

三是动态排查上市公司风险。设置风险指标,建立风险台账,动态排查更新,调整风险分类,提高对公司风险研判的准确度。对高风险公司、次高风险公司,加强监管资源配置。结合市场运行出现的新增风险点,及时组织排查,在市场大幅波动时,组织对辖区上市公司股权质押情况开展风险摸排,摸清风险底数。

四是认真做好债券违约风险监测与处置工作。重庆证监局与交易所及地方政府加强协作,建立公司债券违约风险监测体系和信息互通机制。与地方政府协作,化解了1家公司私募债违约风险。向1家上市公司提示公司债暂停上市风险,督促公司做好风险监测工作。

五是着力维护信息系统安全。组织辖区证券经营机构参与全行业信息安全应急演练,全面检验应急处置能力,提升信息系统保障水平。平稳处置信息安全事故,2015年辖区营业部共发生3起信息安全事件,均由公司总部系统故障引起,重庆证监局及时督促相关营业部进行了妥善处置。

2.多措并举,维护投资者合法权益

2015年,重庆证监局开展"公平在身边"主题活动,不断提升投资者保护工作的宽度和深度。

一是加强宣传,提高投资者风险防范意识。在《重庆商报》开设"证券投资警钟长鸣"投资者教育专栏,定期刊登投资者保护案例6则;编印《投资者保护与风险教育典型案例》宣传折页,通过辖区机构向投资者累计发放33000余册。

二是完善纠纷调解机制,强化投资者适当性管理。要求辖区证券经营机构切实承担起投诉、纠纷处理的首要责任。指导重庆市证券期货业协会通过纠纷调解程序共解决纠纷8件。将落实投资者适当性管理制度融入机构监管各个环节。及时修订检查工作底稿,细化适当性管理检查内容,通过审阅适当性管理制度、客户回访等多种形式检查各机构投资者适当性管理落实情况。

三是以预警信息为线索,保障客户资金安全。2015年,中国证券投资者保护基金通过监测信息交互与处理综合平台推送了某公司资金账户发生透支的一般预警信息。经查,该公司某营业部在进行佣金模板的规范清理工作时,因误删佣金模板造成32名客户资金账户透支,并导致营业部当日对1927名客户合计多收佣金94586.64元。在重庆证监局督促下,公司清算中心对其中1923名客户进行了批量资金蓝补操作,及时退还多收取的客户佣金。

四是以投诉举报为突破口,严格落实责任。坚持"快速反应、深入核查、及时回复"的原则,做好"12386"热线、信访、举报的诉求处理。通过外围取证和现场核查,对相关线索进行核实,发现违法违规线索的,立即启动调查程序,移交稽查提前介入;排除违法违规嫌疑的,及时将相关情况答复举报人。全年共接收处理投资者各类投诉举报60件,均依法按时妥善办理。

3.严格落实简政放权要求,强化事中事后监管

一是全面清理,简化审批备案登记事项。重庆证监局梳理9项行政许可事项的审核依据、申请材料目录,做好行政许可审批取消事项的衔接工作。梳理19项机构监管规范性文件,废止4项,切实做到"法无授权不可为"。同时,针对39项报备事项,优化报备流程,减轻证券经营机构报备负担。

二是严格依法审核行政许可事项。重庆证监局将行政许可审核事项、审核进展、许可事项批复和办事指南等在互联网公示并定期更新,确保相对人知情权;审核无超期、不当或复议的情况。全年办理证券类行政许可事项3件,较上年同期减少91.43%。

三是以问题驱动为导向,提高证券经营机构检查质量。围绕人员管理、投诉处理、合规风控等七个方面进一步完善辖区证券营业部风险分类,对风险等级较高的营业部进行现场检查。对问题突出的营业部,约谈公司总部合规总监,责令总部全面自查,进一步排除风险隐患。

三、保险业风险及监管情况

(一)积极防范化解满期给付与退保风险

重庆保监局及时开展全年满期给付和退保风险排查工作,初步搭建"年度风险预算"体系。与银监局联合印发《关于进一步规范商业银行代理保险业务切实防范退保给付风险的通知》,部署风险应对工作。坚持日报、旬报监测,月报分析和季度总结监测制度。同时,做好突发风险事件应急处置工作。例如,就某地产公司负责人被抓事件,第一时间向有关保险机构了解情况排查风险,明确处置要求。截至目前,辖区内寿险公司总体风险可控,未发生因非正常退保引发的群体性事件。

(二)全面加强案件风险防控

全面开展非法集资案件风险排查和处置。开展保险机构、中介机构从业人员非法集资风险专项排查。协调相关部门,稳妥处理业内人员涉及非法集资案和销售第三方理财产品的案件风险。妥善处置涉及个别寿险公司的股权基金销售风险问题。完善反保险欺诈工作机制,健全行业和部门协作机制。与市公安局联合开展"安宁2015"反欺诈专项行动,6月以来共立案45件,抓获犯罪嫌疑人55人,已起诉27人,打掉犯罪团伙7个,已挽回损失314万元。其中一起汽车修理厂团伙诈骗案已被公安部确立为"部督案件"。

(三)健全非现场监管机制

强化分类监管,健全产险、寿险和专业中介分类监管考评指标体系,将车险理赔服务评测、未决赔案管理、寿险客户信息真实性等纳入分类监管评价指标,进一步提升考评的科学性和公信力。争取中保信平台支持,加强产险监管数据库建设。建立专业中介机构全面监管档案。建立以风险为导向的保险市场运行和风险防范分析会制度,加强对重庆保险市场的深入分析和动态把控。积极对接偿二代相关工作,按保监会授权参与对在渝两家法人机构的SARMRA风险管理复核评估工作。

四、其他金融行业风险及监管情况

(一)担保行业风险及监管情况

1.代偿率不断攀升,给重庆市融资担保行业造成了较大压力

一是在保余额虽继续增加,但增速较上年同期下降7.8个百分点。二是收入同比下降23%,净利润同比下降20.7%。三是代偿指标大幅上升,年度代偿率2.2%,较上年同期上升0.8个百分点。

2.担保机构行为规范不够细化,监管手段不够丰富

现行的《融资性担保公司管理暂行办法》出台时间是2010年3月,距今已有6年多,这6年中国的融资担保行业取得了爆发式的发展,宏观环境、行业环境、风险控制手段、产品创新等情况都发生了非常大的变化,政策实践中已有诸多不适应,行业监管尤其是在处罚及退出方面缺乏有效的法律支撑,地方监管部门掌握的监管手段极为有限,影响了监管效率。

3.部分机构公司治理亟待加强

部分融资担保机构内部职责权限不清、"三会一层"制度履行不到位,风控制度不健全,风控流程的完善及风险调查深度无法真正满足风险管理要求。如在对融资担保机构的检查和日常监管中,发现有部分机构存在档案签章不全、相关内控制度执行不到位、未按章程健全"三会一层"治理结构等问题,有部分机构存在公司董事、监事等高管人员缺位及不合规兼职等问题。

4.部分机构资金运用随意性强,风险意识薄弱

部分担保机构存在侥幸心理,通过"过程违规、时点合规"等手段来规避监管。甚至有个别中小担保公司的主业并非担保业务,而是热衷于其他副业,主要表现在投资超限、违规开展贷款业务、违规进行资金拆借等,严重影响了资金的安全性、流动性。

5.银担风险分担机制不健全,担保机构风险压力较重

首先,在企业整体融资成本中,担保费所占比例远远低于银行等金融机构,但多数担保机构在银担合作中需承担100%的风险,还需缴存保证金,风险与收益不对等;其次,担保机构主要的风险防范措施就是抵质押反担保,依靠流动性较差的抵质押资产来承担整个融资环节中的最终风险,一旦企业出现流动性问题,很容易连带造成担保机构资金紧张。

6.市、区县两级监管联动机制还需完善,监管重心需要前移

目前因各区县监管力量不均衡,监管压力较多集中在市级层面,区县金融办的监管作用未能得到充分发挥。在当前行业发展突发性风险增多的情况下,更需加强市区两级监管部门的协调配合,加快形成条块结合、运转高效、无缝衔接、全面覆盖的区域性金融管理与风险防范机制,不断增强地方金融监管合力。

7.扶持政策落实不到位,影响担保机构支持小微和"三农"积极性

目前市级层面已经出台了若干支持小微企业和"三农"发展的财税政策,但部分机构也反映政策落地有困难,补贴申报难度较大。另外现行这种普惠制的补贴政策还不够细化,需要协调部门多,实际操作中也难以发挥针对性的扶持作用,影响了担保机构支持小微企业和"三农"积极性。

(二)金融要素市场风险及监管情况

1.金融要素市场风险情况

(1)监管风险

因为监管体系的不完善,交易场所可能存在不履行被监管的义务,躲避监管的风险。

(2)结算及交收风险

交易场所可能存在交易制度、资金管理制度、风险控制制度不完善以及系统问题而造成交易结算风险、实物交收风险等风险。

(3)道德风险

交易场所可能存在股东、员工内部违规操作及内幕交易等侵害投资者利益的风险。

(4)群体性事件风险

交易场所出现异常情况,可能因未做好风险处置与应急处理,造成投资者投诉或群访集访的发生。

(5)其他风险

因不可抗力或其他要素,造成交易场所的交易系统故障等风险。

2.金融要素市场监管情况

(1)明确监管主体和职能

市金融办负责全市交易场所的监督管理,承担交易场所发展规划编制、设立审查、日常监管、统计监测以及牵头处置风险等工作。

(2)加强制度体系完善

完成《重庆市交易场所应急管理操作指引(试行)》《重庆市交易场所分支机构管理暂行办法》《重庆市交易场所设立变更工作指引(试行)》《重庆市交易场所高级管理人员任职资格监管实施细则(试行)》的论证起草、征求意见和修订,待进一步完善审查同意后,陆续发布实施。

(3)加强非现场监管

建立非现场监管机制,加强要素市场非现场监测及预警、日常巡查;开展兑付、回购类产品风险全面摸排,提前发现风险,为处置应对赢得时间;全面排查全市交易场所履行报批、报备、报告监管义务的执行情况;完善专家库管理办法,充实专家库成员,建立专家委员会审查机制,强化专家辅助审查效能;组织召开全市交易场所监管培训和座谈会。

(4)严格业务审查

严把"入口关",严格审查并否决不合格的、风险较高的交易场所筹建申请。

(5)加强日常监管及现场检查

积极稳妥处理各类投诉举报(其中12起为外地交易场所在本地的代理商);对金交所、文化产权交易所(以下简称"文交所")、再生资源中心交易、纱线产品交易中心(以下简称"纱线中心")等4家交易场所开展了7次现场检查,对出现的风险、违规行为及时采取有效监管措施,对联交所、渝涪市场等采取高管约谈、书面报告等监管措施。

(6)积极稳妥开展风险处置

对检查发现风险和违规行为的机构,采取积极稳妥的处置措施。

(7)设立要素市场协会

以重庆市现有14家交易场所为基础,适当引入行业中介服务机构,指导行业机构自发设立重庆市要素市场协会,增强行业自律,丰富监管层次。

(三)小额贷款行业风险及监管情况

1.小额贷款行业风险情况

(1)小额贷款公司面临生存压力加大。经济下行形势下实体企业运行存在困难,进而导致小额贷款公司信贷风险上升。同时,实体经济回暖过慢、银行业务下沉、投资公司违规放贷等多重因素,对小额贷款公司业务产生冲击,经营效益下降,行业利税双降,小额贷款公司面临较大的生存压力。

(2)亟待享受金融企业同等的财税政策。小额贷款公司从事的是金融业务,服务的对象主要是小微企业和个体工商户,向这些客户发放的符合条件的小微和"三农"贷款不能享受国家对金融业有关的税收优惠、税前扣除、利息补贴和呆账核销等政策。提供同样的服务受到不同待遇,不但加重了小额贷款公司税费负担,而且最终还增加了实体企业和个人的借款成本。

(3)债权维护艰难挫伤放贷积极性。小额贷款公司的债务问题在司法处置中存在诸多困难,比如被客户诈骗的贷款不能按照诈骗金融机构贷款罪追究法律责任,给不法分子可乘之机;诉前申请财产保全需要提供较高的担保数额,债权处置成本高;处置周期长,从诉讼申请到最终处置时间短则几个月,长则一年左右等。小额贷款公司维权艰难,不利于有效维护资产安全,还导致产生惧贷和惜贷现象。

2.监管情况

一是加大现场检查力度。全年组织开展三次现场检查,重点实施了外资小额贷款的全面检查和公司治理、高管履职、贷款利率、资金来源四项内容的专项检查。二是改进非现场监管方式。开发建设实时在线监管系统,提高了非现场监管的有效性。三是加强风险监测、预警和提示。对不良率较高的前20家公司和亏损较大的7家公司,及时下发《监管意见书》和《监管质询书》,督促其查找原因并采取措施消化信贷风险。四是加快推进行业征信建设。新增24家公司接入中国人民银行征信系统,总量达到80家公司,居全国同行首位。五是根据最高法院的最新规定,修改小额贷款公司借款合同模板,避免旧版合同可能产生的法律风险。六是协调解决经营难题。5次召开有关部门会议,协调抵质押等风险防控问题;积极参与协调风险企业的债权债务问题,帮助化解贷款风险,维护社会和谐稳定。

(四)基金行业风险及监管情况

1.私募基金行业发展存在的风险

目前私募基金行业的发展仍存在诸多风险。一是监管制度不健全,存在法律风险。就目前而言,除中国证券投资基金业协会发布的自律规则和管理办法外,我国法律体系没有直接关于私募基金的明确规定。一旦在投资活动中出现纠纷,投资人的财产利息很难受到保护。二是缺乏信用保障,存在违规操作风险。由于缺乏外部环境的监督,基金管理者在进行操作时会出现不规范的行为,如存在非法性、面向不特定人群、承诺保底收益、承诺高额回报等。三是资金流动性风险。私募基金在投资人投入资金后有一段时间的封闭期,一般情况下私募基金的投资周期为一年以上。在此期间,对于投资人来说资金的变现能力变弱,不能通过套现或其他方式将资金撤出。四是实体经济下行,项目投资风险增大。新常态下中国经济正在向形态更高级、分工更复杂、结构更合理的阶段演化,也同时面临下行的压力,在此大环境下基金行业在寻找盈利性高的优质项目时存在一定风险。

2. 私募基金行业监管

私募基金行业监管情况主要依据证监会发布的管理办法,在中国证券投资基金业协会进行备案登记管理。重庆地区依据渝办发〔2012〕307号文在市金融办进行备案登记管理,截至2015年12月末,全市已进行备案登记管理股权投资类企业492家。

(五)融资租赁行业风险及监管情况

1. 国有民营融资租赁行业风险

(1)融资租赁公司"杠杆率"水平较高。大多数融资租赁公司将扩大市场规模、占领市场份额和争夺行业话语权作为其主要发展模式。该模式一方面导致了融资租赁业的快速发展,另一方面,业务的快速发展也使得多数融资租赁公司杠杆率飙升。多数融资租赁公司的杠杆率水平已经接近监管红线,未来可能面临较大的融资压力。由于受到资本充足率不足和杠杆率扩张的限制,当前融资租赁公司在进一步大规模业务扩张中面临较大的资金压力。

(2)融资租赁业务存在结构性失衡,售后回租占业务比重较高。根据现代租赁业的发展轨迹,租赁业务的发展通常先以融资租赁业务为核心,再逐步过渡到以经营租赁为核心。数据显示,大多数融资租赁公司融资租赁业务在整体业务中所占比重较高,占比超过七成,且其中的直租业务相对不足。

(3)租赁公司的粗放式发展造成租赁的行业集中度较高。目前开展的业务大多数集中在专用设备上,租赁标的种类相对单一,不仅造成我国租赁公司同质竞争加剧,而且容易造成相关行业周期性风险。

(4)长期融资来源匮乏,资金流的不匹配极易造成流动性风险。

2.国有民营融资租赁监管情况

为进一步加快融资租赁业发展,更好地发挥融资租赁服务实体经济发展、促进经济稳定增长和转型升级的作用,2015年8月26日,国务院总理李克强主持召开国务院常务会议,确定了加快融资租赁行业发展的措施:一是厉行简政放权,对融资租赁公司设立子公司不设最低注册资本限制。对船舶、农机、医疗器械、飞机等设备融资租赁简化相关登记许可或进出口手续。在经营资质认定上同等对待租赁方式购入和自行购买的设备。二是突出结构调整,加快发展高端核心装备进口、清洁能源、社会民生等领域的租赁业务,支持设立面向小微企业、"三农"的租赁公司。鼓励通过租赁推动装备走出去和国际产能合作。三是创新业务模式,用好"互联网+",坚持融资与融物结合,建立租赁物与二手设备流通市场,发展售后回租业务。四是加大政策支持,鼓励各地通过奖励、风险补偿等方式,引导融资租赁和金融租赁更好地服务实体经济。同时,有关部门要协调配合,加强风险管理。8月30日,国务院办公厅出台了《关于加快融资租赁业发展的指导意见》(以下简称《指导意见》)(国办发〔2015〕68号),对融资租赁业发展提出了具体工作意见。

为了保证《指导意见》的顺利实施,更好地促进融资租赁行业发展,商务部及时采取五项措施加以落实:一是会同有关部门抓紧制定《指导意见》分工方案,将各项任务逐条落实到各相关部门。二是会同有关部门研究制定配套政策,提出落实分工任务的具体措施。三是健全工作机制,做好部门间协同和上下联动。四是加强对地方的指导,推动地方结合实际细化政策措施。五是加强政策解读,提高融资租赁社会影响力和认知度,为融资租赁行业发展营造良好的社会氛围。

重庆市高度重视融资租赁行业的发展,采取综合措施加强行业监管,切实防范行业风险。一是贯彻落实《指导意见》,市商委与市外经贸委及时合作起草文件,在注重发展的同时,强化规范管理,理顺管理机制,落实管理责任。二是对4家内资融资租赁试点企业开展风险排查,要求企业严格遵守相关法律法规,守住不吸收公众存款和不委托发放贷款的底线。三是督促内资融资租赁试点企业在业务开展过程中按季、按年填报融资租赁信息管理系统,加强企业日常业务监管。四是督促试点企业在系统中对租赁物进行登记公示,提高租赁业务的透明度,保护融资租赁当事人和第三方的合法权益,着力防范和规避企业经营风险。五是积极配合商务部对内资融资租赁开展试点,对试点企业的申报进行初审把关。

(六)商业保理行业风险及监管情况

1.行业风险

(1)操作风险

一是存在对贸易本身及其贸易链条审查不清的情况;二是存在对买卖双方主体信用状况了解不清和交易合同审查不严的现象;三是存在应收账款转让给保理机构的有效性风险;四是审查不仔细,存在一票多次融资形成的重复融资风险。

(2)信用风险

有些卖方企业编造、伪造、变造财务报表、发票,虚构应收账款贸易背景和交易合同,部分企业利用商业保理资金开展互联网金融等业务。

(3)法律风险

目前国内商业保理业务的主要法律依据是《合同法》,缺乏更为详尽的法律法规予以支撑。

(4)市场风险

伴随世界经济复苏缓慢、中国经济步入"新常态",部分企业经营困难,发生区域性、行业性金融风险的可能性加大。

2.监管情况

(1)强化政策监管

2013年12月25日,两江新区管委会联合市商委、市外经贸委共同出台了《重庆两江新区商业保理(试点)管理办法》,对商业保理公司的设立和业务范围、公司经营与管理、行政管理和服务、行业发展与自律等方面做出了规定。与国内其他试点地方的办法有所不同,《重庆两江新区商业保理(试点)管理办法》还对商业保理公司应收账款再转让、托管银行和联席会议制度进行了创新和明确。

(2)严把准入标准

为保证商业保理公司能够合法合规、持续快速地开展商业保理业务,重庆市严把准入关口,通过材料审核、约谈负责人、一次性提前到位注册资本金等审核程序,确保新成立商业保理公司具备投资实力和经营能力。

（3）重视日常监管

自第一家商业保理公司成立以来,重庆市通过一对一调研、定期收集统计数据、召开专题座谈会等方式,深入考察调研企业,了解企业实际经营情况,确保企业合法合规经营。加强日常巡查,对40多家商业保理企业开展风险排查,要求企业严格遵守相关法律法规,守住不吸收公众存款和不委托发放贷款的底线。

（4）建立行业组织

通过与民政部门的多次对接沟通,于2015年12月28日推动成立了重庆市商业保理行业协会,着力规范行业标准,加强行业自律,树立商业保理行业形象。

（5）开展业务培训

为切实规范行业管理,推动商业保理行业持续快速健康发展,2015年12月,重庆市商业委员会组织举办全市商业保理业务培训,对商贸领域信用销售相关政策进行宣贯与解析,对非金融机构接入征信系统流程和应收账款融资服务平台应用进行详细讲解,对商业保理行业风险控制进行业务交流,对商业保理的业务范围、从业规范、禁止范围进行重点强调,通过宣传教育,引导规范企业的经营行为。

第二十章　重庆市信用体系建设情况

一、征信系统覆盖面情况

金融信用信息基础数据库(以下简称"征信系统")保持平稳运行。截至2015年12月末,征信系统累计收录重庆市23.9万户企业、1724万人的信息,重庆市累计接入征信系统的机构达210家,同比增长45%,涵盖银行、小额贷款、担保等各类机构,征信系统对重庆市机构的覆盖面显著提升。2015年,重庆市通过征信系统查询企业和个人信用报告618万次,同比增长29%,征信系统防范信贷风险的作用进一步增强,为重庆经济金融健康发展提供了重要支撑。

二、中小企业和农村信用体系建设情况

2015年,中国人民银行重庆营管部认真贯彻落实《社会信用体系建设规划纲要(2014—2020年)》,在深入总结巴南、黔江农村和小微企业信用体系建设试点经验基础上,印发《小微和农村信用体系建设工作实施方案》,将试验区经验重点推广至梁平、丰都等11个区县。同时,为激发市场主体的创新活力,在黔江、丰都等地探索引入第三方征信机构参与小微企业信用体系建设取得积极进展。

在全辖区推广使用应收账款融资服务平台,2015年全年成交257亿元,为盘活中小企业应收账款存量资产,缓解融资难发挥了积极作用。巴南中支机构加大信用激励力度,将信用村农户贷款财政贴息范围扩大到基准利率上浮50%内的贷款,26个信用村农户贷款余额4000万元,较2015年初增长60%。7月,中国人民银行杨子强行长助理莅临巴南区调研农村信用体系建设,对农村信用体系建设的"巴南模式"给予肯定。黔江中支机构推动形成具有黔江特色的"银行推荐+信用培育+信贷扶持"的"双向推荐"模式,有效支持有信用、有效益的中小企业融资。纳入信用培育企业用户获得贷款3.71亿元,较试验区建设前增长了74%。

三、征信机构培育情况

积极支持包括民营资本在内的国内资本设立企业征信机构。完成首批2家企业征信机构:重庆华龙强渝信用管理有限公司、重庆云微信用管理有限公司的备案,填补了重庆征信市场的空白。加强对申请个人征信机构牌照的引导,引导企业形成合理预期。结合市场容量,努力培育一批与重庆经济金融发展相适应的征信机构。

第六篇　机构篇

第二十一章　本地法人银行机构

一、重庆银行

2015年,重庆银行充分发挥地方法人银行的优势和特点,积极贯彻市委市政府战略部署和各项监管要求,大力服务实体经济,扎实履行市属国企的职责和义务,实现了与地方经济的共赢发展。

(一)基本情况

重庆银行成立于1996年,是中国西部和长江上游地区成立最早的地方性股份制商业银行,由重庆37家城市信用合作社及市联社、10家地方财政局和39家企事业单位联合发起设立了重庆城市合作银行。1998年3月,经中国人民银行批准,更名为重庆市商业银行;2007年8月,经中国银监会批准,更名为重庆银行。2013年11月6日,重庆银行在港交所挂牌上市,成为首家在港交所主板上市的内地城商行。2015年12月,重庆银行新增发行4.2亿股H股,为香港上市中资城商行中第一家实现股本再融资。截至2015年末,全行共辖130家营业网点,在成都、贵阳、西安及重庆两江新区共设立了4家分行,控股1家村镇银行,现有员工4000余人。

(二)2015年运营情况

面临经济下行、金融脱媒加速、风险集中暴露的复杂形势,重庆银行以"专业化,综合化,互联网金融化"为抓手,坚持改革创新,加快发展转型,积极服务实体经济,成功应对严峻挑战,发展稳中向好,结构持续优化,管理稳步升级,风险整体可控,品牌影响力显著增强。截至2015年末,全行资产总额达3198亿元,增幅超过16%;存款余额1960亿元,增幅超过16%;贷款余额1252亿元,增幅超过17%;净利润31.72亿元,增幅超过12%;中间业务净收入占比达到

17.69%，较去年同期提高5.5个百分点；不良贷款率控制在1%以内，各项监管指标均达到监管要求。

单位：亿元

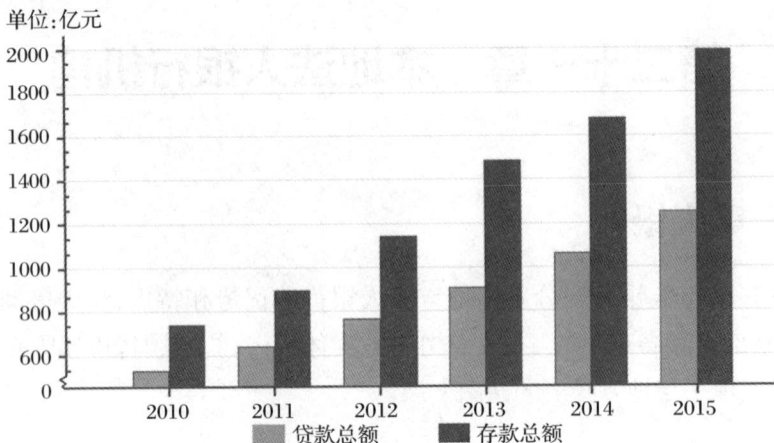

图21-1　重庆银行存贷款总额（2010—2015年）

2015年，重庆银行成为第一家在港交所成功定向增发的内地上市城市商业银行；被银监会评为全国12家城商行"领头羊"之一，小微企业银行部被银监会评为"全国银行业金融机构小微企业金融服务优秀团队"；在英国《银行家》杂志2015年度千家银行排名中，重庆银行位列第349名，较2014年上升21位；在《银行家》对中国资产规模2000亿元以上城市商业银行的年度综合排名中，进入全国城市商业银行前三甲；成为唯一入选"恒生可持续发展企业基准指数"的地方法人金融机构。"五有"企业文化建设成果显著，重庆银行先后被中国企业文化研究会和中国企业联合会授予"全国企业文化示范基地"称号，成为全国企事业单位中第二家（目前全国仅两家）、全国金融机构唯一一家。

(三)服务实体经济情况

1.落实国家发展战略

积极响应国家"一带一路"、长江经济带发展战略，完善优化"商业银行、投资银行、交易银行"综合金融服务模式，在航空、港口、航运、铁路、公路和油气管网建设方面制定一揽子金融服务方案，加大金融支持力度。仅2015年，向该领域投放金融资金就达13亿元。

2.助力产业转型升级

落实供给侧结构性改革要求，重庆银行从行业政策、客户政策、产品政策和区域政策4方面提出了差异化、特色化的授信政策，重点支持先进制造业、新兴产业等领域，推动重庆产业升级，优化经济结构，提升发展质量。2015年，重庆银行向汽车、信息、化工、材料、能源"6+1"重点产业提供信贷资金超过300亿元。

3.扶持小微企业成长

2015年末，全行小微企业贷款余额476亿元，占全行贷款的38.2%，比2014年末提高1.5个百分点，连续多年稳步上升。2015年小微企业新增贷款85.79亿元，增速达21.9%，比全行贷款增速高近5个百分点；小微贷款客户数达到20050户，全年新增2576户，增速达14.7%。重庆银行总行小微企业银行部被银监会评为"全国银行业金融机构小微企业金融服务优秀团队"，中国人民银行向重庆银行提供了定向降准和支小再贷款政策支持。

4.普惠金融惠及"三农"

重庆银行建设专家型客户经理团队，因地制宜创新产品，成功推出"农保贷""农业产业投贷联动""三磊农业担保模式"和"蚕桑产业链金融服务模式"等特色信贷产品模式。同时，深化与政府相关部门、重庆兴农担保、农业担保、乡镇担保的合作力度和广度，创新"三权"担保方式，大力支持丰都恒都肉牛产业、长寿和忠县柑橘产业等现代农业产业。2015年，重庆银行"三农"贷款客户由30多户发展到115户，贷款余额由2亿元提升到6.5亿元。客户群体涵盖国家级农业产业化龙头企业2户，市、区县级龙头企业38户，农业高新企业1户，新三板上市企业1户，上海股权交易中心挂牌企业2户，客户质量进一步提升。

5.大力实施精准扶贫

截至2015年末，重庆银行已向彭水、石柱、黔江等18个贫困区县累计投入信贷资金174亿元，占重庆银行在重庆区域内总信贷投放的17%。按照市委市政府、市国资委统一部署，重庆银行定向扶贫彭水县，与彭水县签订精准扶贫合作协议，已向彭水县捐助扶贫资金1000万元，分期为彭水县投入信贷资金15亿元，用于贫困村建设和产业扶持，支持115个村建立或发展农村经济合作组织，支持27640户贫困家庭实施脱贫致富计划。在持续开展资金捐助和信贷支持等常规扶贫方式的同时，还制定了"三卡一品"（就学卡、就业卡、就选卡、特色支困贷系列金融产品）工程进行重点实施。通过就学卡，支持彭水100名贫困中小学生就学,按每年1万元生活费进行资助,连续资助3年,为贫困家庭奠定可持续发展的智力基础。通过就业卡,支持100名贫困大学生就业。通过就医卡,按能覆盖常规体检项目的200元标准,支持贫困人群免费体检1万人次,解决贫困群众就医难。通过研发特色支困贷系列金融产品,支持有发展意愿的贫困群众开展创业致富。

(四)产品、服务及模式创新情况

1.H股定增成功实施

募集资本金约32亿港元,成为2015年香港资本市场首家完成增发的城市商业银行、两年来唯一一家实现增发的内资银行。此次定增,新引进了上汽集团和生命人寿两大主要股东,优化了股东结构。

2.探索长效激励机制

积极探索高管以延期支付风险金购买股票计划。推出绩效延期支付和员工持股计划,参与员工占全行员工总数的2/3,实现了中长期激励与约束的有机统一。

3.理顺发展管理架构

部门职能加速整合,将原国际业务部更名为贸易金融部,新设互联网金融部,将内控合规部内控检查职能调整到内审部,同业条线完成风险管理职能架构建设,经营发展、风险管理职能职责更加清晰。探索推行风险管理人员派驻制,在分行和支行分别派驻风险官和风险经理,提高全面风险管理精细化水平。

4.全力实施创新驱动

持续推进产品创新、运营模式创新,切实提升发展质量和核心竞争力。重庆银行首单PPP项目——重庆双发地产基金2.8亿元项目成功落地;在监管部门的大力支持下,企业存单、个人存单成功发行,首单资产证券化质押支小再贷款成功放款;推出"幸福存""梦想存",对传统个人零售业务产品进行了大胆创新,增强了发展活力;以"诚信贷""租金贷"为主打批量模式,小微企业业务加速向专业化、批量化发展;上线全国性互联网理财销售平台——"钱大掌柜"理财门户,实现理财产品"卖全国"。

5.服务保障坚实有力

渠道布局进一步优化,新设5家二级支行如期开业。科技支撑更加强劲,在重庆本地法人银行中首次引入人脸识别技术。文明规范服务标杆成功树立，13家营业网点被评为2015年中国银行业文明规范服务星级营业网点，其中8家为五星级网点，规范文明服务进一步提升。

(五)经营目标及未来展望

1.贯彻五大发展理念

把握国家产业政策和信贷政策，将新的理念融入业务发展全过程。尤其注重金融产品、服务和商业模式创新，注重资产负债、信贷、盈利结构协调发展。

2.努力服务实体经济

创新产品服务，积极对接"一带一路"、长江经济带、城镇化建设和中新合作项目落地重庆等重大战略，为各类PPP、基金等重点项目提供更大的金融支持。要继续加大对小微企业业务的政策倾斜力度，以实际行动支持"大众创业、万众创新"。紧跟供给侧改革政策导向，支持教育、文化、医疗健康、环保等行业；设置风险限额，压缩退出过剩行业。

3.推动双创基金落地

加强与区县政府、企业深度合作，采取债权融资与股权融资相结合的方式，助推城镇化改造及公共服务设施建设，支持地方重点产业和中小微企业创新发展。

4.探索综合化经营

力争在金融租赁、基金管理、第三方存管、债券承销、互联网金融子公司等方面取得突破，进一步提升金融服务能力和综合竞争力，丰富支持实体经济发展的工具。

5.推进专业化发展

继续推进专业团队或事业部制改革，适时开展教育文化、医疗健康、现代物流和装备制造等领域试点。结合分支机构自身情况和区域特点，实施分类指导，鼓励分支行机构特色发展、差异化发展。

6.加大精细化管理

推进业务治理机制改革，重点实施部门设置的科学化、制度建设的标准化和资源配置的有效化。加强风险的识别和管理，落实风险归线改革成果，重点发挥分行风险官和支行风险经理的作用，强化对分支机构的管控，遏制不良上升势头。

二、重庆三峡银行

（一）2015年运营情况

1.经营情况综述

截至2015年末，重庆三峡银行（以下简称"三峡银行"）资产规模1326.56亿元，比上年增加317.64亿元，增长31.48%；存款余额909.82亿元，比上年增加231.27亿元，增长34.08%；贷款余额349.31亿元，比上年增加80.85亿元，增长30.12%；实现利润22.06亿元，比上年增加4.46亿元，增长25.34%；上缴税金93224万元，比上年增加20919万元，增长28.93%，在英国《银行家》杂志2015年全球1000家大银行排名中位列第645位。

2015年三峡银行获得了"全国银行业金融机构小微企业金融服务先进单位""中国地方金融（2014）十佳服务小微企业银行""2015全国服务中小企业发展十佳商业银行""重庆企业100强""重庆企业效益50佳"等多项荣誉。在《银行家》杂志关于2015年中国城市商业银行竞争力的排行榜上，重庆三峡银行位居（资产规模1000亿~2000亿元）第四名。

单位:亿元

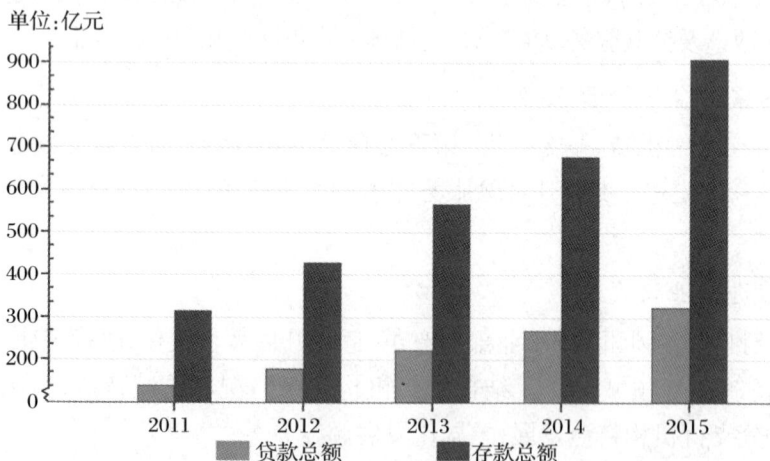

图21-3　重庆三峡银行存贷款总额（2011—2015年）

2.2015年跨境人民币结算开展情况

截至2015年末，三峡银行累计完成国际业务2029笔，结算金额突破10亿美元，同比增幅分别为33.88%和96.31%；外汇贷款余额2600多万美元，同比增长50.85%;代客结售汇业务8亿多美元;银行间结售汇与外汇买卖交易近8亿美元;新增对公外汇账户近百户;实现国际业务利润1646万元。

(二)产品、服务及模式创新情况

1.贯彻落实国家相关政策,深化小微企业金融服务

(1)小微企业贷款"三个不低于"指标持续达标

继2012—2014年连续三年"两个不低于"指标持续达标之后,2015年1—12月全面实现"三个不低于"的监管要求。2015年末,全行小微企业贷款余额185.62亿元,占全行贷款余额的57.24%,较年初增加32.14亿元,高出全行贷款平均增速0.27个百分点;发放小微企业贷款4271户,高于上年同期小微企业贷款3457户;小微企业申贷获得率99.65%,高于上年同期小微企业申贷获得率0.05个百分点。

(2)开发无还本续贷产品,破解小微企业转贷难题

2015年末,市财政局、市中小企业局与重庆市5家金融机构签订合作协议,正式启动重庆市中小微企业转贷应急机制。财政局将拿出资金设立转贷资金池,为企业向银行借新还旧提供续贷过桥资金,该举措大大缓解了中小微企业转贷难题。为丰富小微业务金融产品,降低小微客户融资成本,提高服务效率,三峡银行在2015年4月份就开发并上线了小微企业"连续贷"产品,累计向100多个周转资金临时困难的小微客户发放4亿余元贷款,该产品采取"借新还旧、无需续贷过桥资金、无转贷资金成本(零成本)、快审批"方式,与企业共渡难关,得到了客户的好评,践行了本土银行的社会责任。

(3)搭建综合服务的金融平台

三峡银行依据组织管理体系,互助增信功能、大数定律原则与政府、群团组织、商会、协会、市场、商圈、园区以及核心企业共同搭建的"银行+管理方"的"1+1小企业之家"综合金融服务平台,加入"1+1小企业之家"的借款人通过缴纳贷款金额一定比例的履约保证金的方式形成保证金资金池,为会员的贷款提供增信担保,实现会员贷款享受免抵押、免担保费用低成本的便捷融资服务。"1+1小企业之家"是三峡银行积极支持"大众创业、万众创新"政策号召的具体举措。目前三峡银行已在全市范围内建设了102个"1+1小企业之家"金融服务平台,累计向2000余家小微企业客户授信,授信金额达40余亿元,促进了一大批小微企业客户的创业发展。三峡银行小企业之家金融产品多次获得政府、媒体的积极肯定和多项奖项。

(4)小微金融服务事前承诺制落实执行情况良好

三峡银行在日常工作开展中,只要小企业满足"三个不"的条件,三峡银行就承诺且做到了"三个不"的服务,即:企业经营主业突出,不搞多元化投资;企业负债水平适度,不参与民间借贷;企业诚实守信,不逃贷避债。三峡银行绝不落井下石,主动断贷;绝不釜底抽薪,进行抽贷;绝不袖手旁观,实施惜贷。2015年未出现因断贷、抽贷导致企业经营困难的现象发生。

2.探索城商行服务"三农"的新路径

充分发挥总部经济优势,积极支持涉农经济发展。为积极支持涉农经济发展,三峡银行建立绿色信贷审批通道,全力支持涉农龙头企业、骨干企业以及个体农户发展和融资需求,加大涉农贷款投放力度,缓解涉农企业和农户融资难、融资贵的突出问题。截至2015年末,涉农贷款余额达到了64.54亿元,占全行贷款总额的18.49%,贷款余额比上年增加10.54亿元,走出了一条城商行服务"三农"的新路径。

3.积极推动业务创新

创新推出"投融通"产品,为客户提供了优化财务结构、降低负债率的融资工具。加强证券公司业务合作,与西南证券合作开发了"票据通定向资管计划"产品,票据定向资管业务取得进展。提高银行间债券交易活跃程度,全国银行间同业拆借中心确定三峡银行入围首批质押式回购匿名点击业务参与机构,提高了市场定价能力和即时融资能力,丰富了流动性的管理手段。

(三)服务实体经济情况

1.高度重视,积极契合国家和地区战略加快发展

(1)统一思想

作为中共重庆市委直接管理的21家市属国有重点企业之一,三峡银行高度重视长江经济带建设和"五大功能区域"建设战略,全行第一时间统一思想,及时将自身发展规划与国家和区域战略相结合,积极通过支持"一带一路"、长江经济带和"五大功能区域"建设实现自身的发展,在营销政策、资源配置上向涉及"一带一路"战略的项目和企业倾斜,指定由总行营销委员会统筹全行落实"一带一路"、长江经济带和"五大功能区域"建设战略,并以这些国家战略和区域战略为指导思想拟定年度业务营销指引。

（2）组织保障

为落实"一带一路"等国家战略和重庆市"五大功能区域"战略,三峡银行积极加强网点布局,提升自身金融服务能力。在2014年实现经营网点在全市38个区(县)全覆盖的基础上,深入加强网点建设,2015年新开设了万州金狮支行、移民广场支行、鸳鸯小微支行、黄杨路小微支行、冉家坝小微支行、北滨路小微支行、万盛支行7家支行,筹备茶园支行、鱼复支行、学府大道小微支行、龙头寺小微支行等4家经营网点。

（3）产品创新

三峡银行在大力推广知识产权质押贷款、农村"三权"抵押贷款、理财(私募债)、"厂商银"、外汇担保项下人民币贷款、"银保贷""小贷通""连续贷""小微快""1+1小企业之家"等传统产品基础上,结合市场变化,创新推出了银租通、投融通、结构化投资、商业承兑汇票保贴业务、商业汇票直融资管计划等新产品。同时积极拓宽融资渠道,在贷款规模有限的情况下,通过同业投资、理财投资等方式为"一带一路"和长江经济带建设项目提供资金支持。

（4）主动授信

三峡银行积极开展主动授信,对涉及"一带一路"战略、长江经济带建设以及绿色信贷的项目,只要终极风险可控,都积极给予支持,在贷款额度分配上给予保障。

2.加大投放,践行国家和地区战略助推重庆经济发展

2015年度,三峡银行通过产品和渠道创新,积极加大资金的投放力度,全年向五大功能区域投放贷款349.31亿元,通过购买信托计划、资管委贷、理财、债券等类贷款方式提供融资355.52亿元,有力助推了相关区县的产业转型升级和经济社会发展。

（四）互联网业务创新实践和创新成效

三峡银行齐心协力抓好平台金融的项目建设,"三峡付"商业试运行版本于2015年6月27日正式上线,7月1日正式对外开放注册。结合试运行情况,及时解决了"三峡付"存在的漏洞及问题,加强了"三峡付"的风险防范能力和预警机制,开展了"三峡付"系统再评估工作,为系统安全运行打下基础。同时,启动了"三峡付"商用的各项准备工作。

(五)2016年主要目标及工作

1.主要目标

综合考虑市场因素,结合实际,坚持稳健经营、持续发展,三峡银行确定以下经营发展目标:

(1)资产规模1660亿元;

(2)时点存款1140亿元;

(3)日均存款940亿元;

(4)贷款余额419亿元;

(5)税前利润27.58亿元;

(6)成本收入比控制在30%以内;

(7)不良贷款率控制在1.5%以内;

(8)确保全年无重大安全责任事故和案件发生;

(9)各类核心监管指标全面达到审慎监管标准。

2.主要工作

(1)做好"提升管理"主题年工作

三峡银行把2016年确定为"提升管理"年。其目的就是提升管理水平,切实防范风险,提高工作效率,促进业务发展。要围绕业务发展、风险防控、队伍建设等方面找差距、添措施,真正做到会管、善管、严管、精管,确保管理的有效性,以适应市场竞争形势和转型发展要求。

(2)着力深化改革,不断完善体制机制

一是抓紧推动董事会批准的组织架构调整方案的落地,并建立与之相适应的考核机制。二是在"改革攻坚"年的基础上,继续做好破除影响三峡银行发展的体制机制,特别是要围绕风险管理、营销管理、绩效考核、业务流程、人力资源等方面持续加大改革力度,真正形成有利于发展,有利于形成内生动力的体制机制。

(3)扎实做好营销工作,统筹推进业务发展

三峡银行营销工作坚持"抓发展,防风险"的原则,以"拓展需求空间,转换发展动力"为方向,以"一季度开门红、上半年双过半、全年全面完成任务"为目标,紧紧围绕重庆市、区县发展战略、重点领域、精准扶贫,开展营销工作,主动融入,全面贯彻五大功能区域发展理念,积极适应和支持供给侧结构性改革,找准营销工作的着力点,抓早抓实,全力推进业务发展。

三、重庆农村商业银行

（一）基本情况

重庆农村商业银行(以下简称"重庆农商行")的前身是重庆市农村信用社，成立于1951年，至今已有60多年的历史。2003年，重庆成为全国首批农村信用社改革试点省市之一。2004年，全面完成统一县级法人改革。2008年6月，重庆市联社和辖区内39家区县农村合作法人金融机构整体改制合并组建为重庆农商行，实现了全市统一法人改革，成为继上海农村商业银行、北京农村商业银行之后全国第三家，中西部首家省级农村商业银行。2010年12月，在香港H股主板上市，成为全国首家上市农商行、首家境外上市地方银行。同年，发起设立江苏张家港、四川大竹、云南大理3家村镇银行。2012年，首家异地分行曲靖分行开业，在云南、广西、福建批量发起设立村镇银行加快推进，跨区域经营迈出坚实步伐。2014年，获批筹建金融租赁公司，多元化发展取得重大进展。截至2015年末，注册资本金93亿元，下辖1家分行、44家支行、12家村镇银行、1772个营业机构，员工1.6万余人。

（二）2015年运营情况

1.总体运行良好，业务发展取得"新成效"

2015年，面对错综复杂的经济金融形势和外部经营环境，重庆农商行加快转型升级步伐，各项工作有序推进。主要特点有以下几方面。

（1）业务指标稳步增长

集团资产规模突破7100亿元，比年初增长近1000亿元。存款余额突破4600亿元，比年初增长500多亿元。贷款余额突破2600亿元，比年初增长200多亿元。

（2）资产质量总体稳定

不良贷款率控制在1%以内，维持在良好水平。资本充足率达到监管要求，拨备覆盖率超过400%，拨贷比超过4%，风险抵御能力进一步增强。

（3）盈利水平保持良好

净利润突破70亿元，同比增长6%左右，保持了相对稳定的盈利增长。全年纳税38亿元，有力践行了国企责任。

（4）综合实力明显提升

2015年是"十二五"收官之年，也是重庆农商行上市五周年。与成立时相比，重庆农商行资产、存款、贷款分别增长了4.2倍、3.4倍、2.8倍，不良贷款净降70亿元，不良货款率下降12.5个百分点。与上市时相比，资产、存款、贷款分别增长了1.5倍、1.3倍、1.2倍，不良贷款净降2.8亿元，不良率下降1.4个百分点。与金融同业相比，资产质量、拨备水平、净息差居上市银行首位，综合实力在全国同类金融机构中保持前列，跻身全球银行200强。

2.切实履行国企责任，支持实体经济发展做出"新贡献"

支持实体经济发展，既是重庆农商行履行自身责任、落实宏观政策的基本要求，也是重庆农商行发挥竞争优势、拓展市场空间的现实选择，更是重庆农商行实现企业价值、确保科学发展的关键所在。对此，重庆农商行始终立足市场定位，深耕重点领域，把改制、上市形成的积极效应运用于支持"三农"、小微企业发展，有效提升金融国企对经济社会发展的贡献度。

（1）做实农村金融服务

一是通过金融的手段实现"输血+造血"，对重庆18个贫困区县开展金融扶持。比如，重点支持危房改造、高山搬迁等民生工程，发放美丽乡村住房贷款5亿元，有效改善5300户农房环境；对江渝乡情卡实行"五免一补"，累计减免贫困区县开卡工本费、小额账户管理费、移动金融汇划手续费等服务费用1亿元，补贴异地汇款手续费500万元。二是延伸农村金融服务触角，改善农村地区支付环境，设立便民自助服务点691个，推行定时定点、流动服务车等新型服务模式，满足了农民小额存取、转账汇划等需求，使其"足不出村"即可享受金融服务。三是明确信贷支持的重点，单列信贷规模，有效满足现代农业、特色效益农业和农业产业化发展。截至2015年末，重庆农商行涉农贷款余额1200亿元，占各项贷款的45%。累计发放"三权"抵押贷款234亿元，共支持20万农户和农企致富增收。支持农业产业化龙头企业400余家，贷款余额65亿元，丰都肉牛、铜梁核桃等"公司+农户"模式卓有成效，探索出一条有效满足"三农"金融需求、风险可控的支农道路。

（2）支持"大众创业、万众创新"

一是打造专营化的服务机制。在总行设立小微金融条线，在各支行设置小企业贷款中心，在小微企业相对集中的工业园区、专业市场、成熟商圈等地区设立专营支行12家，通过"三级营销平台"专职为小微企业提供方便快捷的金融服务。开辟绿色通道,简化办贷流程,在资料齐全的情况下,小企业贷款一般3—5天就能完成审批、放款。对微型企业贷款实行"一表通",最快1天资金便能到账。二是健全市场化的激励机制。将小微企业贷款利息收入的20%调增支行经济利润,小微企业扶持贷款利息收入的15%直接奖励给客户经理,充分调动营销积极性。对符合标准的涉农、制造、加工和服务等小微企业,在现有利率浮动幅度基础上,下调5个百分点。对摩配、汽车等重庆支柱性制造业实行基准利率,并明确规定不允许收取除利息以外的任何费用,切实降低企业成本,有力解决"融资贵"问题。三是构建特色化的产品体系。针对小微企业缺乏抵押物、担保难的问题,创新推出小企业国内发票融资贷、订单贷、税易贷、科技型企业助保贷等弱担保产品,推广续授信、循环支用、展期等模式,累计续授信107亿元,有效缓解企业资金周转压力,避免其通过民间借贷"冲贷"。截至2015年末,"双创"贷款余额827亿元,占贷款总额的30%,有力支持了"大众创业、万众创新"。

（3）助推地方经济发展

一是紧密对接"一带一路"、长江经济带以及五大功能区域建设,分区域明确信贷投放重点,共支持各级地方政府重点项目240个,授信金额694亿元、贷款余额476亿元。授信"渝新欧"铁路、"3枢纽8重点"港口体系、综合性交通枢纽建设等项目100亿元。特别是支持两翼特色产业经济发展,县域贷款1209亿元,占总贷款的45%。二是助推地方产业升级,支持10大新兴产业贷款余额57亿元,比年初增长36%;支持"6+1"支柱产业及产业链融资638亿元,比年初增长43%。三是支持开放型经济发展,为企业提供上市融资、企业发债、内保外贷等服务,满足企业多元化融资需求。同时,大力支持地方企业"走出去",发放全市首笔外储委托贷款9797万美元,全年发放贸易融资及外币贷款18亿美元,外汇结算量48亿美元。

（4）践行民生金融服务

关注社会民生领域金融需求,大力发展消费信贷,积极推广汽车按揭、信用卡、旅游、教育等消费金融服务,个人消费贷款余额115亿元,住房按揭435亿元。其中,汽车按揭增长9.7亿元,信用卡透支额增长24.9亿元。提高社区金融服务水平,设立社区金融网点505家,打造网点"社区驿站"便民设施,上线"江渝惠"消费平台和"江鱼儿"网络银行,开展外拓营销服务3398场,提供法律咨询、房屋租赁咨询等增值服务249项。

3.始终坚持改革创新,金融服务水平迈上"新台阶"

（1）积极融入"互联网+"计划

在风险可控的基础上,积极融入"互联网+"趋势,打造出手机银行、微信银行、网上银行等现代渠道,探索一条缩小城乡差距的普惠金融道路,荣获"2015年区域性商业银行互联网金融业务创新奖"。特别是手机银行用户数突破380万户、累计交易金额超过2万亿元,并作为中国地区唯一金融创新案例,入选联合国农发基金全球银行支付业务典型案例。同时,稳妥开展与第三方支付渠道的合作,联合微众银行推出西部首款"互联网+小额信用贷款"产品,累计发放6.7万笔、3.7亿元,笔均5500元。

（2）创新打造金融公益品牌

开展各类主题鲜明、形式新颖的公益活动,持续打造公益品牌形象,让转型发展的成果惠及更多的社会群众。比如,开展了上万场"送金融知识下乡",足迹遍布农村院坝田间、社区工厂学校、外出务工聚集地等。开展"春运公益行""够爱你就来""童书中国梦"等特色公益活动,帮扶返乡农民工、山区留守儿童和贫困学生,既传递了正能量,更塑造出重庆农商行良好的社会形象。

（3）坚持综合经营的发展道路

不断深化金融改革,加快向大资管、大零售、大投行和综合服务转型的步伐,以优质的服务有力支持重庆功能性金融中心、内陆开放高地建设。发起设立中西部首家银行控股的金融租赁公司,成立一年来,资产余额和投放额突破"双百亿",有力支持了"三农"、小微企业等实体经济发展。积极应对利率市场化改革,运用各项新型工具,拓宽主动负债渠道,着力提升利率定价、成本管控和资产负债管理的能力。2015年成功发行了首笔大额存单,累计发行了同业存单71期、525亿元。

4.准确把握历史机遇,谱写可持续发展的"新篇章"

2016年是"十三五"规划的开局之年,也是重庆农商行转型发展的关键之年。重庆农商行将重点围绕"重基础,强管理;调结构,控风险;抓创新,稳发展"的工作思路,切实做到"四个有所作为",即:在精准扶贫上有所作为,在支持"一带一路"和长江经济带建设上有所作为,在支持中新项目上有所作为,在支持五大功能区域建设上有所作为。

具体来看,要做好"六个坚持":一是坚持市场定位不动摇。坚持服务"三农"、小微企业,不断健全管理、考核、服务机制,发挥好分理处的作用,提升效率、整合资源,更加贴近市场和客户,助推实体经济发展。二是坚持"两个结构调整"不动摇。资产结构向轻型化方向转变,拓宽中间业务收入,以更少的资本消耗、更集约的经营方式,实现更高效的发展。队伍结构向知识化和专业化转变,加强客户经理、科技、投行、资金等专业团队建设,通过市场化的考核激励机制,培养队伍、优化结构。三是坚持发挥条线的作用不动摇。坚持市场化的导向,深化条线管理模式改革,成立直营团队对房地产等资源集中行业实行专营管理,发挥条线在资源配置、业务推动上的主导作用。四是坚持改革创新促发展不动摇。以市场、客户为中心,找准创新发展的着力点,统筹推进管理、品牌、组织和商业模式创新,加快综合化经营步伐,提高市场核心竞争力。五是坚持精细化管理不动摇。提高数据分析运用、资产负债管理、成本控制的能力,提升管理精细化水平,着力打造现代流程银行。六是坚持从严治行、严控风险不动摇。坚持全面从严治行,促进合规经营,加强对重点领域和外部风险传染的防控,有效控制不良贷款反弹,确保资产质量稳定。

第二十二章　本地法人证券公司

一、西南证券

（一）2015年运营情况

2015年以来,西南证券股份有限公司(以下简称"西南证券")资金实力大幅提升,业务链条得到延伸,资本中介功能显著强化,综合实力全面增强,服务实体经济的作用日益显现,连续获评A类AA级行业最高评级,国际化战略取得突破,各项核心指标均创下历史新高,实现发展质量和发展效益"双丰收"。

1.经营业绩屡创新高

2015年,西南证券盈利水平保持了高速增长态势,盈利能力大幅提升,资产规模迅速壮大,各项核心指标屡创新高,实现营业收入76.1亿元,同比增长115%,净利润34.9亿元,同比增长157%,收入利润再创历史新高,并远超2014年水平。截至2015年12月,资产总额和净资产已分别提升至636亿元和188亿元。同时,西南证券积极履行社会责任,纳税额实现了连年高速增长,2015年西南证券实缴税收16.11亿元,同比增长228%。

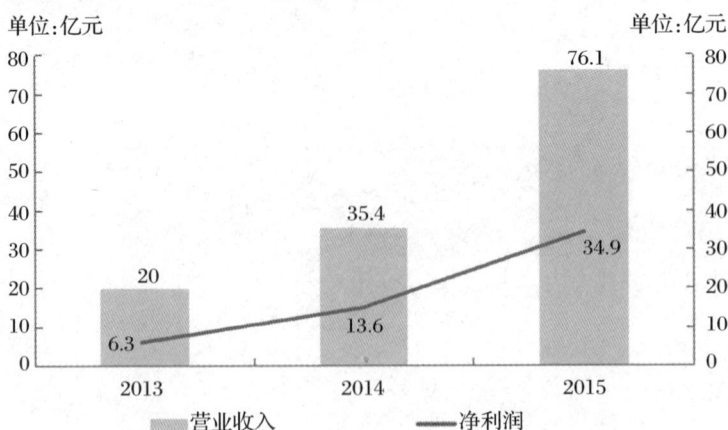

图22-1　2013—2015年营业收入及净利润

2. 资金实力全面夯实

2015年以来,西南证券进一步拓展融资渠道,合理适度地加大了财务杠杆,以支持业务创新、优化业务结构,提升西南证券市场竞争力和抗风险能力。先后成功发行了60亿元的公司债、10亿元的次级债,并向上交所成功申请总额150亿元的短期公司债,首期45亿元已发行成功。各类融资手段多管齐下,为改革创新和业务发展提供了较为强大的资金支持,业务拓展空间得到进一步放大。

3. 国际化战略取得实质突破

2015年以来,西南证券完成对香港子公司的第二轮增资,注册资本由3亿港币增至10亿港币,并通过收购在业务牌照、资产质量等方面有比较优势的香港本土上市券商敦沛金融73.79%的股份,随后将其更名为"西证国际证券股份有限公司",使重庆拥有了唯一一家在境外的上市证券公司。按照更名当日收盘价计算,西南证券所持有股份市值已达25亿港币左右,取得了近20亿港币的股权增值收益。2015年年内,西证国际证券股份有限公司成功发行了总额15亿元的人民币离岸债券,不仅成为重庆企业发行规模最大的离岸人民币债券,更大幅提升了其资金实力,有效支撑西南证券国际业务的全面铺开。至此,西南证券海外平台已经搭建成功,"立足香港、布局全球"的国际化战略取得了实质突破。

4. 全牌照经营格局不断丰富

2015年以来,西南证券围绕核心业务点位,往链条两头持续延伸扩张,不断强化综合金融服务能力,持续丰富"全牌照"经营格局。西南证券先后完成了期货子公司第二轮增资,使其注册资本由3亿元增加至5亿元,期货子公司成功取得资产管理牌照,并在2015年期货公司分类评级中获评B类BBB级,较上年实现两个等级的提升;完成了对创新子公司首轮增资,使其注册资本由6亿元增加至10亿元。同时,前期新设的小额贷款公司、P2P公司和基金管理公司业务得以加速拓展,在满足客户多样化产品需求和提供多样化服务平台上迈出新的步伐。

5. 人才队伍建设持续加强

2015年以来,西南证券不断强化人才队伍建设,通过完善市场化的薪酬机制和激励机制,强化员工培训等人才培养机制,增强了人才吸聚效应,从根本上增强了人才工作的主动性和创造性。西南证券人才队伍从规模、素质等方面得到进一步提升。截至2015年12月,西南证券共有员工逾3200人。其中,具有本科及研究生以上学历的员工占比89%,超出上市券商平均水平,员工队伍素质大幅增强。其中,西南证券投行专业人才大幅扩大至300人,资管业务在重庆、北京和上海的人才队伍也扩充至120名业务人员,自营业务近30人的投资团队绝大多数拥有海外留学背景,分公司、营业部人才结构也有了很大程度的优化。此外,公司直投、新三板、场外、海外业务等业务团队专业素质进一步提高,积聚了大批高素质人才。

6. 健康发展长效机制全面建立

2015年以来,西南证券通过对体制机制的全面改革,不断提升内部管理效能,西南证券持续健康发展的长效机制得到全面夯实。

(1)风险管理和合规意识显著增强

西南证券始终坚持"依法合规、稳健经营"的发展理念,不断强化公司治理及内控体系建设。2015年,西南证券进一步强化了合规意识,主动管理风险的能力得到了全面提升,在中国证监会证券公司分类评价中,西南证券继续获评A类AA级。在2015年下半年市场环境起伏较大和监管趋紧的背景下,西南证券严格按照"两个加强、两个遏制"(加强内部管控、加强外部监管、遏制违规经营、遏制违法犯罪)要求,进一步提升了风险管理能力,进一步增强了西南证券上下合规意识,坚决严控可能影响公司健康发展的重大风险,守住合规风控底线。

(2)管理效能显著提升

2015年以来,西南证券进一步强化管理效能提升,对财务、人力、IT建设、研发等中后台管理部门进行了一系列管理机制的改革,确保了以业务为导向,将各种优质资源向创造价值的优秀板块、部门、团队集中,各个管理部门管理效能得到显著提升,对业务发展的支撑作用越发显著。

西南证券信息化建设投入持续加大,制定了三年总投入7亿元的发展规划,明确了跨越式提升的发展目标和实施路径,大幅提高了IT建设资金和人才投入。2015年共投入资金逾7000万元,建设项目逾100个,部门员工数迅速增至75人,为公司内部管理、日常运营和业务创新提供了有力的技术保障。

西南证券研究发展中心理顺了发展思路,通过改革内部管理制度和激励机制,全面提升了对西南证券内部业务的支撑功能,2015年,西南证券在"卖方分析师水晶球奖""新财富最具潜力研究机构"等多个行业权威评比中再获殊荣,市场影响力稳步提升。

西南证券紧抓资金管理、财务管理与核算管理三驾马车,启动并全面推进财务改革,2015年以来,通过优化预算编制、科学调配资金、标准化核算工作流程等措施进一步深化了财务改革,使西南证券资金管理和配置效率不断提高,增值效应日益凸显,费用控制能力不断增强,撬动了更多资源服务西南证券可持续发展。

(二)产品、服务及模式创新情况

2015年以来,西南证券围绕强化资本中介功能,紧跟行业创新转型发展方向,全力推进了传统业务转型和创新业务拓展,全面深化了覆盖全公司范围的综合业务平台建设,业务实力得到了全面提升。

1. 传统业务转型成效显著

第一,投行业务巩固提升一流水平,盈利模式不断优化。2015年以来,西南证券大投行平台在融合了股权、并购、债权三大类型业务的基础上,进一步巩固了并购和再融资业务的行业领先优势,2015年,西南证券已成功为24家企业完成了重大资产并购重组过会,为近90家企业完成了超过760亿元的股权和债券融资。同时,投行各类在运行项目逾220个,在二级资本债、信贷资产证券化、优先股等多项新业务上均取得了较大的进展,为西南证券持续发展奠定了坚实基础。

第二,经纪业务行业排名继续保持提升。2015年以来,中间业务、机构业务、财富管理业务等新业务占比不断提高,业务结构、收入结构、客户结构获得显著优化。西南证券分支机构建设进一步加强,获批新设10家营业部,营业部数量从2010年的38家,增长至2015年末的119家,其中,重庆地区从19家扩充至42家,不仅实现了大陆地区的全覆盖和重庆地区全覆盖,也进一步加大了对重点区域的覆盖密度,并始终保持在重庆网点最多、服务最广、交易量最大的龙头地位。在此基础上,西南证券以分公司形式延伸综合业务平台的探索正在加速,2015年,已获批在重庆、深圳、上海、成都、杭州、西安、乌鲁木齐筹建8家分公司,其中,重庆获批建设2家,西南证券还计划将重庆分公司扩展到4家,进一步强化对主城区、渝东北、渝东南、渝西四大区域的服务力度。

第三,资管业务主动管理能力提升显著。2015年以来,产品创新成效显现,管理规模超过千亿元,产品突破百个,并整合了证券资管、融资理财、另类投资、小额贷款等多个业务,满足了客户多元化、多层次的投融资需求,不断丰富西南证券服务实体经济的方式和途径。

第四,自营业务不断优化传统方向性投资和量化投资的资金配置和投资结构,近年来,投资业绩长期超越沪深大盘指数增幅,2015年更达到了近5年来的最好水平。

2. 创新业务从无到有发展迅猛

2015年以来,西南证券不断加大对信用、直投、另类投资、基金、期货、场外、新三板、财富管理、互联网金融等创新业务的投入规模。与此同时,西南证券又新获批并开展了"股票期权交易参与人及结算、股票期权做市、股票期权自营交易、客户资金消费支付、期货资产管理"等创新业务资格,各项创新业务继续保持快速发展态势,有效优化了西南证券收入结构,西南证券全牌照、一体化、跨地域、多功能的综合金融服务模式得到进一步巩固。其中,新三板业务团队建设成效突出,新组建了上海、深圳两个新的业务团队,设立了项目管理部和创新融资部,进一步健全业务体系和管理架构。截至2015年12月底,新三板业务正在为超过600家企业提供挂牌、做市、融资等服务,已签约585家,储备了近1000个优质项目,已完成推荐挂牌91家,仅2015年就推荐挂牌82家,签约挂牌企业数量成功进入券商新三板业务第一梯队。

(三)服务实体经济和区域经济能力全面提升

1. 服务区域经济发展

西南证券全面强化了对重庆乃至整个西部的业务倾斜力度,围绕推进重庆"五大功能区域"战略和深化国企改革,聚焦区域发展,持续探索与区县政府和实体经济的创新合作模式。

2015年以来,西南证券在深入服务区县的过程中,逐渐形成了以证券公司促进地方政府招商引资、服务实体经济,进而有效平衡政府、企业与市场关系的创新思路。西南证券不仅与两江新区、綦江区等区县签订了战略合作协议,还探索与璧山区、铜梁区的深度合作模式,通过联合设立股权基金及基金管理公司等方式投资区域内的重点项目或主导产业企业,并提供包括股权融资、资本运营、新三板到IPO上市辅导等全方位、综合性金融产品和服务,直接提升区内企业在资本市场的投融资能力,同时也协助区县政府完善国有资产管理体制、优化产业结构、提高管理效率。这种模式既是金融与实体经济深度融合的生动表现,又是地方政府改进实体经济管理模式和扶持区域企业成长的重要路径,还是西南证券加快业务转型,服务实体经济,改进盈利模式的战略措施。

2015年,西南证券投行业务在运行重庆项目已超60个,将为重庆企业募集资金超过120亿元;重庆OTC通过股权、债权等各类融资方式为重庆企业募资近22亿元;西南证券新三板业务已培育12家重庆企业顺利挂牌。此外,西南证券业绩的快速增长支撑了股价估值的大幅提升,重庆渝富等市属国资企业通过减持公司股票筹集资金逾70亿元。2015年,西南证券通过上述各种方式,共为重庆企业募集逾210亿元。

2. 拓展海外融资渠道

西南证券加大拓展重庆海外融资渠道的工作。在前期先后邀请阿联酋迪拜和卡塔尔高级代表团来渝深入考察的基础上,2015年西南证券再次受邀访问卡塔尔央行,落实卡塔尔投资重庆的合作相关细节。同时,西南证券正加速推进与卡塔尔多家机构紧密合作,帮助重庆国企与海外战略投资者展开广泛而深入的互动交流,力争通过合理的产品结构设计,使中东资金尽快落地参与重庆连接"一带一路"基础设施等经济建设。

3. 服务中小微企业发展

西南证券在服务中小微企业方面也取得了较好的成绩。以投行业务为例,西南证券一方面为福成五丰、天邦股份等上市及非上市公司提供包括财务顾问、股权融资、债券融资、新三板挂牌等投行服务。另一方面,以中小企业私募债和新三板业务为重要抓手,为涵盖通信技术、物流管理、传媒文化、采矿、百货零售等多个领域的中小微企业提供专业的金融服务。2015年,西南证券在运作的私募债项目承销金额近8亿元。此外,重庆OTC今年已托管企业达764家,挂牌企业达267家,其中,重庆本地中小微企业占比近9成。

(四)经营目标及未来展望

2016年,西南证券将充分发挥公司党委的政治核心作用,深入推进内部机制市场化改革,全面加速业务创新转型,进一步发挥全国布局、业务类型全面、国内国际市场联动的优势,进一步强化区域根基牢固、熟悉地方实体经济发展的优势,充分利用重庆区域资源,进一步提升服务地方实体经济的力度,全面推进迈进国内一流券商阵营战略的实施。

第二十三章　本地法人保险公司

一、安诚财产保险股份有限公司

(一)2015年运营情况

2015年,安诚财产保险股份有限公司(以下简称"安诚保险")全年实现保费收入319621万元,同比增长27.22%;资产总额达到75.36亿元,比上年增加6.52%;净资产达到48.96亿元,比上年增加4.75%;净利润为2.09亿,较上年增加3.2亿;2015年第4季度偿付能力充足率为853.26%。

1.保费收入

2015年,安诚保险全年实现车险保费收入319621万元,同比增速27.22%。其中,车险保费收入238480万元,同比增长10.73%;非车险保费收入81141万元,同比增长126.35%。非车险业务中,重庆市城镇职工大额医保互助保险保费36555万元。

2.综合赔付率

2015年度,安诚保险综合赔付率65.87%,同比上升3.98个百分点。其中,车险综合赔付率64.23%,同比上年增加1.12个百分点;非车险综合赔付69.83%,同比上年增长12.34个百分点。

3.资金运用及经营活动现金流净额

全年实现投资收益(含公允价值变动损益)45466万元,资金运用收益率为9.82%。全年公司经营活动产生的现金流净额为-8616.68万元,经营活动现金流总体健康。分支机构中,12家机构经营活动现金净流入,5家分公司经营活动现金净流出。

4. 机构发展

2015年全年新获批二级机构2家,三、四级机构32家(含上海自贸区分公司),安诚财险现共有174家开业的分支机构。

(二)服务实体经济情况

1. 重庆市城镇职工大额医保互助保险

安诚保险于2015年参加重庆市城镇职工大额医保统筹项目,为南岸区、大渡口区、长寿区、黔江区、万盛经开区5个区约65万参保职工提供职工大额医保服务,风险保额3000多亿元,保障广大职工群众因大病、重病产生的超过基本医疗保险统筹基金最高支付限额的医疗费用,同时还为参保人提供一站式结算,对医疗机构开展费用审核监督。

2. 农业保险

2015年,安诚保险在22个区县开展了生猪、奶牛、肉(蛋)鸡、蚕桑、水稻、玉米、马铃薯、油菜、柑橘、烟叶、森林、渔业养殖、能繁母猪养殖、肉牛养殖、山羊养殖等农业保险业务,开展区域较2014年增加4个,保障产品较2014年增加4个,提供风险保障50余亿元,签发保单4688笔。2015年,安诚保险为扩大保障产品,还对水稻、生猪目标价格保险产品进行了有益的探索,为促使农业保险由保成本向保收入迈进的深化发展积累了宝贵的经验。

3. 责任保险

2015年,安诚保险大力发展责任类保险业务,按照"国十条"和"渝十条"要求,积极参与社会管理,转移各行业、领域的风险及社会矛盾,运用保险机制创新公共服务提供方式,特别是通过开展农村客运保险、校园安全责任保险等民生保险项目,以及公众责任保险、火灾公众责任保险、医疗机构责任保险、雇主责任保险、安全生产责任保险、特种设备保险等业务,为社会各界提供风险保障1100余亿元,签发保险单26018张。

4. 其他

为更好地服务重庆地区的企业客户和个人客户,安诚保险积极开发了企业员工保险、指定车辆驾乘人员意外伤害保险等多款保险产品。2015年累计为各类企业、组织、个人及学生提供了1800余亿元的意外伤害和健康类风险保障,签发保单245635笔;为物流运输企业和生产制造企业提供货物运输风险保障近100亿元,签发保单7861笔;积极参与服务"一带一路"和长江经济带建设,为渝新欧铁路大通道运输的笔电产品提供了80亿元的风险保障,并与航交所合作,积极探索通过互联网平台为航运客户和企业提供一揽子保险服务;为2851户家庭提供了35亿余元的家庭财产风险保障;为企业和个人消费、经营融资提供保证保险风险保障57亿余元,签发保单3486笔;为各类企业、工程项目提供财产损失风险保障1500多亿元,签发保单6530笔,包括重庆市轨道交通一号线、二号线、三号线、六号线财产运营风险保险,重庆市中梁山隧道工程风险保险等,切实为经济社会发展提供保险保障。

(三)产品、服务及模式创新情况

1."商业车险改革"情况

2015年,我国"商业车险改革"第一批试点工作正式启动,安诚保险用3个月时间顺利完成公司车险定价模型的建立,按时完成了商业车险改革"精算定价项目",产品顺利通过保监会的产品审批,在重庆、山东、陕西、青岛商业车险改革试点地区顺利上线,推动安诚保险车险业务平稳发展。通过此次商业车险改革,安诚保险自主开发回溯跟踪指标体系,建立了自身的精算定价模型,培养出了首批定价精算人员,使精算定价工作走在了同业中小公司的前列。

2. 渠道创新情况

(1)建设新渠道

2015年初,安诚保险成立新渠道部。3月份起,车险电销业务先后在重庆、四川、江苏、浙江、河南、陕西等分公司陆续上线,电销渠道全年实现保费收入4229.34万元。同时,车险业务以提升渠道专业化经营水平为目标的试点工作也取得成效,重庆分公司新建渠道实现保费1.23亿元,浙江分公司新建渠道42个,实现保费2100万元,四川分公司新增渠道20个,实现保费2000万元。非车险的卡单网销系统、e家保险、票牛网等互联网新渠道建设成效佳,仅e家保险平台年内实现保费收入1000万元。

(2)搭建保险平台

第一,安诚保险成立了"一键工程"领导小组,积极参与中国保险万事通移动互联服务共享平台建设,组建了总公司营业总部,与阿里巴巴蚂蚁金融服务集团开展合作,利用互联网金融平台与重庆市、区县级平台实施对接,有效支持区域经济建设。全年来共为区县政府棚户区改造等政府项目,提供保证保险业务2笔,收取保费380万元。

第二,安诚保险与阳光财产保险股份有限公司、重庆两江金融发展有限公司一起发起设立阳光渝融信用保证保险公司,并于4月获中国保监会批准筹建。阳光渝融信用保证保险公司是我国首家专业信用保证保险公司,注册资本金10亿元,安诚保险出资1.8亿元。积极推进阳光渝融信用保证保险公司的筹建和设立,是安诚保险积极响应"国十条"关于加快发展小微企业信用保险和贷款保证保险要求的新举措,阳光渝融信用保证保险公司也将成为安诚保险支持重庆小微企业发展的新平台。

第三,安诚保险先后与长安汽车股份有限公司、重庆联合产权交易集团、重庆北碚区政府、重庆一汽汽贸城、广州泛华集团等单位进行了广泛的接触,并达成了合作意向。从分公司层面来看,浙江分公司开拓了与多家保险网络平台的合作项目;宁波分公司积极与银行合作,在全系统率先开办了金融机构贷款损失信用保险;四川分公司积极拓展与法院系统的合作,率先开办了诉讼财产保全责任保险。

3. 技术保障创新情况

安诚保险先后完成了第一批商业车险改革的系统开发、移动查勘"远程定损平台"、微信客户服务平台等10项技术改造升级项目,重新开发了公司官网,自主开发完成了农险平台,实现了电子保单上线。通过与第三方合作,开发了第三方互联网出单对接平台。安诚保险客服中心开展了15家分公司车险、非车险接报案、调度、撤案、查勘回访、支付回访、优质私家车续转保工作集约化管理;客服工作范围逐步扩大,服务功能不断完善,既满足了业务发展的基本需要,又使客户投诉率大幅下降,2015年前三季度亿元保费投诉量同比下降3.65%。

(四)经营目标及未来展望

2016年,安诚保险将紧紧围绕"351"和"515"战略规划总体目标,全面贯彻"创新、协调、绿色、开放、共享"的发展理念,在实现业务快速发展的同时,努力保持较高的盈利水平。

1. 经营目标

2016年,安诚保险主要经营指标目标如下:保费计划目标33亿元,资金运用回报率6%左右,实现净利3000万元。

2.重点工作

安诚保险将着力重点抓好以下四个方面的工作。第一,提高能力。重点提高市场拓展能力、风险管控能力、产品创新能力、财务企划能力、客户服务能力。第二,解决问题。重点解决发展信心不足、动力不强、经营粗放、销售模式单一、产能低下、前中后线脱节、信息技术落后、部分机构合规意识淡薄的问题。第三,完善机制。重点完善考核机制、强化责任追究机制、完善人才使用机。第四,加快发展。重点抓好以下几个业务领域的发展:一是积极应对商业车险改革的全面推进,实现规模与成本的协同发展;二是优化险种结构,稳固提升常规业务市场地位;三是加强投资管理能力建设,提高投资收益率;四是坚持机构建设保发展;五是加强渠道化建设促发展;六是坚持业务竞赛推发展;七是推进技术合作,提升公司核心竞争力。

二、利宝保险有限公司

利宝保险有限公司(以下简称"利宝保险")是一家在华经营的外商独资财产保险企业,母公司是来自美国的利宝互助保险公司,中国总部设立在重庆,是首家将中国总部设在重庆的世界五百强企业。目前,利宝保险有限公司在北京、浙江、广东、山东、四川及重庆分别设立了分公司。

(一)2015年运营情况

2015年,利宝保险在关注业务规模的同时,更加注重提高盈利能力,调整业务结构、控制业务质量及成本。2015年业务发展保持稳定增长,保险业务收入完成8.89亿元,较2014年的8.18亿元增长8.68%,净亏损从2014年的1.77亿元降到1.59亿元,减亏0.18亿元,同比降低10.17%。

1.经营情况

表23-1　利宝保险2015年主要盈利情况

单位:万元

科目	2015年	2014年	增减
毛保费(含分入)	88868	81814	7054
净已赚保费	82756	81019	1737

续表

科目	2015年	2014年	增减
投资收益及汇兑损益	482	2540	−2058
税前利润	−15873	−17652	−1779
净利润	−15873	−17652	−1779
净资产	36164	47037	−10873
经营活动现金流入	97305	80999	16306
赔付率	59%	67%	−8%
费用率	64%	58%	6%
综合成本率	123%	125%	−2%

2.业务结构

表23-2　利宝保险2015年主要险种运营情况

单位:万元

险种名称	2015年		2014年		同比	
	保费收入	占比	保费收入	占比	保费收入	增长率
机动车辆保险类	60661	68%	62571	77%	−1910	−3%
意外伤害保险类	4940	6%	3682	5%	1258	34%
责任保险类	9028	10%	2757	3%	6271	227%
货物运输保险类	529	1%	316	0%	213	67%
企业财产保险类	955	1%	1009	1%	−54	−5%
机动车交通事故责任强制保险	11684	13%	10711	13%	973	9%
其他	1071	1%	768	1%	303	39%
合计	88868		81814		7054	9%

2015年,车险(含交强险)保费占据全部险种保费收入81%。

(二)服务实体经济情况

2015年,利宝保险为企业及个人客户54.23万家/位提供财产保险、车辆保险及意外险等保险服务,其中企业客户4.51万家,个人客户49.72万位,为2.43万家企业客户提供赔付人民币1.17亿元,为11.11万位个人客户提供赔付人民币5.45亿元。

(三)产品、服务及模式创新情况

1.优化险种结构,不断完善产品并创新业务模式

(1)建立车险定价模型,保证商业车险改革平稳过渡

2015年,为了保证商业车险改革顺利进行,利宝保险依据自有数据建立一套车险定价模型,并从消费者、业务人员和渠道等多方面收集对于公司费改后车险政策的反馈,建立日/周/月车险经营监控报表,多维度梳理分析公司费改试点地区的车险经营情况,适时调整承保政策,确保商业车险改革后公司可持续性发展经营。

(2)非车险产品创新及核保服务方式的转变

根据"新国十条"产品创新的发展要点,利宝保险持续探索非车险发展的新方向,进行责任险、意外险等非车产品的市场调研,以满足目前更细化、针对性更强的保险市场。同时,利宝保险持续采用"核保走出去"方式,让核保站在业务第一线,直接了解市场动向的同时也了解业务第一手资料,更好地为客户提供更精准更专业的保险服务。

(3)积极探索,谨慎开展网络平台保险业务

随着网络平台的发展与普及,利宝保险在给予消费者更优质的保险服务的同时,关注消费者服务体验,拓展业务领域,在合法、合规条件下尝试网络平台发展和业务模式创新。核保、市场、产品团队在网络平台发达的北京、浙江地区走访了多家网络平台公司,探讨网络平台与保险深入合作的可能性。

2.提升理赔管理,提供优质服务

(1)优化预测模型提升定损管控

2015年,利宝保险上线运行预测模型体系。该体系是基于利宝保险以往多年的系统赔案记录,根据地区、修理厂的等级、车辆品牌、车辆型号、车价范围、维修部位等不同维度,推算出一整套的工时费预测值,形成系统的工时费参考

数据,为查勘员定损提供数据参考。下一步,利宝保险还会丰富完善预测模型的自检机制,每半年更新模型预测值,使得预测模型能更快地反映当前实际市场状况,参考数据更趋合理,同时对定损金额进行有效管控。

(2)及时调整反欺诈的数据模型以提高成功率

2015年,利宝保险上线运行反欺诈数据模型,对欺诈风险因子的比重进行调整,使系统自动提交的反欺诈特别调查的案件更有针对性,避免一些风险低的案件分散调查力量,使调查人员可以集中更多的精力在欺诈风险高的案件中,提升反欺诈的成功率。

(3)充分利用新媒介提升客户的体验感

2015年,利宝保险继续搭建微信服务平台,使其成为提升客户服务满意度的有效工具。另外,不断加强网站建设,使其应用功能、服务功能更加满足互联网用户的使用习惯和需要,让用户可以直接通过网站完成保险产品的查询、选购。2015年6月,利宝保险引入美国运营的成熟经验,推出基于车联网技术的智慧车险产品。8月,利宝保险推出"手机快赔"服务。11月,利宝保险与红旗连锁签署战略合作协议,开通利宝智慧车险业务,双方联合开展市场推广活动,红旗连锁超市内的千余台便民自助终端设备可进行利宝智慧车险报价等业务操作。

(4)升级尊客会为客户带来优质体验

自2013年起,利宝保险连续三年对尊客会服务进行升级:在原有的机场接送基础上,将接送地点扩大到火车站、码头;增加地库牵引、递送备用钥匙服务;将理赔事故代步车服务增至4次。2015年客户使用服务近2万次,年度平均客户净推荐值超90%。

(四)经营目标及未来展望

2016年,利宝保险将继续面向个人和中小微企业,走创新之路,以打造成为专业稳健、合规经营的保险公司和最受消费者信赖的保险公司为策略重点。在保费规模上,力争未来两年净保费将分别达到8.26亿元和9.24万元。

1.稳步提升业务规模,兼顾整体经营绩效

深度挖掘现有分公司所在区域的市场潜力,增设省级以下分支机构,稳步提升业务规模;通过提高人均产能等方式,进一步摊薄经营成本,提高公司经营绩效,力争公司尽快减亏。

2. 打造多渠道营销体系，挖掘业务增长动力

成立网电销事业部，借力电话、网络直销等新渠道，实现多元化的营销模式，挖掘业务增长的新动力。大力发展个人代理人渠道，深入渗透市场，扩大保费规模，提高利润。

3. 优化险种结构，完善和丰富产品线

在稳步发展车险业务的同时加大对非车险业务的投入，逐步提高非车险在整体保费收入中的占比，增强盈利能力；持续关注互联网保险等新兴市场的需求，不断进行产品创新，加快抢占非车险领域。

4. 提高公司营运效率，发展重要人才

进一步提高机构的精简性并进一步明确岗位职责，在降低成本率的同时提高营运效率；启动人才发展培养计划，识别重要人才并加以培养留用，为公司未来发展储备优秀人才。

三、恒大人寿保险有限公司

恒大人寿保险有限公司（以下简称"恒大人寿"，原中新大东方人寿保险有限公司），是2006年经中国保监会批准设立，总部位于重庆市的保险公司，主要经营人寿保险、健康保险和意外伤害保险等保险业务。

（一）2015年运营情况

2015年，恒大人寿及下辖涪陵、铜梁、万州等16家分支机构积极贯彻"稳增长、调结构，谋转型、促发展"的指导方针，结合重庆分公司发展实际，推动整体业务发展。2015年，恒大人寿达成总保费20.82亿元，年度达成率为138%，同比增长136%。其中，新单规模保费19.49亿元，年度达成率为143%，同比增长160%；新单标准保费达成2.22亿元，年度达成率为116%，同比增长123%。

1. 业务发展情况

（1）业务条线主要经营指标达成情况

①个险渠道

2015年商业计划标保目标4000万元，实际承保标保3210.6万元，年度商业计划目标达成率80.3%。与去年同期对比，实现标保增长566.8万元，同比增长21.4%。

②银保渠道

2015年度,银保实现规模保费186942.5万元,年度商业计划目标达成率187.63%,同比增长90.6%,标保达成18767万元,同比增长170.2%。银保规模保费在18家寿险公司中排名第八,较年初提升4位。

③团险渠道

表23-3　恒大人寿保险2015年团险全年达成情况

单位:万元

全年目标	实际保费收入	达成率	同比增长率
12000	4177.74	34.81%	6.83%

④保费渠道

一是续期保费方面,2015年续期任务14197万元,达成13287万元,同比下降1.02%,年度达成率93.6%。二是新单业务方面,新单规模保费达成493万元,达成率114.12%。

(2)中后台重点工作情况

一是财务管控方面。2015年,恒大人寿紧紧围绕年度财务工作思路,不断夯实财务基础工作,规范财务业务流程,创新财务管理方法,强调服务沟通工作。分公司财务会计部严格把控费用,严格控制费用投产比及日常费用开支。2015年实现了自分公司开业以来的首次各业务条线费用结余,特别是银行保险部在归还了历年欠款的基础上扭亏为盈。

二是客户服务方面。2015年8月19日开展"心服务、新感觉"客户服务节活动,4家主流媒体受邀至现场采访录制节目,强力推进了客户服务节的宣传工作。

三是合规经营方面。恒大人寿坚决贯彻"合规促发展"的理念,坚持"全面提升合规检查的力度,加强合规检查的深度,加大合规检查的广度,提高合规检查的频度"的原则,切实做到发现一起,查处一起。

2. 具体工作开展情况

(1)个人险扩大人力规模

截至2015年末,恒大人寿个人险人力规模达到1816人。2015年全年共计新招募营业部经理17人,营业组经理229人,营销员1608人。通过职涯规划与基本法引导,推动内部晋升,全年共计晋升营业组襄理48人,晋升营业组经理33人,营业部经理2人。通过组织发展推动,个险人力规模实现了架构翻番、人力倍番的目标。

（2）银行保险深化渠道经营

银行保险部深化经营重点核心高产能支行，通过专项培训和启动会的形式拉动营销氛围，通过改进和提升追踪方法提升工作效率，使农商行渠道打破淡季经营局限，淡季保费月平台突破5000万元；并成功开拓招行优质渠道，全面提升银行保险产能，在产品停售影响下依然确保保费月平台6000万元，年度保费突破10亿元。

（3）团体险渠道提升业绩

2015年，恒大人寿团体险业务部克服人员变动困难，及时补充人力，完善组织架构，未对业务发展产生较大影响，全年达成同比增长6.8%，取得了公司团险成立以来的最好成绩。

（4）年度保费继续率超额达成目标任务

恒大人寿通过对业务条线和机构分类经营及管理、执行指标一票否决制度、监控2014年"开门红""盛夏大会战"和"万能停售"等影响该指标的二次保费，每周下发"继续率预警表"、分公司和机构微信群通报进度，每月进行个人险经策会续期数据通报及整改，每月发放"预警函"、机构负责人述职等措施，抓两头促中间，对业务量大的机构和弱体机构重点督导，有效地提高了该指标并达到总公司要求。2015年，恒大人寿13个月年度保费继续率达到79.28%，达成率为100.35%。

（5）抓合规、促发展

一是合规检查方面。2015年，恒大人寿组织、开展了"两个加强，两个遏制""全面风险排查""防范和打击非法集资活动""清理公司保险案件问责整改及警示教育工作""开展涉嫌非法集资广告资讯信息排查清理工作""保险从业人员兼职或参股设立公司情况""安宁2015反欺诈专项行动""2015年反商业贿赂和不正当交易""人身保险风险排查""中介业务风险排查"等专项排查。通过上述专项排查，切实加强了内控合规管理，杜绝了贪污、挪用、侵占、诈骗、商业贿赂、非法集资、洗钱、传销等触犯《刑法》《保险法》等法律法规的行为。

二是合规审查方面。根据要求，对分公司的制度、培训课件、宣传资料等材料进行审查，对各部门出台的相应管理办法、制度、对外协议等进行常规合规审查，以及针对相关部门提出的需求进行专项审查，及时发现问题或风险隐患，提出切实可行的解决措施及方法。

三是反洗钱方面。2015年，恒大人寿不断完善制度、建立架构，确保反洗钱工作有序、高效开展，先后制定、印发了《关于成立反洗钱工作组的通知》《中新大东方人寿保险有限公司重庆分公司反洗钱内控制度》《中新大东方人寿保险有限公司重庆分公司重大洗钱突发事件应急预案》等。

(6)完善分公司制度建设

2015年,恒大人寿根据"格局、标准、速度"的发展目标,结合分公司工作实际,对分公司个人业务部、银行保险部、团险业务部、综合管理部、教育培训部等部门执行的制度进行了逐项梳理,经过梳理,共废止制度28项,修订并重新印发制度22项,进一步完善了公司制度体系。

(二)经营目标及未来展望

1.加强业务推动

(1)个人险渠道

2016年,恒大人寿个人险渠道将根据"搭架构、建队伍、抓培训、促实动"的战略方针,实现个险渠道快速发展,标保目标5200万元,新筹10家支公司。在机构发展方面,围绕"弱体脱贫,机构做强、做大"的机构发展策略,月均10万元平台以下的8家机构发展到D类机构标准;江津、永川、开县3家机构做强,发展到C类机构;丰都、长寿2家机构做大,发展到B类机构标准;涪陵、铜梁、万州3家机构持续做大。在产能提升方面,通过产品销售策略及基础管理的强化提升产能。在产品销售方面,持续以金财人生产品为主导,持续对金财人生进行训练、包装与宣传,通过高件均的产品带动产品提升。在个险整体经营上,抓大放小、中支机构自主经营,"责、权、利"相匹配,中支机构负责人对经营结果负责,并实施考核。2016年,恒大人寿将着手指标经营,抓好目标达成率、主管实动率、全员活动率三大指标,以合规促发展、以管理出保费,全面推动业务发展。

(2)银行保险渠道

渠道经营方面,联合农商行推动重点支行经营项目,以点带面,计划提升2000万元以上规模的绩优支行到18家;提升人网匹配与渠道沟通效率,实现全年网点活动数量300个。此外,力争招行渠道新增合作网点至19个,建设银行渠道新增合作网点增加至50个,邮政储蓄银行渠道全年新增合作网点至380个。

队伍建设方面,积极完善人力架构,严格执行基本法考核;搭建新渠道团队架构,快速覆盖网点服务及产能;执行员工分层级培训,加强新人快速育成,加强营业部经理管理培训。

业务推动方面,全年保费结构由"新单+转保"构成,在存量保费基础上推动新单销售;存量保费推动执行"一封家书"项目,实现存量客户30%转保;新单保费推动按照业务节奏配置相应激励方案,实现计划目标。

基础管理方面,强化活动量管理,推行"工作日志"的使用,提升管理规范与管理效率;强化会议经营,规范会议议程,加强记录与经验总结分享。

(3)团体险渠道

团体险2016年上半年阶段任务目标3632万。

表23-4　恒大人寿保险2016年团体险时间进度分解

单位:万元

时间节点	1月	2月	3月	4月	5月	6月
月度目标	2200	250	150	240	384	408
上半年目标	3632					

渠道经营方面,直销渠道做好中大型员工福利保险的服务工作,挖掘中小企业需求,加强套餐拓展力度;综拓渠道持续加强综拓专员活动量管理,促使保费平台稳中有增;代理渠道整合资源,深入挖掘与银行保险渠道合作银行的团体险业务,并甄选有潜力的专业中介公司深入合作。

队伍建设方面,以市场为导向,引进优秀销售人员;加强团队文化建设,提高团队凝聚力;完善培训体系,提升综合技能。

客户服务方面,制定《团险客户服务人员管理办法》,对客户服务人员严格考核;加强与重点客户单位的沟通与交流,定期与重点单位举办客户服务沟通会。

(4)保费渠道

表23-5　恒大人寿保险2016年业务目标计划

单位:万元

指标	目标
续期规模保费	12947
13个月继续率(挑战)	80%

以"上平台、效益型发展道路,有效控制成本、提升服务质量"为总体指导思想,通过抓关键指标的突破、抓队伍建设、抓培训管理、抓万能高缴次实收,实现续收任务的完成,关键指标的突破,管理能力的提升,客户服务的转变。

2.加强合规管理

2016年,拟以总公司统计的违规数据库为基础,不定期开展风险排查,定期检视工作中的漏洞与不足,及时整改。强化依法合规经营,严守监管禁止性操作的红线。严格防范经营风险,重点关注销售误导,尤其是渠道管理干部与销售人员的守法合规意识。加强产说会、宣传材料及培训课件的管控,加强对风险管控关键点的风险管理,促进业务持续、稳定、健康发展。

3.加强风险管控

为提高万能高缴次实收率,一是将争取总公司专项费用支持;二是对万能高缴次再次梳理和细分,找准工作重点和方法,有针对性催收;三是由专人负责万能高缴次实收难度较大的片区和机构,重点针对万能高缴次中应缴未缴客户进行攻关;四是要求万能高缴次实收差距较大的片区每周五反馈万能高缴次面访的情况;五是强化万能高缴次衔接培训和研讨,提高收费技能。

4.加强品质管理

加强业务品质建设,提升恒大人寿发展潜力。进一步加强管理与管控,从销售第一线抓起,从基础环节抓起,严格执行《业务品质管理办法》等考核制度。具体措施包括:一是加强产品售前、售后整体服务水平,降低退保件数量;二是要求业务人员销售时注重客户品质,避免客户理解力不足造成的无法回放,同时暂缓发放回访不成功保单的佣金、薪酬或手续费;三是加强对销售误导人员责任追究力度,严格执行签名核对工作。

5.加强队伍建设

加强各层级干部队伍建设,重点培养中层干部的工作态度、责任心、追求、境界、情操、修养,使其成为合格的职业经理人。同时,积极制定考核机制,明确考核标准,强化考核措施,进一步促进干部的常态流动性,塑造一支有战斗力的队伍。

第二十四章 担保公司

一、重庆市三峡担保集团有限公司

(一)基本情况

1.集团简介

为支持三峡库区经济社会发展,化解库区产业空心化,经国家发改委批准,重庆市三峡担保集团有限公司(以下简称"三峡担保")于2006年9月正式成立。成立以来三峡担保坚持以"服务库区产业和移民,服务地方建设和实体经济,服务民营中小微企业和社会民生"为核心宗旨,在全国范围内广泛开展间接融资担保、直接融资担保、非融资担保、再担保及投资咨询、财务顾问等综合金融服务,经过10年的不断努力,综合实力已跻身全国前茅。

2.股东背景

截至2015年,三峡担保实收货币注册资本金36亿元,4家股东为重庆渝富资产经营管理集团有限公司(代重庆市政府持股)、中国长江三峡集团公司、国开金融有限责任公司(代国家开发银行持股)和三峡资本控股有限责任公司,股权结构如下表所示:

表24-1 三峡担保股权结构

单位:亿元

股东名称	出资额	持股比例
重庆渝富资产经营管理集团有限公司	18	50.00%
中国长江三峡集团公司	10	27.78%
国开金融有限责任公司	6	16.67%
三峡资本控股有限责任公司	2	5.55%

3.组织架构

三峡担保已构建了完备的"三会一层"治理体系和配套制度体系。股东大会是集团的最高权力机构。股东大会下设董事会、监事会和高级管理层,并设立4个董事会专门委员会。

三峡担保,下设江津、万州、黔江3家市内分公司及成都、武汉、西安、北京、昆明5家异地分公司,全国化区域布局发展战略稳步实施,业务覆盖全国各地区;控股3家专业担保公司、1家小额贷款公司及1家互联网在线融资担保平台,参股重庆市再担保公司及4家区县担保公司,集团化、专业化管理架构和综合金融板块布局已然成型,组织结构如下图所示:

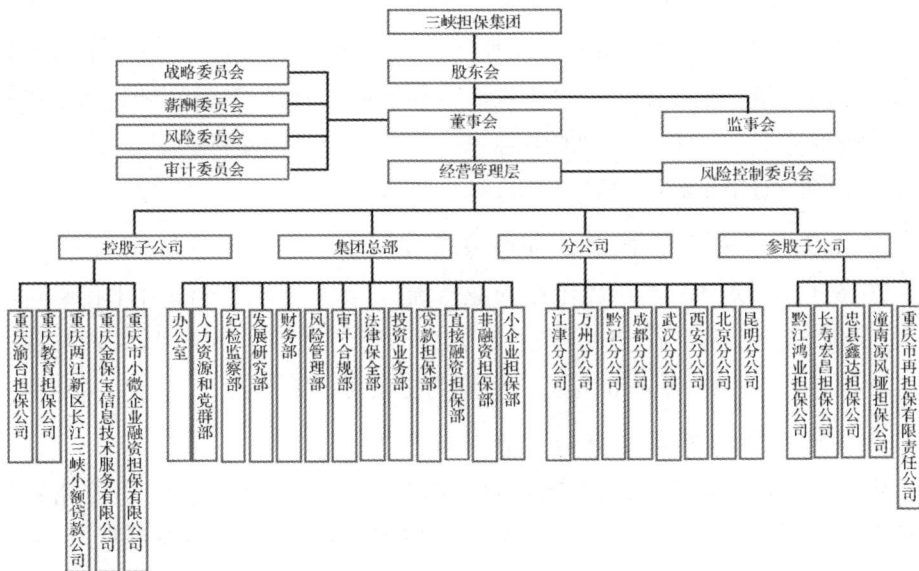

图24-1 三峡担保组织架构图

(二)2015年运营情况

2015年,三峡担保集团紧紧围绕服务地方建设、实体经济、小微企业和社会民生的政策性宗旨,总体实现了稳健良性发展。

1.经营发展稳中有增,严守资产质量底线

截至2015年末,三峡担保业务规模和经营效益屡创历史新高,资产规模达99亿元,净资产达61亿元;累计担保规模已逼近2000亿元,其中2015年新增担保金额485亿元,在保余额达802亿元;累计实现净利润达27亿元,其中2015年

实现净利润6.28亿元,净资产收益率达10.3%;累计提取风险准备金27亿元,拨备覆盖率达346%,总体资产质量高于全国同业平均水平。

2. 资本市场战略启动,新增资本顺利到位

2015年,三峡担保增资扩股工作和资本市场战略均取得阶段性重要成果。2015年5月集团完成股份制改造,8月正式启动全国"新三板"挂牌申报工作("慈云项目"),12月完成向全国股转系统申报材料;在现有股东大力支持下,顺利完成新一轮增资6亿元,实收货币注册资本达到36亿元,成为注册资本规模全国第九、西部最大的担保机构。

3. 不断推进创新融合,综合金融布局显现

2015年,三峡担保不断通过金融服务模式创新,融合推进"综合金融服务集团"建设战略,搭建起以融资担保为主业,互联网在线融资担保、再担保、小额信贷资金等业态多元的综合金融服务体系。资产管理公司即将挂牌,将进一步完善综合金融服务链条和牌照。

4. 着力加强创新引导,重点推行自主营销

2015年,三峡担保不断优化创新业务流程,鼓励、支持各部门开展创新工作,完成了5个创新产品;进行营销技巧培训,在新形势下不断强化、普及全民自主营销意识,从合作机构推荐客户转变为主动寻找客户。

5. 优化调整业务结构,保障业务稳健发展

中小企业依然是三峡担保择优支持、重在培育的主要战略方向和基本客户群体。为平稳度过经济下行期,2015年三峡担保及时调整业务发展思路,通过优化调整业务类型和行业等结构,有效保证主营担保业务稳健良性运行,新增医疗、卫生、教育、旅游、科技等国家支持的抗经济周期和产业转型重点领域项目,"一带一路"、棚户区改造等国家重点战略项目占比上升。

6. 完善风险管控制度,提升整体风控水平

三峡担保不断完善风险制度,独立审查人管理办法得到进一步加强,风控会职能进一步发挥;通过外聘专业机构优化风险控制流程和措施,集团风险控制水平得到全面提升。

(三)服务实体经济情况

截至2015年末,三峡担保累计为32000家中小微企业提供担保820亿元;

通过增信和融资服务,累计为受保企业和地区新增产值超过3000亿元,新增利润接近320亿元;为地方政府新增税收近240亿元,为社会新增就业岗位超过40万个。其中,为重点扶持三峡库区企业,三峡担保专设3个市内分公司和武汉分公司,通过合理布局辐射重庆区域及长江中游三峡库区经济带,并实行优惠担保费率,助推解决库区产业空心化。截至2015年末,三峡担保集团本部累计向库区提供贷款担保350亿元,扶持库区企业819余家,新增产值超500亿元,新增社会就业岗位超7万个,有力支持了三峡库区产业经济和中小企业发展。

(四)产品、服务及创新模式

三峡担保长期主体信用级别为AA+,具备债券、基金、中期票据、短期融资券等资本市场金融产品担保资质,主要产品如下表所示:

表24-2 三峡担保业务种类

业务分类	业务品种
融资担保	流动资金贷款担保、银行承兑汇票担保、信用证担保、信托产品担保、融资租赁担保、委托贷款担保等
金融产品担保	企业债券担保、基金担保、票据担保、小额贷款资产收益权凭证对付担保等
非融资担保	工程担保、合同履约担保、司法诉讼担保等

三峡担保结合市场需求和自身优势,致力于创新业务的开发,形成了一系列具有特色的创新业务模式,主要创新业务品种如下表所示:

表24-3 三峡担保创新业务品种

业务名称	业务内容
非银行通道类担保	将企业应收款或收益权包装为基础资产,由三峡担保进行担保和出售,通过券商、基金子公司、金融要素交易市场等渠道筹集资金,企业到期回购资产,可突破银行授信限制,资金渠道选择面广,融资成本低
"商汇通"	通过行业商会组织优质企业筹集一定保证金,按一定放大倍数给予授信额度,以实现行业企业群的银行融资
小额贷款公司资产证券化	为小额贷款公司(发行人)优质信贷资产包在金融交易所的交易平台公开发行提供到期兑付担保

续表

业务名称	业务内容
非融资性担保	通过三峡担保保函,替代企业在合同履约、招投标、诉讼保全、海关通关等经济活动中的保证金,免除企业因保证金占用生产流动资金情况,提高企业资金运作效率,保护资金链安全
债权收购暨债务重组担保	为帮助化解融资方的流动性风险,促进社会资源优化配置,资产管理公司通过打折收购融资方的内部到期关联方借款的方式进行债权重组,三峡担保与资产管理公司合作,对其债权收购暨债务重组提供担保
财务顾问	为优质客户提供投融资、资本运作、资产与债务管理、资产重组、财会管理、财务分析、发展战略、金融信息咨询、金融知识培训等一揽子综合性"融资+融智"的服务
知识产权质押	以高新技术企业拥有的专利权、注册商标专用权、著作权等知识产权中的财产权作为质押反担保物为企业提供融资担保
动产第三方质押监管	通过对企业动产的价值认定和物流机构的库存监管等实现对企业动产抵质押物的控制或占有,为企业提供融资担保

(五)经营目标和未来展望

1. 完善综合金融布局

三峡担保将争取尽快实现"新三板"挂牌,进一步充实集团资本金,为壮大集团实力、扩大集团业务规模奠定基础;加快完成设立资产管理公司,适时推进设立融资租赁公司、基金管理公司等,加速完善资管、租赁、投资等板块的综合金融布局,为中小微企业提供更专业、更全面的综合金融服务。

2. 重点推进风控制度落实

三峡担保将切实做好保前调查工作,进一步提高评审质量,严把风险入口关;全面加强保后管理,进一步深化与银行等机构的合作,提高保后检查频率;充分发挥审查部门职能,加强过程管控与监督,确保风险控制流程的完成质量。

3. 深化综合服务理念

三峡担保将紧跟国家"一带一路"、长江经济带、"京津冀协同发展"等长期重大战略部署,抓住业务部门所在地区战略规划重点,积极介入"七大战略性新兴产业"及重大民生领域,重点开发"七大投资领域""六大消费领域"项目;加大实体项目开发力度,紧随国家产业结构转型升级步伐,集中开发符合国家产业发展政策、具备先进技术、掌握自主知识产权以及"逆经济周期"行业企业;对客户进行分类管理,根据其需求为其提供担保、咨询、股权投资等综合金融服务,探索"担保+期权""担保+股权"等创新业务模式,探索新的盈利增长点。

4. 全面提升员工综合素质

集团将着力于提高员工专业知识水平,提升全员风险意识;进一步加强集团企业文化建设,树立正确的发展观念,强化团队合作意识,为集团未来的发展营造良好的内部环境。

二、重庆兴农融资担保集团有限公司

(一)基本情况

重庆兴农融资担保集团有限公司(以下简称"兴农担保")成立于2011年9月,是全国首家主司农村产权抵押融资的政策性农业信贷担保机构,以盘活农村产权资源、发现农村资产价值、发挥融资担保增信杠杆作用为突破口,致力于统筹城乡发展,深化农村金融改革,加快现代农业发展,实现农民脱贫致富,着力解决农村融资难融资贵难题。兴农担保系市属国有重点企业,注册资本金30亿元,加上全市各区县兴农担保公司的资本金,兴农担保体系总资本金可达70亿元左右,截至2015年末,全体系实收资本金已近45亿元。成立4年多来,兴农担保主动适应经济发展新常态,深入推进体系建设、业务发展、队伍建设、内部管理和党的建设,夯实了更好更快改革发展基础。

1. 创建新型农村金融综合服务体系

创新建成全国独有、可复制推广的"1+26+5"①新型农村金融综合服务体系,能够为"三农"提供全方位、全过程的综合金融服务,树立了在农村金融领域的比较优势。

2. 扩大涉农担保领域影响力

截至2015年末,兴农担保累计担保额突破500亿元,撬动农村资产300多亿元,涉农担保市场占有率逐步攀升至80%,培育了一大批忠实的涉农优质客户,

---

① "1"是指市兴农担保集团,"26"是指26家区县兴农担保公司,"5"是指农村资产评估、资产管理、农村电商及互联网金融、小额贷款、基金管理等5家新型金融服务机构。

形成了一系列推进涉农担保的新理念、新思路、新举措,在涉农担保领域已经具有较大的影响力、话语权。

3.健全管理机制

基本建立了员工能进能出、薪酬能高能低、干部能上能下的现代人力资源管理机制,打造了一支"政治觉悟高、敬业精神强、业务素质精、工作作风硬"的人才队伍。

(二)2015年运营情况

2015年,兴农担保围绕"调整、升级、提高"发展主题,深入推动支农支小、金融扶贫、风险管理、体系建设、集团管控和党的建设,较好地完成了全年各项主要目标任务,全年实现在保4567笔、190.3亿元,评估涉农资产165亿元,收储农村不良资产1.6亿元,实现涉农股权投资2470万元,撮合或直接发放贷款11.6亿元。

1.深入践行使命,支农惠农成效斐然

(1)支农总量快速增长

截至2015年末,累计为涉农企业、专业合作社、股份合作社、家庭农场、农户发展产业和各区县推进农村基础设施建设融资担保15611笔、金额328.9亿元,较年初分别增长33.84%和49.58%;2015年新开发的业务中,涉农担保笔数、金额比重分别提高至85.73%和70.98%,较年初分别提高12.88和8.41个百分点。

(2)融资难问题不断缓解

创新拓宽了农村产权抵押融资范围,推出了以承包土地收益权、生物性资产、水域滩涂养殖权、农业机械设备、农村集体建设用地等作为标的的新型抵押担保方式,有效将农村"软资产"转化为"硬资产",累计盘活农村沉睡资源170多万亩,价值300多亿元。

(3)"三农"融资成本不断下降

有效引导金融机构降低"三农"融资成本1~2个百分点,目前已将涉农项目实际综合成本控制在8%以内,远低于社会11%左右的平均融资成本,随着央行不断降息,有望将"三农"融资成本进一步降至7%以下。

2.勇于担当重任,扶贫生力军作用逐步显现

2015年,兴农担保全力支持一批农村基础设施建设、特色产业、社会事业扶贫开发项目。全年累计为贫困地区、贫困主体融资12亿元,在开县试点推行了"万户农民10亿元贷款担保"特色农业支持计划,在城口选定了帮扶示范点,联

合酉阳探索的"改补为贷"已帮助贫困户融资8000多万元,迅速落实了对口捐赠320万元。

3.加强顶层设计,提升体系服务能力

(1)健全服务体系

按照纵向延伸服务触角、横向拓宽服务功能的思路,继续完善全市农村资产抵押融资担保、价格评估、资产管理平台体系。2015年新设立了5个分支机构,全国率先形成了覆盖全市、功能齐全的"1+26+5"农业信贷担保体系,能够有效发现农村资产价值,引导金融机构扩大农村信贷供给,规范农村金融市场秩序和控制农村信用风险。

(2)整合体系功能

着力整合前端资产评估,中端融资担保、互联网金融、股权投资、基金管理和小额贷款,后端不良资产收处的体系资源,为"三农"提供综合金融服务,仅依靠内部力量独立为客户实现融资的业务比重已上升至6.8%,做到了各业务板块环环相扣、相互促进,摸索出了一套金融支农新模式。

(3)建立风险隔离机制

按照风险集中管控、分级负责的思路,加强风控制度顶层设计,推行"全面、全过程、全员"的风险管理理念,建立业务风控信息共享机制,形成了融资担保、价格评估、资产管理、互联网金融、小额贷款等业务板块风险隔离机制,目前全体系累计代偿率控制在1%以内,确保了国有资产保值增值。

4.强化创新研究,农村金融工作思路不断拓宽

(1)健全研究机制

牵头联合涉农企业、农村金融机构组建重庆市农村金融促进会,采取外部引进和内部整合的方式建立了一支12人的农村经济金融研究队伍,出台了创新研究激励制度,形成了有机构、有队伍、有制度的研究机制。

(2)着眼研究应用

提出了农业集群及批发的担保业务开发模式,推行了"担保+新型农业经营主体/协会/政府机关+农户"的业务运作方式,并根据不同区域、不同涉农主体、不同经济形态等要素创新设计了近20种金融产品。

(3)加强理论研究

完成农业信贷担保体系建设、新常态下涉农担保机构金融创新机制、农村产权资产价值评估标准体系构建3项课题研究,公开发表理论文章2篇,特别是提出的

"农村金融有效需求论""以股权为纽带构建多层级农业信贷担保体系观点""农村金融风险分担转移机制建立思路"引起了农村金融实践界和学术界的共鸣。

(三)经营目标及未来展望

兴农担保将按照"创新、协调、开放、绿色、共享"的发展要求,坚持以农村产权抵押融资为特色,以"三农"、贫困主体和"中小微"为主业的经营方针,全力推进支农支小、金融扶贫和体系建设工作,努力为"三农"提供个性化、精准化、全周期、全品类的综合金融服务,逐步发展成为具有广泛影响和示范带动作用的农业信贷担保标杆体系、农村金融品牌企业。

1.全面加强体系建设

积极主动参与全市农业信贷担保体系重构工作,进一步做大做实体系资本金,将伞形担保体系向尚未覆盖的涉农区县延伸,支持区县公司在乡镇、村社建立服务点,开发应用农户线上投融资和农产品进城、农资及消费品下乡电子商务系统,延伸城乡金融服务"最后一公里"。深入推进农村金融综合服务体系打造工作,做到各个业务板块共同推进业务开发、共同谋划改革发展,实现体系功能充分发挥、体系价值充分显现、体系竞争力大幅提升。

2.持续改进农村金融服务

健全完善向"三农"业务倾斜的考核评价体系,扩大分支机构业务授权,提高风险容忍度,推行涉农风险项目尽职免责制度。加强农村金融理论与实践研究,定期开展金融服务下乡进村活动,进一步拓宽农村抵押物范围,创新金融服务产品,简化金融服务手续,降低服务费率,推广农业产业链金融、农业集群及批发担保业务模式,发展乡村旅游、农民创业就业担保,逐步将涉农融资担保比重提高至70%以上,更充分地践行宗旨使命。

3.全力推进金融扶贫工作

按照"六个精准"的工作要求,采取融资担保、委托贷款、P2P、资产管理、股权投资及无偿捐赠等多种方式筹措50亿元扶贫开发资金,全力支持一批农村基础设施建设、高山生态扶贫搬迁、特色产业、社会事业扶贫开发项目,为全市按期完成扶贫脱贫任务贡献重要力量。全力做好全市易地扶贫搬迁专项贷款的统贷统还工作,撬动数倍于专项基金的金融资源服务易地扶贫搬迁,最大限度发挥财政扶贫与金融扶贫协同作用。

4.深入推进信息金融工程

健全完善大数据库建设激励机制,改进信息资料收集方式方法,努力获取广大"三农"基础数据,逐步成为全市涉农信息中枢。加大业务系统建设力度,打造"云、物、移、智"一体化的现代技术支撑体系,做到业务流程化、流程标准化、标准表单化、表单IT化、IT人性化,推动农业信贷担保业务成批量、成规模地拓展,金融产品创新、优质客户挖掘及风险识别、防范、控制和化解能力全面提升,实现"先进信息技术+金融"完美结合。

5.加快建立可持续支农机制

推行全员、全程、全面的风险管理理念,根据"三农"特征建立信息化、系统化、标准化的风险控制体系,确保业务持续健康开展。大力拓展非融资担保、财务顾问、股权投资、基金管理、P2P等业务,强化资金运作,全面提升体系创收能力,为融资性担保资源更多地向"三农"倾斜创造条件。

6.深化巩固多元合作局面

积极改进银担合作方式,形成义务共履、利益共享、风险共担的长期协同支农机制。大力拓展非银金融机构合作伙伴,引导更多的金融资源下乡反哺农业。积极加强政担合作,发挥金融支农、政策支农、公益支农联动效应。全面深化担担合作交流,促进优势互补、竞争有序。探索拓展与其他省市沟通合作,逐步将业务、机构向市外拓展,逐步实现"立足重庆,辐射西部,影响全国"的战略目标。

三、重庆两江新区融资担保有限公司

(一)基本情况

重庆两江新区融资担保有限公司(以下简称"两江担保")系两江新区管委会下属一类集团——重庆两江金融发展有限公司控股的子公司,目前注册资本金5.88亿元,2015年度信用等级被评为AA-级。

1.股东背景

两江担保首期注册资本金3亿元,股东为重庆两江金融发展有限公司。2014年两江担保完成增资扩股工作,引入了重庆本土两家民营企业入股:重庆天脉实业有限公司出资19200万元,重庆百年上邦实业(集团)有限公司出资

9600万元,公司资本金增至58800万元。增资扩股后,两江金融公司持有51%的股权,重庆天脉实业有限公司持有32.7%的股权,重庆百年上邦实业(集团)公司持有16.3%的股权。

2. 经营范围

两江担保主要从事贷款担保、票据承兑担保、贸易融资担保、项目融资担保、信用证担保等融资性担保业务;兼营诉讼保全担保业务、履约担保业务,与担保业务有关的融资咨询、财务顾问等中介业务,以自有资金进行投资,监管部门规定的其他业务。

3. 银担合作

目前,两江担保已与工行、建行、农行、中行、交行等20余家银行签署授信担保合作协议,总授信额度为98.5亿元。

(二)2015年经营情况

1. 业务表现

截至2015年末,两江担保全口径发放贷款项目540个,金额49.4亿元,在保项目414个,金额43.3万元。实现营业收入1.4亿元,实现利润总额6926.5万元,实现净利润5887.5万元。收入同比增长4362.1万元,利润同比增长4003万元。

2. 财务表现

截至2015年末,两江担保资产总额9.5亿元,负债2.1亿元,所有者权益7.3亿元。两江担保当年提取两项准备金5443.6万元,累计提取两项准备金1.7亿元,上缴各项税金2515.3万元。

3. 服务两江新区实体经济情况

截至2015年末,两江担保对两江新区及直属企业(含上下游配套企业)放款额29亿元,占比58.6%,同比增加金额12.5亿元。三大园区放款总额7亿元,其中龙兴3.7亿元,鱼复(鱼嘴、复盛)2.6亿元,水土7100万元。

4. 主要合作机构情况

目前,两江担保现有合作机构(银行及小贷公司)共30家,其中当年新增合作机构5家,在保额1亿元以上7家。截至目前,合作机构余额排名前三位的分别是建设银行、重庆银行、中信银行,其担保余额及占比分别是3.7亿元、3亿元、3亿元和17.67%、14.25%、14.17%。此外,浦发银行、兴业银行等也与两江担保有较大额度的业务合作。从发生额来看,合作额度排名前三位分别是隆金宝、重庆银行、建设银行,其发生额及占比分别是10.6亿元、4.2亿元、3.8亿元和25.3%、10.1%、9.1%。

5. 各行业担保业务情况

按目前融资性担保余额来分,排名前三位的是商贸流通业、制造业和建造业,余额及占比分别是7.5亿元、5.6亿元、5.6亿元和20.5%、15.4%、15.36%。按发生额来看,排名前三位的是商贸流通业、建筑业和制造业,其发生额及占比分别是8.1亿元、6.77亿元、4.87亿元和19.39%、16.09%、11.57%。

(三)主要工作措施

2015年,两江担保紧紧围绕如何在公司发展的大前提下,加强风险管控,化解好不良项目,深入推进多方位改革工作,开拓新的经营增长点。

1. 做好银担对接,拓宽业务渠道,固化发展态势

(1)拓展合作机构

两江担保通过拓展小额贷款、保理公司合作渠道,向各金融机构报送各类贷后检查、评级资料360套,共完成对银行、小额贷款公司等30家金融机构共50.5亿元的续授信工作。其中工商银行、农商行等5家机构为2015年新增授信机构。截至2015年末,共计取得98.54亿元的授信额度,较上年同期授信额度增长64%,为两江担保拓宽合作渠道,担保业务顺利、广泛地开展创造了有利条件。在拓展合作机构的同时,各业务部分别以座谈会、上门走访等方式开展了20余次支行间的营销活动。

(2)加强风控管理

2015年共召开62期风控会,审理项目171个,出具风控会会议纪要62期,出具会签纪要237期,两类纪要同比增加119.23%和230.39%。通过加强业务渠道合作,加快项目审批效率,开发部分优质大项目,两江担保在一季度进度目标滞后的情况下,在半年时成功追上目标进度,年末也顺利完成经营目标。

2. 加强内控管理,优化项目结构质量

(1)出台相关内控制度

2015年,两江担保出台了一批涉及业务操作、风控管理的制度,并结合内部审计情况,对部分制度进行了修订完善,规范公司业务流程,提升管理水平。

（2）开展专项自查工作

两江担保结合总经理任期审计，对两江担保成立以来的项目档案、审批流程、财务存根等进行了自查。通过自查，发现了部分解保和在保项目存在资料填写不规范、资料欠缺等现象，督促进行了整改工作。

（3）加强保后管理工作

风险管理部按月向业务部门提示下月需要进行保后检查和分类的客户，汇总业务部门保后检查及保后分类数据，撰写保后五级分类报告。截至2015年末，两江担保融资性担保项目余额364659万元，其中正常类348259万元，占融资担保余额的95.5%，关注类16400万元，占融资担保余额的4.5%。从项目质量看，新增项目风险控制较好，但面临的风险压力也不容乐观。

（4）抓大放小，优化项目结构

针对市场情况，两江担保主动转变经营策略，主动退出如房地产等高风险行业项目，放弃部分中小企业项目，集中力量抓好优质大客户资源，重点做好两江新区内的企业项目，促进客户结构多元化。业务部门安排了专人与园区公司对接，与保税港、江北嘴公司建立了联系机制。公司业务骨干定期与直管区管委会企业服务部对接，了解园区企业的资金需求。对有资金需求的企业主动上门，商讨融资担保方案，力求更好地体现服务两江的政策宗旨，扩大两江担保在两江新区的影响力。如对重庆同景投资发展有限公司、凯昱制药等直管区客户授信约1.5亿元，较好地支持了其在直管区项目的发展。

3. 推进项目平行作业，提升项目风控水平

两江担保从2015年7月下旬开始，对同一实际控制人在各类产品余额合计在2000万元（含）以上的存量项目推行平行作业。截至2015年末，已完成平行作业项目128个，金额409900万元，上会项目89个，金额296350万元。通过平行作业，客户项目准入得到严格把控，产品区域结构、行业结构得到调整，项目风险得到较为全面揭示，风险控制方案得到加强与完善，风险经理风险评价报告质量得到明显提升，项目整体风险得到较好控制，平行作业机制在新增项目风控中的作用得到了体现，初步实现机构改革及新增项目风控目标要求。2015年全年放款项目数量较2014年增加116个，同比增长38.9%，金额增加8.78亿元，同比增长25.4%，但代偿额度还略有下降，平行作业模式起到了很好的防范作用。

4. 开源节流提效益

两江担保在做好传统间接融资担保项目的同时，大力开展如P2P、债券基金

类直接融资担保、诉讼保全担保等业务,在不占用保证金的前提下,有效提升了经营业绩。全年共发放P2P项目106750万元(按年化算约63000万元);共发放债券基金担保类项目12个27000万元,诉讼保全业务13个18057.8万元,上述业务共为公司贡献收入2461.78万元,相当于间接融资担保放款近10亿元。在提升收入的同时,两江担保对费用支出进行了严格控制,除正常的经营性支出外,如差旅费、接待费等都大幅度下降,全年三公经费发生额36.9万元,同比降低29.58万元,同比减少44.5%。

(四)2016年工作计划

1. 围绕经营目标细化工作措施

两江担保计划2016年实现各类放款46.5亿元,收入1.54亿元,净利润6757万元。同时,坚持抓大放小,优化客户结构。目前,建筑业、加工制造业在公司在保客户中仍然占有较大比重,两江担保在2016年将坚持有进有退的原则,做好"两高一剩"行业持续性退出,政策调整下的防御性退出,风险客户的及时性退出,节约资本占用的战略性退出。在客户行业选择上,拟加大对新兴产业、现代服务业、高新产业集群的支持力度;积极支持大消费类相关产业;积极支持现代制造业和依附重庆本地产业集群项下的制造企业;严格房地产开发企业项目贷款,审慎选择建筑类企业;暂停钢材贸易、煤炭贸易类企业新增授信等。主动放弃部分中小型企业客户,集中力量抓好优质大客户资源,促进客户结构多元化,从整体层面上提升公司客户在宏观经济变动周期中的抗风险能力水平。

2. 继续加大新区服务力度

通过提升业务占比、降低收费水平、点对点对接等措施加强对新区企业的支持力度。业务继续向新区倾斜,加大新区企业占比,力争2016年间接融资担保业务新区内企业占比超过60%,同时在费率收取上对新区企业进一步加大优惠力度。两江担保计划2016年根据业务导向调整了内设业务部门职能,业务三部除维持2015年P2P业务规模外,新增部分间接融资担保任务,业务一、二、三部将分别对接三大园区,加强对园区企业服务力度。

3. 增大主营业务规模

受两江担保主动退出部分行业、项目及降息降费因素影响,为确保收入、利润合理增长,两江担保将加大业务拓展力度,在把控好项目风险的同时,大力拓展间接融资担保业务规模,预计新增间接融资担保放款额15亿元。

4.做好员工培训,提升工作质量

两江担保增资以来,新员工增长较大,从2015年工作看,新员工素质参差不齐。一些员工尚不能独立开展工作,表现在项目受理过程中效率较低、项目报告质量不高、保后检查深入不够,两江担保将通过持续的培训,辅以严格而合理的考核目标,提升员工素质,以适应未来两江担保业务规模较快增长的需求。

5 尽力发挥协同效应,兼顾好集团整体利益

更加注重金融公司集团整体战略利益,努力发挥全公司的协同效应和资源整合优势。积极与兄弟公司开展合作,借助金融公司平台,及早谋划上市事宜,探寻上市路径,为下一步发展壮大谋求更广阔的空间。

第二十五章 金融要素市场

一、重庆股份转让中心有限责任公司

(一)2015年运营情况

2015年是重庆股份转让中心有限责任公司(以下简称"重庆OTC")深化"公司化、市场化"转型、夯实发展基础的重要一年。面对新常态下风云变幻的经济金融环境,中国资本市场面临巨大的变革与机遇。在此背景下,重庆OTC坚持"企业成长摇篮,社会投资平台,经济发展抓手"的战略定位,秉承改革创新精神,积极应对内外部环境的不断变化,持续不断地筑基坚础,市场功能不断强化,市场影响力不断扩大。

1.孵化培育能力不断增强

在企业成长方面,重庆OTC孵化培育能力不断增强。截至2015年末,重庆OTC累计托管和挂牌企业1019家,新增托管企业46家,新增挂牌企业38家,同比增长80.1%。累计帮助2家企业实现上市,3家企业进入主板IPO申报,20家企业进入新三板,还有15家企业正在申请挂牌新三板。

2.市场规模稳步增长

在社会投资方面,市场规模稳步增长,助推企业融资的能力不断提高,在全国主要区域股权市场位居第二,累计为242家企业实现各类融资476.38亿元,2015年为144家企业融资72.17亿元;累计实现交易额195.14亿元,2015年实现交易额51.88亿元;重庆OTC特定投资者已达6.6万余户,其中2015年新增个人客户8885户,新增机构客户25户。个人客户数及总客户数全国领先,参与市场的机构投资者4130户位列全国第一。

3.积极协调推动出台政策

在经济发展抓手方面,重庆OTC积极协调推动政策出台,支持企业进入多层次资本市场。累计协调出台相关补贴政策11条,2015年有32家挂牌企业获得500万财政补贴。吸纳了485中介机构参与公司各项业务活动,居主要区域市场前三甲之列。

4.经营业绩良好

2015年,重庆OTC在宏观经济下行、行业竞争愈发激烈的不利局面下也取得了较好的经营业绩,连续三年保持快速增长,盈利能力得到进一步提高。重庆OTC在2015年还完成了向股东单位派发红利工作,继率先盈利后成为全国第一家分红的区域性股权交易市场。

(二)服务实体经济情况

1.完善业务体系,服务挂牌企业

为进一步完善服务中小微企业的市场定位,重庆OTC不断完善企业挂牌服务体系,主动将企业挂牌服务向下延伸,设立了"一市两板"挂牌服务架构,在原有非上市股份有限公司股份报价转让系统(成长板)的基础上,新设了中小企业股权报价系统(孵化板),更好地发挥出重庆OTC作为多层次资本市场的基础市场为区域内"大众创业、万众创新"服务的功能,实现了从小微企业到成长型企业的全覆盖。全年新增挂牌企业38家,较2014年的21家增加了80%,其中孵化板企业26家。在企业挂牌服务向下延伸同时,重庆OTC在全国区域市场中率先与中证机构间报价系统实现了互联互通,并已经有40家企业通过公司进入了中证机构间报价系统挂牌展示。

2015年重庆OTC助推了8家挂牌企业在新三板挂牌、1家挂牌企业在主板上市;实现交易额51.88亿元,其中线上交易15.31亿元,线下非交易过户36.57亿元,累计交易额排名全国主要市场首位;新增会员39家,会员总数达485家,居主要区域市场三甲之列,活跃会员总数上升为149家;实现企业定向增资18次,累计金额6.94亿元,同比增长104%。

2.稳步推进企业股权托管及质押融资服务

重庆OTC不仅是区域股权交易市场,还是地区股份有限公司的登记确权机构,目前有托管企业767家。重庆OTC通过股权确权登记,极大地促进了企业规范发展以及股权融资业务。重庆OTC在企业股权价值为核心,以"股权质押"为主要融资手段并加以多种融资方式相结合的模式下,先后与华夏银行、中信

银行、民生银行等金融机构签订战略合作协议,共同推进质押融资模式。重庆OTC与招商银行共同推出的"挂牌贷"融资服务等专项股权质押融资产品,为企业提供了更加丰富的融资渠道。截至2015年末,重庆OTC已为托管、挂牌企业累计办理股权质押融资411.12亿元,2015年完成股权质押贷款36.6亿元,处于全国主要区域市场前列,并保持每年快速增长。

3. 私募债业务发展迅速

重庆OTC于2013年下半年正式启动私募债业务试点工作,在发行期限、发行利率和发行主体上更加贴近市场需求,直接服务于区域中小微企业以及为中小微企业提供资金支持的中小金融机构。私募债业务累计备案企业48家,备案金额58.31亿元,其中2015年公司私募债业务备案企业19家,备案金额31.66亿元;23家企业实现成功发行,发行次数44次,总金额达29.73亿元;成功兑付私募债28支,累计额度8.4亿元。发债主体也摆脱了类型单一的局面,从最初的小额贷款公司逐步拓展到区县政府项目建设等实体企业。同时,重庆OTC已经着手针对小微企业研究创设股债结合的投融资新品种,积极开展区域市场可转债等新业务的课题研究。

4.构建资源整合的大平台

为发挥好场外资本市场的功能,重庆OTC充分利用在地区的落地优势,全力打造各类资源整合的大平台。重庆OTC积极加强和各类金融、中介机构等的合作,利用公司平台公信力实现多方信息流的汇聚,通过结合金融机构差异化服务与企业不同需求,发挥公司投融资平台的社会效益和经济效益。

2015年,重庆OTC与交通银行、浦发银行、三峡银行、重庆银行等金融机构达成了合作意向,建立起企业和银行沟通的桥梁。其中包括与交通银行及交银国际合作建立企业上市通道,与三峡银行尝试小微企业融资突破,与建设银行开展高净值客户对接及小微企业服务通道的合作等。另外,重庆OTC还与重庆高技术创业中心、重庆两江股权投资基金签订了战略合作协议,与昆吾九鼎投资管理公司、和君资本、英飞尼迪股权投资基金、中信逸百年资本管理公司等国内具有影响力的风险投资机构达成了合作意向。

在会员管理方面,重庆OTC按照寓管理于服务、以服务促管理的原则,组织开展了多次会员培训活动及座谈会。截至2015年末,累计发展会员单位485家。通过主动整合资源,初步实现了投资机构、中介机构和企业的集约效应。

(三)产品、服务及模式创新情况

1.探索创新,打造综合金融服务平台

(1)骨干产品系列初步形成

理财产品方面,2015年,重庆OTC共发行193期各类产品,主要包括财富系列、资管系列、收益权系列,累计金额达7.89亿元。新增个人客户8885户,新增机构客户25户(机构客户购买产品占销售总额的63.97%),总客户数近6.6万户,个人客户数及总客户数全国领先;发展经纪人49人,经纪商达到10个,完成了所有经纪人(商)的客户转移工作。

(2)业务渠道及模式进一步拓宽

私募债业务受《国务院关于加强地方政府性债务管理的意见》(国发〔2014〕43号)及相关文件影响,地方平台融资类的优质项目开始减少。重庆OTC积极应对、主动营销,以更优质的综合服务抢抓项目源。与此同时,重庆OTC加大了销售业务的多渠道建设,先后与多家互联网平台建立了合作关系,拓宽了私募债、收益权等金融产品的资金来源渠道,为地区项目建设引入了融资成本低、募集效率高的投资资金。

2.争取各级政策支持,落实公司发展战略

重庆OTC一方面严格按照市场规律开展运营,另一方面积极争取行政资源支持,以落实"经济发展抓手"的战略定位,并在2015年取得多项突破。一是年内落实了10个本地区县(含北部新区)的挂牌补助政策,补助金额由10万元至100万元不等;二是促进市中小企业局、市财政局出台《重庆市中小微企业区域性场外市场挂牌奖励办法》,其中挂牌孵化板企业奖励5万元,挂牌成长板企业奖励25万元,2015年已经有32家挂牌企业获得共500万元补贴;三是在证监会明确"建立全国股转系统与区域性股权市场的合作对接机制"背景下,积极对接全国股转系统。

3.多措并举,强化市场基础功能

(1)激活市场中介机构

中介机构是市场最为重要的参与者之一,激活机构对于活跃市场、扩大市场基础作用明显。重庆OTC变被动管理为主动服务,充分听取中介机构的建议与意见,开展有针对性的服务。一是多次组织培训活动,促进机构熟悉掌握公司业务。二是引导推荐机构入驻孵化基地,对接支持政策与企业资源,变随机开展业务为有计划性地推进工作。2015年新增推荐挂牌机构17家,活跃推荐机构总数较2014年增加1倍。

（2）大力开展融智服务

智力支持是中小微企业除资金实力外另一显著短板。重庆OTC从"打造品牌化融智服务项目"的角度,针对性地设立了不同的企业持续培训和融资方案。2015年重庆OTC共举办8期融智大讲堂,吸引500余人次到场听课,主要包括挂牌企业董事长、机构负责人及市内外非挂牌企业高管等。举办"走进深交所"活动,组织挂牌企业前往深交所学习培训,并分享上市公司的发展与运营的经验;开设"融智大讲堂",邀请相关行业专家及知名企业家,持续为初创企业提供创业培训和创业辅导,促进中小微企业熟悉资本市场规则、获取多样化融资,实现科学治理和快速发展。

（3）筹办投融资对接会

2015年,重庆OTC股东深圳证券信息有限公司贯彻"大众创业、万众创新"国家战略,将旗下主流财经门户全景网分立为全景财经与高新网两大平台,共同支持初创企业发展。重庆OTC借助两大全国性网络平台的高端受众资源,在重庆OTC路演中心组织筹办了三场"重庆中小企业投融资对接会"、走出去在各区县开展各类投融资座谈会6期,累计为近300家企业及投资机构提供了投融资服务。通过举办线上线下结合的融资"路演"活动,引入创业资本、并购重组资金等多种资源,实现产业优势合作与对接,提升了对区域中小微挂牌企业的服务水平。

（4）综合金融服务平台向外延伸

重庆OTC主动加强与各区县政府、中介机构的合作,共同建设企业培育及上市孵化基地,推动更多企业进入多层次资本市场。截至2015年末,围绕五大功能区域建设,已经建成孵化基地11个,其中与沙坪坝、梁平、涪陵等区县共建基地8个,与两江创客咖啡、工业服务港等机构共建基地3个,另有10个孵化基地正在建设规划中,对五大功能区域建设进行了有力的补充。孵化基地将为辖区内企业搭建起孵化培育平台,帮助企业熟悉资本市场规则、逐步规范公司治理、获得股权和债权等多样化融资。重庆OTC还结合地区政府及专业机构等多方力量,积极探索设立区县级产业引导基金,努力缓解中小微企业治理不规范及融资困境,也为平台储备了丰富的挂牌企业资源。

4.审时度势,加快业务布局

2015年6月,证监会《区域性股权市场监督管理试行办法》面向社会公开征求意见,将对区域性股权市场的功能定位、监管要求做出限定,并明确区域性股权市场与场内交易所不同的市场规则和发展措施。为此重庆OTC于2015年11月经内部有权机构及监管部门审批,正式注册成立了榆钱儿基金及榆钱儿电商两个控股子公司。一方面是提前做好相关创新准备及业务布局;另一方面可加大公司业务渠道拓展、金融产品创设和业务模式创新的实施力度,以适应公司未来创新业务发展需要。

(四)经营目标及未来展望

重庆OTC将积极应对新常态下的宏观经济形势变化,紧紧围绕服务"大众创业、万众创新"、服务实体经济支持中小微企业的总体要求,加大改革创新力度,大力构建企业综合金融服务平台,继续保持在区域股权市场中的领先地位。具体措施如下:

1.打造综合金融服务平台,快速扩大服务企业覆盖面

一是争取"新三板"挂牌推荐试点资格尽快落地,设立"新三板预备板",探索建立挂牌企业转板全国市场的绿色通道。二是丰富市场板块布局,与市中小企业局、市科委、团市委、区县政府等单位开展专项对接,积极推进设立科创板、青创板,助推"大众创业、万众创新",助推科技成果转化,迅速扩大市场规模,提升多层次资本市场服务实体经济的覆盖面。三是结合五大功能区域的定位,加快区县孵化基地建设,开展孵化基地分层管理,深化孵化基地市场服务功能发挥,努力打造特性与服务突出的基地,大力推动重庆OTC综合金融服务平台建设,引导更多区县企业进入多层次资本市场。

2.强化市场化服务功能,推动公司业务转型升级

一是以新三板推荐资格申报为契机,优化人才队伍,建立和培育公司投行团队,提升服务企业的能力和水平。二是以基金管理公司、孵化基地为依托,打造公司专业化PE团队,加快与各区县合作建立支持中小微企业发展的专项基金,激活市场化综合金融服务功能。三是优化企业资本补充形式,利用好企业补充资本的多种工具,让更多企业进入重庆OTC进行股权流动。四是丰富企业股权登记托管业务,扩展企业股权权益分派覆盖面,建立线下股权转让的信息披露平台。探索开展金融资产专业登记、托管、确权、项目信息披露与发布等服务。

3. 加强产品创新，拓宽企业直接融资渠道

在稳步推进私募债、财富系列、资管系列等传统产品的基础上，坚持以风控为先导引领业务创新，积极开展保理产品收益权、租赁产品收益权、信托产品收益权、不良贷款转让、资产质押式回购、固定收益+场外期权等创新业务的探索，进一步拓宽企业直接融资渠道，扩大直接融资规模，有效减低企业融资成本。

4. 发挥市场培育功能，倡导股权文化

继续打造"融智大讲堂"与"重庆中小企业投融资对接会"两大品牌，将其常态化、标准化。建立重庆OTC的专家库、创业导师库，使"融智大讲堂"帮助更多的中小微企业破除发展过程中的困难和瓶颈。强化公司路演中心功能，深化与全景网及中国高新区科技金融信息服务平台的互利合作，建立"线上+线下"常态化路演平台，向全国投资机构展示重庆优质企业，让企业足不出户即可接触到更多的私募投资机构和战略投资者，提高融资效率。

二、重庆金融资产交易所有限责任公司

(一)基本情况

重庆金融资产交易所有限责任公司(以下简称"重庆金交所")是重庆市政府设立的国有控股公司，按照稳健发展、风险可控的原则开展多种金融资产交易服务和组合金融工具创新。在借鉴上海证券交易所、深圳证券交易所、上海期货交易所等国家级交易所成功经验的基础上，经过努力探索，建立起了以产品研发和业务拓展为前台，交易托管和技术开发为中台，交易监管和综合服务为后台，相互制衡、相得益彰的交易所骨干构架。在全国率先实行全额货银对付和即时出入金制度，保障交收安全和效率。建立起了"中央登记、中央交易、中央清算"为核心的市场准入、会员管理、发行承销、交收清算、兑付下线、风险控制等交易基本制度，交易所构架已基本成熟。

(二)2015年运营情况

1. 营业收入逆势而上，实现真正盈利

据重庆金交所财务决算快报数据，2015年实现营业收入12897万元，较年初预算增长43.30%，较上年增长66.90%。当年上缴税金964.5万元，较上年增长94%，实现净利润超过800万元。

2. 交易指标向好,位居行业前列

截至2015年12月末,重庆金交所累计发行量244.04亿元,累计交易量499.54亿元,累计结算量1780.69亿元。2015年,重庆金交所发行产品3724支,发行金额131.97亿元,比上年同期增长142.73%;实现交易额210.18亿元,比上年同期增长45.42%;结算量828.4亿元,比上年同期增长83.13%。多项主要交易指标位于全国金融资产交易所前列。

3. 业务合作深化,发展后劲增强

为进一步拓展业务,重庆金交所按照"多方共赢、权责对等"的原则,大力发展有实力的合作伙伴,已发展承销商72家,经纪商25家,与三峡、进出口、瀚华、兴农等四家大型担保公司建立了紧密合作关系。截至2015年末,重庆金交所业务已覆盖19个省市,有50%左右的产品发行量和投资资金均来源于重庆市外,已经成为一家全国性的金融要素市场。特别是在2015年下半年,新班子积极推进与银行业信贷资产登记流转中心的战略合作,并于12月正式签订战略合作协议,重庆金交所成为国内第一家与该中心建立战略合作的金融资产交易所。这将进一步促进重庆金交所在信贷资产交易服务上开拓创新和各种债权类金融创新产品交易的拓展,为下一步重点推进银行同业业务创造了有利条件。与此同时,大力推进产品转型,下半年推出与银行合作的通道业务,既降低公司的经营风险,又迅速扩大交易规模,仅下半年就新增交易量30亿元,为重庆金交所向机构间非标金融资产交易方向转型打下了坚实的基础。

4. 互联网转型初见成效

2015年,重庆金交所着力创新"互联网+"发展模式,向互联网交易所转型取得初步成功。一是重庆金交所开发上线的"向钱进"APP平台发展迅猛。其年交易金额达到18亿元,交易额半年同比增长350%,远远高于行业平均成长值;注册用户数达到30万人,绑卡用户数达到18万人,交易用户数达到2.5万人,交易用户数半年同比增长470%;借助良好的产品体验和口碑,获客成本比行业均值低70%;用户人均每次认购金额7.5万元,用户重复购买率为70%。二是重庆金交所交易平台对接外部互联网平台步伐加快。已与招财宝、京东金融、途牛金融、移动和掌柜、江苏银行、兴业银行等多家外部平台实现了产品发行兑付;已测通和正在测试的有华瑞金融、国美金融等家,正在接洽的还有苏宁、网金社等。

5. 产品研发稳步推进

重庆金交所始终将金融创新作为发展的不竭动力,始终将产品创新作为战略工作任务抓紧抓好。经过稳慎探索和不断积累,产品研发取得突破性进展。一是小贷资产收益权、定向债务融资工具等产品常规运行。二是成功推出直接债务融资工具等产品,在全国范围内为政府平台开创新的社会直接融资渠道。三是相继研发了信托产品受益权收益权转让、券商资管产品收益权转让、政府PPP项目收益权转让等3个创新型产品,将择机推出。另外,重庆金交所与中国人民银行重庆营管部一并开展融资租赁收益权转让产品的研究,并取得了一定的成果。

(三)经营目标及未来展望

按照战略发展规划,重庆金交所将实现资本实力不断增长、业务平稳较快发展、结构不断优化、担保质量稳步提升、抗风险能力持续增强、经营效益逐步提高、组织机构不断健全、员工收入同步增长的总体目标,重庆金交所将发展成为东部资金与中西部金融资产汇聚交互、价格发现、交易实现和信息披露的重要平台,以及支持实体经济特别是中小微企业的重要渠道。预计2016年重庆金交所交易量达到5000亿元;2017年达到10000亿元;2018年达到20000亿元。

三、重庆农村土地交易所

(一)基本情况

重庆农村土地交易所(以下简称"重庆土交所")为重庆市国土房管局直属的副局级事业单位,实行企业化管理,内设办公室、财务部、发展研究部、交易业务一部、交易业务二部5个部室。主要职责包括:规范组织地票交易和其他农村产权流转交易活动,提供交易信息、咨询服务及交易场所,探索建立产权交易制度。交易品种分为两大类:一是指标交易,即地票交易。地票是这几年的主要交易品种,是指把农村闲置、废弃的建设用地复垦为耕地,腾出的建设用地指标优先保障农村自身发展后,节余部分以市场化方式公开交易即形成地票,可在全市规划建设范围内使用的指标。二是其他农村产权流转交易。包括承包地经营权、林权、养殖水面经营权、"四荒地"使用权、农业机械、农村集体经济组织股权(收益权)、集体经营性建设用地使用权等。

(二)2015年运行情况

1.总体情况

2015年,重庆土交所组织成交地票2.1万亩、39.23亿元;累计交易地票17.29万亩,345.66亿元。累计办理地票质押8354亩、12.23亿元。强化地票扶贫功能作用。对贫困地区和贫困人口单独包装的复垦交易项目,严格实行"优先交易、优先价款拨付",全年交易黔江、涪陵、南川等11个贫困区县地票1.88万亩、35.18亿元,占同期地票交易量、交易额的90%;向开县、彭水等16个贫困区县直拨价款41.3亿元,占同期价款直拨额的80.8%。

2015年全年重庆土交所农村产权挂牌流转交易11.94万亩,成交3.47万亩、金额2.62亿元、惠及农户9011户;累计成交12.31万亩、6.97亿元,惠及农户30592户。新拓展农机租赁、养殖水面、农村集体经营性建设用地等新品种,规范流转交易经营性集体建设用地2宗113亩、4006万元。

2.主要工作措施

(1)固化地票制度,完善地票政策

一是完成《重庆市地票管理办法》立法工作。《重庆市地票管理办法》以渝府令295号对外发布,按照依法依规推进改革工作的要求,全面总结重庆地票改革制度成果,广泛深入开展地票管理办法的立法调研、论证工作。"自愿复垦、公开交易、收益归农、价款直拨、依规使用"的地票基本制度通过政府规章得以固化。二是促进了地票功能拓展。赋予了地票空间功能,提出差异化使用地票和"持票准用"等创新措施并启动实施。三是强化了地票运行监管。立足于地票市场健康发展,提出"把握复垦工作节奏、扩大地票使用范围、强化地票使用管理、改进地票交易服务、着力加强监督管理"等政策措施,以市国土房管局文件正式印发实施。

(2)建平台强基础,推进农村产权流转交易市场服务体系建设

一是不断完善交易规则。报市政府批准设立了重庆市农村产权流转交易监督管理委员会,切实加强了农村产权流转交易的组织领导;报市政府出台了关于引导农村产权流转交易市场健康发展的实施意见,为发展农村产权交易市场提供了政策依据和指导;对重庆市农村产权流转交易管理办法和农村土地经营权、林权、养殖水面经营权等专项交易规则,精心组织论证,广泛征求意见,并在实践中检验试行;制定了8个品种、45个制式文书,农村产权流转交易规则不

断健全。二是推动健全服务体系。积极推进全市统一的农村产权流转交易运行规范和平台建设标准建设,论证、推动城乡统一的建设用地市场建设工作。协调指导区县交易平台建设,全年新成立石柱、武隆、巫溪等17家区县农村产权流转交易中心,截至2015年末,已累计建成23家区县交易平台。依托乡镇公共服务中心、村便民服务中心等机构设立服务窗口、服务点,开展服务工作。重庆土交所建立了监督管理委员会联络员工作会商机制、交易会员服务机制、经纪会员工作联络机制,完善了交易信息收集和发布机制,建立了交易旬报和公报制度,全年发布交易信息438条,组织培训6批次。

(3)适应"互联网+"新形势,加快构建全市统一的电子化产权交易平台

一是建成"互联网+"的统一交易系统。建成了基于互联网的,包含电子交易、会员管理、公众门户集群等功能在内的全市统一的农村产权电子化交易业务平台,可实现地票、耕地占补平衡指标、耕地、林地、四荒地、养殖水面、集体建设用地、农业机械等品种的在线交易,提供了复合竞价、挂牌交易、协议成交、配对成交等4种交易模式。通过统一系统平台,全年发布各类产权交易信息23万余亩,服务信息60余条。二是推动信息系统应用。按照"支持统一平台建设、打牢平台基础"的要求,全面改造了信息化支撑环境,建成了统一的对外服务门户集群,优化了地票管理系统及内部信息化体系,提高了信息化业务的承载能力和安全性、可靠性。积极推动农村产权数据标准建设,初步形成了重庆市农村产权交易领域基础数据标准,采用部署中间数据库的方式实现了交易系统与复垦项目之间的数据共享。

3.地票改革成效

从实践看,地票改革在保护耕地、保障农民权益、统筹城乡土地利用、促进新型城镇化发展等方面的作用日益显现,成为重庆统筹城乡发展的重要制度成果。

一是统筹城乡土地利用,提高土地利用效率。一方面,重庆已交易的地票,70%以上来源于渝东北、渝东南地区,这两个区域在全市发展中承担着生态涵养和生态保护的功能,发展导向是引导超载人口转移,实现"面上保护、点上开发"。而地票的使用,95%以上落在了承担人口、产业集聚功能的都市功能区及城市发展新区。按照重庆市五大功能区域发展战略,地票落地的区域正是重庆市规划的城镇化、工业化主战场。在市场引导下形成的这种土地资源配置格局,符合"产业跟着功能定位走、人口跟着产业走、建设用地跟着人口和产业走"的区域功能开发理念,有利于推进区域发展差异化、资源利用最优化和整体功

能最大化。从城镇角度看,地票落地充分考虑了市场意愿,提高了城镇规划实施效率。同时,地票作为有偿使用的指标,以经济手段调节、引导城镇用地者更加理性用地、节约用地。从农村角度看,实施农村建设用地复垦,有利于耕地集中连片规划整治及规模化利用经营,对盘活农用地资源、促进农村土地流转和提高农业生产效率大有裨益。

二是实现"先补后占、多补少占",守住耕地保护红线。地票运行程序是"先造地、后用地",更有利于落实耕地占补平衡制度。地票生产过程中复垦产生了90%以上的高质量耕地,而地票落地使用时耕地仅占征地范围的60%左右,地票落地占补平衡平均省出30%左右的耕地。为防止"占优补劣",重庆严格农村建设用地复垦条件,坡度大于25度的不得纳入复垦,要求复垦地块必须与周边耕地相连,复垦验收合格证上记载耕地等别,以达到占优补优的管理要求。

三是建立了农村财产处置变现平台和城市反哺农村的通道,促进了农民增收、农村发展、农业人口转移。复垦宅基地生成的地票,纯收益按85%、15%的比例分配给农户和集体经济组织。这一制度安排,在实践中发挥了促进农民增收、农村发展、农业人口转移的功效:第一,增加了农民收入渠道。重庆农村户均宅基地0.7亩,通过地票交易,农户能一次性获得10万元左右的净收益。复垦形成的耕地归集体所有,仍交由农民耕种,每年也有上千元的收成。第二,推进农村发展。农村集体经济组织获得的收益,与部分农民所得的收益一起投入新农村建设,改善了农村生产生活条件。近几年,重庆能够完成数十万户农村危旧房改造和高山生态移民扶贫搬迁,就得益于此。第三,帮助农业转移人口融入城市。近年来,重庆有9.7万户转户进城的居民自愿提出退出宅基地,户均获得10万元左右的地票收益,实现带着财产进城,帮助他们更好地融入城市生活。

四是发挥价格发现功能,带动了金融下乡和农房价值提升。地票作为有价证券,还可用作融资质押物,并为农房贷款的资产抵押评估提供现实参照系。截至2015年末,重庆办理农村集体建设用地复垦项目收益权质押贷款144.23亿元,地票质押贷款12.23亿元,农房抵押融资166.9亿元。农村房屋处置中也渐将地票价格作为重要参照,在一定程度上促进了农民收入的增长。

五是将市场经济理念引入农村,促进农村土地利用管理理念和方式的优化。地票改革让农民成为农村土地市场的主体,引导农民逐步树立起土地财产价值观念。从地票改革试验来看,农民对于农村宅基地及附属设施用地的利用和管理观念发生了很大变化,更加重视权证办理,更加珍惜农村土地房屋财产,更加注重对集体内其他成员使用宅基地的监督。同时,农民对土地财产权的重视反过来也促进了政府进一步完善农村宅基地审批管理,以精细化为目标加强农村土地权籍管理,以城乡一体化发展为指导加快推进农村土地利用规划编制,不断深化、推动农村产权制度改革。

(三)经营目标及未来展望

1. 继续深化地票制度改革

一是加强地票与土地管理工作的联动。探索地票与房地产用地供应相联动的机制。探索地票与耕地占补平衡指标交易统筹运行,进一步发挥地票优化空间、保护耕地的作用。二是高效组织地票交易。建立标准化的地票交易服务体系。强化供需信息衔接,改进交易服务措施。对贫困地区和其他地区贫困人口单独包装的复垦项目,继续实行"优先地票交易、优先价款拨付",发挥地票支持精准扶贫的作用,促进农民脱贫增收。三是做好理论研究和调研分析。探索优化地票购买主体结构,研究激发地票需求潜力方式。研究以地票等为抓手,建立人地协调发展机制。

2. 积极稳妥推进农村产权流转交易

一是加快建立完善农村产权流转交易市场服务平台体系,充分发挥交易平台价格发现、交易撮合、财产变现、招商引资等功能。二是制定完善交易管理制度,规范有序组织流转交易。三是推行电子化交易,构建"统一交易规则、统一平台建设、统一信息发布、统一交易鉴证、统一服务标准、统一监督管理"的运行模式。四是培育发展中介服务体系,延伸价值链,活跃市场。

四、重庆联合产权交易所集团股份有限公司

(一)基本情况

重庆联合产权交易所集团股份有限公司(简称"重庆联交所")是经重庆市人民政府批准,由多家国有大型骨干企业发起设立的国有重点企业集团,是一家以国有产权交易为基础,集各类权益交易服务为一体,立足重庆、辐射西部、服务全国、面向海内外的市场化交易平台。成立以来,重庆联交所充分发挥资本要素市场的资源配置功能,加快平台创新升级,形成了市场体系、服务范围、

平台功能等多方面优势,为助推经济社会改革发展发挥了重要作用,得到了社会各界的充分认可。

重庆联交所具有六大显著特点。

1.全国性交易平台

重庆联交所先后获得"中央企业国有产权交易机构""中央金融企业产权交易机构""全国区域性中小企业产权交易机构""国家专利技术展示交易中心""碳排放权交易试点机构""中央行政事业单位国有资产处置服务中心"六个国家级交易资质。重庆联交所建立的"诉讼资产网",被最高人民法院升格为"人民法院诉讼资产网",为全国司法拍卖提供服务。

2.全覆盖的市场体系

重庆联交所在31个远郊区县(含远郊经济开发区)先后设立分支机构,统一制度规则、交易流程、交易系统、风险控制、信息发布、资金结算、交易鉴证、交易监管和服务标准,形成全市统一的产权交易市场体系,成为全国唯一省级区域全覆盖、全统一的产权交易市场。

3.全领域业务拓展

重庆联交所从规范国有产权起步,经过多年发展,交易品种扩展到20多个门类,涵盖国有企业、金融企业、机关团体事业单位国有产权、司法拍卖资产、行政罚没资产、海关罚没资产、环境资源、特许经营权、知识产权和集体、民营、个人资产交易,交易种类、创新数量居行业前列,部分属行业首创。

4.全流程互联网交易

重庆联交所依托所属的第三方支付结算平台,在国内率先建立"全流程互联网交易服务"系统。通过互联网,竞买人可以自主完成网上报名、网上缴纳保证金、网上竞价、网上支付结算等流程,彻底实现了对竞买人信息的完全物理隔离,为交易的阳光规范和资产的保值增值提供了更可靠的保障。

5.全流程无缝监管

重庆联交所建立的"产权交易电子监测系统",分别与国务院国资委、市纪委、市国资委监管系统无缝对接,实现了监管部门对交易全程的电子化、留痕化的动态监控,监管方式简单有效,监管成本更加低廉。制度设计与科技手段并重,保证了交易的阳光规范,历次中央六部委的联合检查,均对重庆联交所的规范管理给予了高度评价。

6.全产业链服务

重庆联交所兼顾公平与效率,严格按照市场规律办理交易。在保证交易过程阳光规范基础上,还提供交易咨询、项目策划包装、建立投资人数据库、市场化推介、配套融资等市场化服务措施,形成了横贯策划咨询、产权交易、资金结算、融资服务的"全产业服务链"格局。

(二)2015年运营情况

2015年,重庆联交所紧紧围绕"服务国资国企改革,推动集团转型升级"总任务,巩固发展传统业务,积极拓展创新业务,推进产权交易和金融服务"双轮驱动"战略,提升交易服务质量和经营业绩,在经济下行压力增大的背景下,总体保持了稳中有进、持续向好的发展态势。

1.要素资源流动规模创历史新高

在资源进场方面,2015年新增挂牌项目4078个,同比增长1.26倍;涉及标的9950宗,总金额348亿元,同比增长91%。加上同期市场已挂牌标的,市场总挂牌标的11719宗,总挂牌金额422亿元,同比增长1.32倍。在资源流转方面,全年成交标的10993宗,同比增长74%;交易额1281亿元,同比增长12%。市场资源流动规模创历史新高,平台资源配置能力和在全国产权市场的影响力持续提升。

2.创新业务加速进场,业务结构更趋合理

2015年,随着产权市场创新能力的提升,政府及相关部门依托产权市场推进资源要素的市场化配置的积极性不断提高,新兴业务加速进场,进一步丰富了市场交易种类,带动市场交易的活跃。全年完成创新业务2582宗,交易额695亿元,同比增长1.25倍,占市场总交易额的54%,成为产权市场持续创新发展的重要力量。在政策性业务方面,全年国有资产交易额545亿元,同比增长10%;市内诉讼资产交易额19亿元,同比增长14%;碳排放权、主要污染物排放权交易额3.5亿元,同比增长6.12倍。市外项目交易额290亿元,同比增长18%,增速超过平均增长水平5.5个百分点。

3.金融服务长足发展,产业服务链更加完善

按照"产权交易+"的增值服务思路,依托子公司积极探索拓展互联网金融服务,业务链更加完善。其中,第三方支付结算资金2.6万笔,结算资金272亿

元,结算业务涉及产权交易、司法拍卖、公共服务、电子商务、互联网金融、生活消费等多领域。互联网融资发行融资产品126笔,低成本解决中小微企业融资需求11亿元,保持了零兑付违约的纪录。

(三)服务实体经济情况

1. 增资交易,推动国企混合所有制改革

随着国企混合所有制改革的深入推进,企业增资扩股交易越来越频繁。为保证增资业务规范开展,2015年初,重庆联交所在借鉴其他省市先进经验基础上,制定了《企业增资业务规则》,对增资业务交易流程进行了规范,并报经市国资委、市金融办备案。重庆联交所先后为中国物流、中国新能源汽车、航天神州飞行器、重庆旅游产业发展公司等8户企业完成增资交易,为增资方募集资金18.43亿元。2015年6月,在央企中国物流公司增资39.178%股权项目交易中,首创"分类募集、竞价增资"增资方式,引入11家战略投资者和财务投资者,融资金额9.64亿元,成为全国国资系统增资扩股新的经典案例。同时,市属国企增资陆续进场,重庆联交所成功完成重庆药研院制药公司42%股权增资项目交易,为企业筹得资金3275万元,解决了企业的燃眉之急。增资扩股业务的不断探索和突破,提升了重庆联交所推动国企混改、推进股权多元化的服务能力,也是平台未来国有产权交易增量的重要来源。

2. 国企存量资产交易,服务供给侧结构性改革

产权市场作为资本市场的组成部分和资源优化配置的公开市场,一直发挥着存量国资及其过剩产能有序规范退出的桥梁纽带作用。近年来,重庆联交所国有企业存量挂牌资产平均增值率17%,较好地实现了国有资产保值增值目标。2015年8月,经营困难的中新大东方人寿保险有限公司50%的国有股权公开转让,经重庆联交所精心组织,最终以39.39亿元成功转让,比挂牌价16.03亿元增值23.36亿元,比股权对应净资产2.99亿元增值36.4亿元,溢价11.2倍。此外,平台还积极协助企业化解过剩产能,近两年为电力、钢铁、煤炭等产能过剩行业处置机器设备、厂房设施等项目394宗,交易额近100亿元。这些资产成功收回账面价值,部分资产甚至出现大幅增值,在压缩过剩产能中较好地实现了国有资产保值增值。2015年7月,重庆川庆化工有限责任公司一批机器设备以647万元顺利成交,在企业压缩过剩产能的同时实现资产保值回收。

(四)产品、服务及模式创新情况

1.诉讼资产交易,助推全国司法拍卖改革

诉讼资产进入重庆联交所公开交易,是重庆社会管理的一大创举,有力地保障了当事人的合法权益,凸显了司法公正。最高人民法院曾在重庆召开"全国司法拍卖改革工作会议",重点推广重庆的做法,将重庆联交所开发的"诉讼资产网"升格为"人民法院诉讼资产网",为全国的司法拍卖提供服务,由重庆联交所负责该平台的后台运行维护。

2015年,集团在河北省多地成功实施诉讼交易同步测试,并促成承德市12家法院诉讼业务全面进场。年底,最高人民法院下发《关于加强和规范人民法院网络司法拍卖工作的意见》,将"人民法院诉讼资产网"作为全国网上司法拍卖的重要平台,为集团服务全国司法拍卖改革提供了有力支撑。截至2015年末,"人民法院诉讼资产网"累计注册境内外中介机构5000多家,发布公告公示信息25万条,挂牌金额1.5万亿元,重庆、陕西、山西、云南、湖南、福建、宁夏、河北、辽宁、内蒙古、青海等13个省、市、自治区通过该网实施交易(其中重庆全境和河北部分地区全程使用了信息发布、网上报名、网上竞价、支付结算等功能),共成交项目6000多宗,交易额300亿元;网站日均访问量超过7万次。

2.特许经营权交易,实现资源市场化配置

当前,除环境权益(排污权、碳排放权等)由市政府明文规定进入市场公开交易外,绝大多数政府特许经营权出让缺乏有效规范。近年来,重庆联交所在政府特许经营权领域进行了大量探索创新,先后引入户外广告位经营权、河道采砂(石)权、混凝土搅拌站经营权、加油(气)站经营权、公共停车场管理经营权、电视(台)频道广告经营权等进场交易,既推动了社会管理创新,又增加了地方财政收入。2015年奉节县塔坪机动车驾驶员考试中心5年期经营权在重庆联交所公开出让,挂牌价451万元,成交价2153万元,增值1702万元,增值率377%。

3.资产租赁交易,堵住国资管理漏洞

近年来,重庆联交所在国有资产公开租赁方面进行了大量探索,取得了显著成效。国有资产进入市场公开招租,改变了资源的配置方式,不仅可以增加资产持有人的经济收益,更重要的是能够体现社会公平,同时也能有效封堵国有资产流失的漏洞。近几年,重庆联交所每年完成租赁交易项目平均超过500宗,

年均交易额5亿多元,平均增值率80%。2015年梁平双桂街道迎宾路261号房屋招租,挂牌价122万元,成交价421万元,增值299万元,增值率245%。

(五)经营目标及未来展望

下一步,重庆联交所将一手推进落实平台整合与业务融合,一手继续抓好平台建设与创新发展,努力将平台建成重庆在全国公共资源交易市场中的又一知名品牌。

1.积极推进落实平台整合,稳步拓展公共资源交易

扎实推进平台整合各项工作,全力配合相关部门做好工程建设项目招投标、土地和矿业权出让、政府采购等业务的平稳接续,并在相关部门指导下,建设全市公共资源交易公共服务平台、交易操作系统、监管系统和相应的交易服务规范与标准,从而构建全市制度规则统一、交流流程统一、交易系统统一、服务标准统一和资源信息共享集中的公共资源交易市场体系。在新的平台运行平稳后,积极推动相关部门将其他公共资源项目纳入平台公开交易,形成覆盖全市所有品种的公共资源交易大市场。

2.发展第三方支付结算,扩大结算服务范围

用好用活支持第三方支付平台联付通的政策,强化平台金融服务功能,发展成为重庆结算中心的重要组成部分。一是在做好公共资源交易资金结算的同时,积极推进以拓展全国司法拍卖结算为主、以市属国企结算和其他市场结算需求为辅的"一体两翼"发展战略,实现低成本快速发展,扩大结算服务范围和资金结算规模。二是紧跟互联网发展趋势,进一步完善优化联付通结算系统功能,增加备付金银行数量并力争实现全覆盖,增加快捷支付工具,提高用户体验效果。三是加大与存款银行的议价能力,提高结算资金收益,为结算客户创造更多的价值。

3.强化诉讼资产交易品牌影响力,扩大系统覆盖范围

抓住最高人民法院《关于加强和规范人民法院网络司法拍卖工作的意见》(法〔2015〕384号)带来的机遇,进一步扩大重庆诉讼资产交易方式在全国的影响力,主要开展了以下几个方面工作。一是主动出击,拓展市场。通过上门拜访其他省市法院和相关交易机构、协调外地法院机构来渝考察,宣传讲解系统功能、协助制订实施方案等主动服务方式,争取各方支持,力争使"人民法院诉

讼资产网"全程交易服务系统使用范围在全国市场的所占比例超过1/3。二是查漏补缺,优化完善系统功能。对淘宝网、拍协网等主要网络司法拍卖竞争平台功能进行认真研究,对比分析,查找"人民法院诉讼资产网"的功能短板,努力优化完善,使"人民法院诉讼资产网"既具有符合司法拍卖特点的专业网站优势,又具有普通商务网站良好的用户体验效果。三是积极争取最高人民法院的进一步支持,探索建立专业的诉讼资产网络服务公司,对"人民法院诉讼资产网"进行专业经营和运行维护管理,明确网络平台的权属和经营主体,发挥双方的优势,进一步推广平台的使用范围。

4.深化国企增资交易,提升服务国企改革能力

按照《关于国有企业发展混合所有制经济的意见》(国发〔2015〕54号)对产权市场的功能定位,和国务院国资委、财政部有关国资交易管理的新要求,总结已有的交易经验,进一步完善优化增资业务交易流程和服务标准,提升服务国企改革能力。同时,在国家层面新政策出台后,积极协助市级国资监管部门制定相应实施细则,推动市内国有企业增资业务进场交易。发挥直接服务客户、贴近客户的优势,坚持奖惩分明的市场化绩效考核办法,进一步拓展中央企业、中央金融企业交易业务特别是央企增资业务,并力争成为试点交易机构,提高央企业务市场份额。

五、重庆药品交易所

(一)基本情况

重庆药品交易所是重庆市委、市政府深化医药卫生体制改革,是面向全国开展医药综合交易的千亿元级要素市场,于2010年3月经重庆市政府批准成立,从事药品、医疗器械及其他相关医用产品综合性电子交易。重庆药品交易所坚持公平公开、阳光交易理念,坚持政府主导与市场机制有机结合,坚持医药电子商务方向,坚持第三方平台发展定位,旨在积极探索建立医药流通新机制,降低药品交易成本,推动建立科学合理的药品价格形成机制,促进药品价格理性回归,切实减轻群众医药费用负担,为医药流通体制改革积累经验。

重庆药品交易所致力于打造第三方医药全流程电子商务平台,先后建成医药公共交易、医药电商、医药金融结算、医药大数据、医药发展交流五大业务平台，实行药品器械在线注册、在线挂牌、在线交易、在线结算和在线监管，分批实现了非基本药物、基本药物、低值医用耗材、高值医用耗材、检验试剂和基础设备六大类产品上线交易，平台技术通过科技部验收，成为国家发改委批准的全国医药流通电子商务试点。

（二）2015年运营情况

截至2015年末，平台注册会员1.6万多家，挂牌交易的药品器械品规数达7.1万个，初步形成了不同质量层次、不同价位、多品种汇聚的"网上医药超市"，丰富的种类和品规有效满足了不同等级医疗机构和患者差异化用药选择的合理需求。

2015年五大业务平台运营取得新的进展主要有以下几个方面。

1.医药公共交易平台

顺利推动第三军医大学新桥医院上线交易，开启部队医院进场交易新起点。平台交易量突破200亿元，较2014年增长11.5%。

2.医药金融结算平台

坚持统一、限时结算制度，配套建立周转金制度，为交易各方会员提供周转资金支持，维护交易结算秩序，资金结算准确率保持100%。

3.医药电商平台

推进市场化医药电商商城建设，为民营医院、药店、诊所和老百姓提供药品、医疗器械、保健品、中药材、药妆等B2B、B2C交易服务，近2000家医药企业、诊所、药店上线交易。

4.医药大数据平台

积极对接医院HIS系统和医药企业ERP系统等信息系统，完成重庆医科大学附属第一医院、重庆市急救中心等公立医疗机构接口157家，重庆医股、桐君阁等示范性医药配送企业接口12家，实现药品流通信息互联互通。

5.医药发展交流服务平台

搭建政产学研深入交流互动的桥梁，成功举办全国首届医药交易发展研讨会、医药电商商城会员年会和一系列交易制度研讨会，得到平台会员的肯定和支持。

(三)经营目标及未来展望

重庆药品交易所将顺应"互联网+"的发展趋势,以交易服务为核心、信息服务为基础、物流服务为保障、金融服务为延伸,完善医药产品现货交易市场,培育医药产品中远期交易市场,按照医药市场的规律和实际,分类搭建平台、开展分类交易,做到"品种全覆盖、类别全覆盖、市场全覆盖",建成多层次、多元化的现代医药交易体系。

2016年,是"十三五"的开局之年,也是重庆药品交易所转型升级发展的关键之年,全所将重点围绕重庆市委市政府提出的打造千亿元级要素市场的发展定位,坚定"互联网+医药"发展方向,加大改革创新力度,力争五大平台建设取得突破性进展,初步建成具有综合性、市场性和现代管理规格的交易服务体系,交易模式、市场拓展、品牌影响达到新的高度,交易量达到220亿元。

重点任务如下:一是优化升级交易制度,深化交易机制建设;二是打造全新的互联网电子商务平台,增强核心竞争力;三是拓展交易市场,做大交易规模;四是创新金融服务,加强金融风险防范;五是配合推动全市医保药品支付标准改革和药品采购相关政策落实,探索构建"平台交易+代理采购+医保支付"新机制。

第二十六章　私募股权基金公司

一、重庆天使投资引导基金公司

2009年7月,重庆科技创业风险投资引导基金有限公司成立。2015年12月,根据《重庆市天使投资引导基金管理办法(试行)》(渝科委发〔2015〕130号,以下简称"天使引导基金管理办法"),重庆科技创业风险投资引导基金有限公司正式更名为"重庆天使投资引导基金公司"(以下简称"天使引导基金")。天使引导基金按照"政府引导、市场运作、专业管理"的原则,结合重庆市产业基础和未来布局,持续吸引和集聚国际国内一流基金管理团队,引导各类社会资本,聚焦电子核心基础部件、新能源汽车与智能汽车、高端交通装备等战略性新兴产业,以参股的方式设立投资基金,实现财政资金的杠杆放大效应,增加创投资本的供给量,扶持科技创新型初创期企业快速发展。

(一)2015年运营情况

1. 参股基金设立情况

2015年,天使引导基金围绕重庆十大战略性新兴产业布局,配合市科委"三大战略性新兴产业"的科技创新与创业投资,聚焦先进制造、互联网、新材料、节能环保等行业。全年累计签约组建5支参股基金,总规模17亿元,并在天使引导基金管理办法发布后陆续开展基金设立工作。

2. 参股基金投资情况

2015年,引导基金参股基金投资项目29个,投资金额13.63亿元,带动社会资本联合投资总额25.36亿元。

(1)投资行业分布

2015年投资的29个项目分布于7个行业,其中,信息技术行业15个,清洁技术行业5个,医疗健康行业3个,物流、制造行业各2个,消费、教育行业各1个。

单位:亿元　　　　　　　　　　　　　　　　　　　　　单位:个

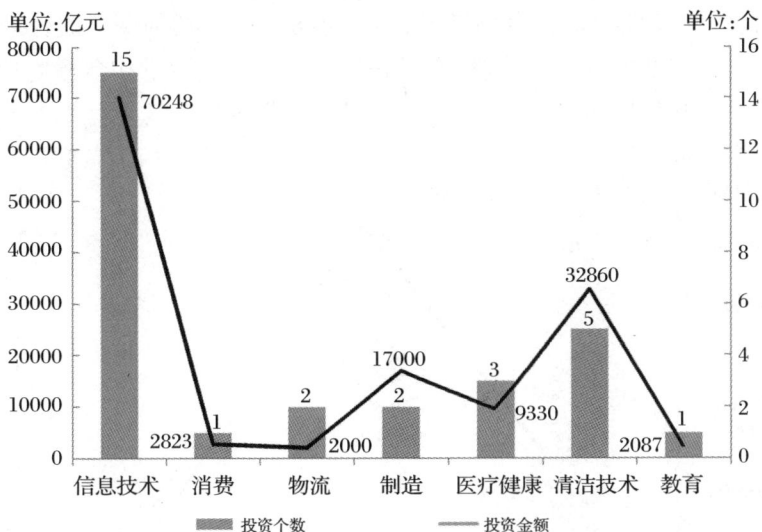

图26-1　天使引导基金投资行业分布情况

（2）投资地域分布

2015年投资项目涉及我国8个省市,其中,广东省项目7个,上海市项目6个,重庆市项目5个,北京市、浙江省项目各4个,陕西省、四川省、江苏省项目各1个。

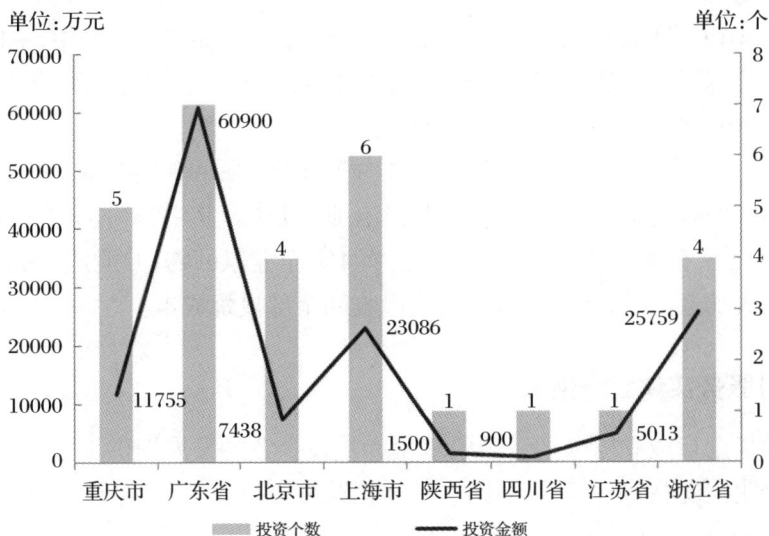

单位:万元　　　　　　　　　　　　　　　　　　　　　单位:个

图26-2　天使引导基金投资地域分布情况

（3）投资阶段分布

29个投资项目中,初创期项目13个,成长期项目15个,成熟期项目1个,同时,基金投资成长期项目的金额最高,约为10.8亿元。初创期与成长期企业为参股基金投资主要方向,对初创期和成长期企业的投资数量和金额均超过总投资的90%,符合引导基金扶持早中期中小型企业发展的初衷。

单位:万元 单位:个

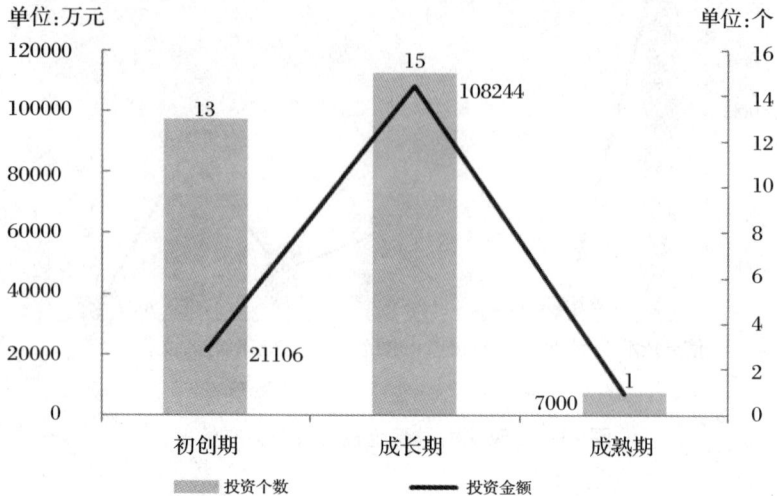

图26-3　天使引导基金投资阶段分布情况

3. 投资退出情况

截至2015年末,引导基金参股基金投资企业中,已上市27家,其中,主板4家,创业板5家,新三板挂牌14家,重庆OTC挂牌4家;38家企业已在申报过程中,预计将在2016年登陆多层次资本市场。

2015年,参股基金退出(含部分退出)项目10个,以回购方式退出项目5个,上市退出或股权转让项目各2个,并购退出项目1个。其中,参股基金德同资本总规模5亿元,在所投的15家企业中,已有4家企业以回购、并购或二级市场出售的方式成功退出,目前该基金合伙人已收回全部投资成本。

(二)服务实体经济情况

引导基金自成立以来通过参股基金为被投企业的发展提供了巨大支持,助推重庆企业实现"引资引智",活跃了重庆创业投资行业氛围。

1. 活跃重庆创投行业氛围

(1)杠杆效应明显

在市场化运作下,通过参股基金投资的方式,发挥财政资金的撬动作用。天使引导基金在吸引重庆市外资金投资重庆的同时,亦带动了重庆市内资金投资的积极性。2015年,累计签约组建的5支参股基金,总规模17亿元,共带动社会资本11.22亿元,主要投资于先进制造产业、旅游文化创意、智慧城市建设、化医、新材料新能源、智能制造等领域。

（2）引智成效显著

在天使引导基金管理办法的指导下,进一步明确基金管理人的筛选标准和运营要求。目前,全部参股基金均落户重庆。依托科技金融平台,充分发挥创投管理团队资源,加强投资服务能力,培养本地优秀创投人才,壮大了重庆本地创投行业人才队伍。

2. 支持被投企业发展

天使引导基金通过集聚国际国内一流创投团队,为被投企业提供了资金支持、战略筹划、人才引进、对接市场资源及其他专业化管理服务。同时,天使引导基金协助基金管理人为被投企业争取申报高新技术企业、提供融资、技术引进、税收优惠、科技担保等增值服务,促进企业快速成长。其中,德同资本投资的重庆易宠科技有限公司,由三名大学生白手起家到2015年销售额超2亿元的快速发展。大渡口基金和泰豪渝晟投资的重庆帮豪种业有限责任公司于2015年6月成功登陆新三板。由德同资本、泰豪渝晟、科兴乾健、大渡口基金投资的重庆中设工程设计股份有限公司于2015年11月成功在新三板挂牌。

（三）产品、服务及模式创新情况

2015年,为响应支持"大众创业、万众创新"政策,着力破解创新型初创期企业融资难题,重庆科技创业风险投资引导基金有限公司更名为"重庆天使投资引导基金有限公司",通过政府引导、市场运作、整合各方资源,与种子投资引导基金、风险投资引导基金共同致力于解决创新型企业从种子期、初创期到成长期不同发展阶段的融资需求,实现重庆财政资金引导社会资本共同扶持企业发展的新模式。

引导基金管理团队具有多年母基金运营管理经验,为重庆市天使投资引导基金的落地奠定了团队基础。根据创业投资体系建设要求以及推动重庆天使投资发展的需要,管理团队通过前期赴各地天使基金进行调研,并与投资团队就开展方式、实施效果等内容进行讨论,在多方面征求市政府各部门、天使投资人以及参股基金管理机构建议和意见的基础上,历经十多次修改和完善,主导完成了《重庆市天使投资引导基金管理办法（试行）》（渝科委发〔2015〕130号）的起草工作。

2015年,天使引导基金在参股基金组建的行业布局方面进行创新。根据天使引导基金管理办法,天使引导基金筛选优秀的基金管理团队,围绕行业布局,积极推进参股基金的组建工作。在对行业领域进行充分调研,并与基金管理团队进行多次沟通交流的基础上,天使引导基金在先进制造和消费文创行业分别完成了一支参股基金的设立审批决策。

(四)经营目标及未来展望

1. 基金布局聚焦行业、优化配置

2016年,天使引导基金将紧密围绕重庆十大战略新兴产业布局,配合市科委"三大战略性新兴产业"科技创新与创业投资引领工程的启动,天使引导基金将优选高行业专注度的基金管理人或产业资本合作组建行业基金,同时探索组建符合行业布局的科技成果转化类基金、全球先进技术并购基金等。

2. 扩大参股基金规模,助推重庆市创投产业发展

天使引导基金将扩大参股基金新增规模,助力重庆市2020年创投基金规模增量200亿元的目标。抓好2015年5支签约基金落地工作的同时,以加大天使引导基金投资杠杆为突破点,围绕行业布局加强基金甄选,扩大参股基金规模,计划实现新增基金规模20亿元以上。

3. 创新服务方式、提升管理能力、助力企业突破

天使引导基金将继续通过完善团队、规范制度及运用专业管理工具等,提升专业投资管理能力,依托科技金融平台,整合参股基金管理团队、众创空间等多方资源,加强投资服务能力,共同为创新创业企业提供融资、技术引进、税收优惠等综合服务,促进企业快速成长。

二、西证股权投资有限公司

2015年,西证股权投资有限公司(以下简称"西证股权")正在积极打造股权投资、基金管理、新三板做市的综合服务平台,各方面保持稳定发展,经营业绩呈现稳步上升的良好态势。

(一)2015年运营情况

1. 直投业务

2015年,西证股权顺利减持华泽钴镍股份并实现近4亿元的投资收益;西证股权下属直投基金投资的分众传媒项目、中节能太阳能项目已完成借壳上市,均实现数以倍计的账面浮盈;西证价值基金投资的博拉网络已挂牌新三板,按最近一次定增估值计算,实现约3倍的账面浮盈。

截至2015年末,西证股权、西证重庆股权投资基金管理有限公司及其直投基金累计投资项目25个,累计投资金额11.6亿元,其中2015年新增11个股权投资项目,1个债权投资项目,新增投资额约4.43亿元,以及1个拟投项目——奇虎360,涉及投资资金6000万元。

2015年,西证股权与西南证券场外市场部合作设立了一支规模为4350万元的新三板基金,西证股权正协助西南证券总部与卡塔尔国家投资局联合设立一支约10亿美元的基金;西证股权正与招商银行合作设立规模为5亿元的西证价值二期基金。

2. 财务情况

截至2015年末,西证股权实现营业收入145.2万元,投资收益3.9亿元,营业支出为6564.5万元,主要包括营业税费48.2万元,管理费用6516.3万元。当期实现利润总额2.4亿元。

3. 队伍现状

2015年,西证股权及其子公司共有员工22人,同比增长50%,新招聘9名员工,并成立4个相对独立的项目运作团队。硕士研究生及以上文凭人员占比64%,拥有财务、法律背景的专业人员占比70%。员工离职率9%,人力成本占营业利润的比例为20%。

4. 部门合作

2015年,西证股权继续加强与各部门之间的协作。与场外市场部合作设立了新三板基金。积极与新三板部合作开展做市业务,进一步提高了新三板项目投资的专业性,对提升公司品牌影响、提高新三板推荐业务及经纪业务的竞争力、打造公司综合业务平台等发挥了重要作用。

（二）服务实体经济情况

表26-1　西证股权所投资项目情况

单位：万元

项目名称	投资时间	投资金额	项目状态
广东粤新海洋工程装备股份有限公司	2015年1月30日	4320	已于2015年9月向证监会递交上市申报材料
分众多媒体技术（上海）有限公司	2015年4月29日	10000	已借壳上市
微网信通（北京）通信技术股份有限公司	2015年5月12日	660	预计2016年1月挂牌新三板
大连翼兴节能科技股份有限公司	2015年5月14日	600	择机做市
新光控股集团有限公司	2015年6月5日	20000	预计2016年1月中下旬申报借壳上市
安徽佳先功能助剂股份有限公司	2015年8月27日	1500	预计2016年1月下旬转为新三板做市交易
天津三英精密仪器有限公司	2015年9月16日	700	已投资
北京经舆典网络科技有限公司	2015年10月30日	1200	已投资
上海阿波罗机械股份有限公司	2015年11月10日	1000	预计2016年1月上旬完成定增
北京八叶科技有限公司	2015年11月25日	1800	预计2016年1月中下旬申报新三板
成都储翰科技股份有限公司	2015年11月30日	900	已挂牌新三板
上海泽生科技开发股份有限公司	2015年12月11日	1600	预计2016年3月申报新三板
奇虎360科技有限公司	2015年12月18日	6000	已支付认购定金

此外，西证股权2015年还完成了360个项目的调研，同比增长67%。

(三)产品、服务及模式创新情况

1.业务趋势及机遇

券商直投基金的获准设立,开启了券商直投业务的"自有资金+第三方资金"时代,直投基金管理模式已经成为国内券商直投业务发展的重要方向。伴随着新三板向全国市场扩容,"分层"机制+"转板"预期+并购机遇+"协议+做市+竞价"机制,多方资金涌入,使得2015年行情向好,新三板内实现了流动诉求,带来了早期项目的退出渠道。

2.产品服务创新

西证股权根据当前市场经济形势,及时调整资金布局,2015年发行了一支新三板投资基金,基金主要投资于拟在新三板挂牌的公司股权及参与新三板挂牌公司的定向增发,基金总规模4350万元;2015年投资新三板做市项目7个。

由西证股权挖掘、参与的项目标的有11个,分别是万通新材、德鑫物联、芯朋微、远大股份、竹邦能源、普诺威、南达农业、佳盈物流、神州电子、华奥科技、仁新科技。截至2015年末,上述做市项目占用资金6027.83万元,总市值7717.72万元,累计已实现收入2163.66万元。

2015年,西证股权新建立了新三板项目筛选机制,积极寻找能上主板的优质投资机会,看重企业创新能力,挖掘其核心竞争力。做好投资决策和定价估值,建立有效机制,不断做大做强做市商业务。加强与西南证券新三板业务部的协同合作,积极运作新三板基金,为总部的综合业务平台服务。

3.制度建设

2015年,西证股权积极完善内部管理,建立健全各项管理制度,根据业务发展需要,新制定了《西证股权投资有限公司投资项目退出管理制度》《西证股权投资有限公司小额投资项目投资决策流程管理细则》《西证重庆股权投资基金管理有限公司小额投资项目投资决策流程管理细则》《西证重庆股权投资基金管理有限公司跟投管理制度》《西证股权投资有限公司及其子公司项目立项评审工作指引》5项新制度。前述文件均经有权主体审批通过且已向西南证券履行报备程序,其中小额项目投资决策流程管理细则优化了小额项目的投资审批流程,在严格控制项目风险的同时提高了项目投资效率,同时股权按照团队跟投制度正在建立团队跟投合伙企业,挖掘团队更多潜能。以上制度的完善将在项目投资、退出、风险控制、团队激励等方面起到规范推动作用。

4. 投资业务模式创新

2015年6月,鉴于新光控股集团有限公司(以下称"新光集团")下属公司拟实施借壳上市,西证股权投资2亿元认购信托计划的劣后级权益份额,并通过该信托计划间接对新光集团进行债权投资。西证股权首次通过信托计划参与项目投资,降低了投资风险,丰富了项目投资类型。

(四)经营目标及未来展望

西证股权计划2016年成立一支规模为5亿元的私募股权投资基金,协助西南证券总部与卡塔尔国家投资局联合设立一支约10亿美元的基金,资产管理规模将达到近70亿元。随着业务发展,将加强行业研究分析能力、项目风险把控能力,加强团队建设,形成高效激励机制。

西证股权业务的远期定位为打造集股权投资、基金管理、新三板做市的综合业务平台,重视行业发展方向,以技术见长,低成本介入,全产业链渗透。未来西证股权还将加强员工的项目调研能力,重点开发大项目,加强战略性项目上下游之间的对接,做好跟进与风险把控。加强行业整合能力和产业链的打造。在特定区域和行业领域拥有核心竞争优势,在行业内打造一流股权投资公司。

三、重庆市江北嘴股权投资基金管理有限公司

(一)2015年运营情况

重庆市江北嘴股权投资基金管理有限公司(以下简称"江北嘴基金")成立于2012年。2015年,江北嘴基金取得了以下主要成绩。

1. 发起设立广阳岛基金

2015年4月,江北嘴基金作为基金发起人,与江北嘴集团、平安银行成功发起设立规模人民币10亿元的广阳岛基金,投向广阳岛养生养老项目建设。

2. 推进巴南城市发展基金设立

2015年,江北嘴基金进行了大量的基金设立准备工作,包括进行商务谈判、设计交易结构、编写项目投设时间计划、对接基金设立管理及登记部门等。一方面加强与巴南渝兴公司的合作沟通,收集相关项目资料并进行整理研讨,一方面积极为项目寻找合伙投资人,全力推进巴南城市发展基金的设立。

3. 推进悦来"海绵城市"项目

根据与重庆悦来投资集团有限公司签订的《投融资合作意向协议》，江北嘴基金收集悦来公司"海绵城市"项目资料，积极向华夏银行等意向投资人推荐项目，并跟进项目招投标情况。

（二）2016年经营目标

2016年，江北嘴基金将加强内外合作，务实工作，强化落实有效推进各项主营工作，为江北嘴集团转型提供支撑。2016年经营目标如下：一是发起设立2支基金，募集规模不低于20亿元；二是完成巴南城市发展基金设立工作；三是加快悦来"海绵城市"基金的推进工作，积极寻找意向投资人，推荐"海绵城市"项目，配合悦来公司完成PPP项目的立项、审批、招标等工作。

第二十七章 小额贷款公司

一、重庆市瀚华小额贷款有限责任公司

(一)2015年运营情况

2015年,重庆市瀚华小额贷款有限责任公司(以下简称"瀚华小贷")稳步探索互联网时代小额贷款公司新的业务模式,各项工作均有所突破。

2015年,瀚华小贷经营情况如下。

1.业务规模

截至2015年末,瀚华小贷贷款余额为17.33亿元,年累计发放金额36.83亿元,累计发放笔数6210多笔,实现营业收入2.72亿元,完成年度收入目标95%。

2.主要经营指标

瀚华小贷资产负债率为61%,总资产利润率6.5%;净资产收益率15%,经营趋于稳健,有能力应对风险。

表27-1 瀚华小贷2015年主要经营指标

单位:万元

项目	2015年	2014年	增减额	增减率
营业收入	27160.86	24342.44	2818.42	11.58%
营业税金及附加	1275.52	1338.83	－63.31	-4.73%
业务及管理费	4127.90	4073.14	54.76	1.34%
资产减值损失	2487.93	1449.64	1038.29	71.62%
所得税费用	1687.50	2205.74	－518.24	-23.50%
净利润	10036.87	12475.86	-2438.99	-19.55%

(二)产品、服务及模式创新

1. 渠道营销、网络升级,全面提升市场影响力

2015年,瀚华小贷继续坚持主动营销与批量营销方式,加大在重庆主城专业市场的营销深度和力度,将专业市场增扩至90余个,与各类商会协会组织签订战略合作协议并加入商会协会。同时进一步规范现有客户的维护工作,刺激转介业务的发展。

2015年,瀚华小贷积极运用"互联网+"技术自主开发了"瀚华通"信贷平台。通过手机APP实现贷款申请、查询审批进度,同时进行客户管理。客户在"瀚华通"填写申请并提供资料后,小额信贷实现了平均3天、最快3小时放款。2015年,瀚华小贷通过互联网平台实现放款近5000万元,累计客户近400名。

2. 转型发展、生态建设,"伙伴金融"全面铺开

2015年,瀚华小贷审时度势提出了"伙伴金融"转型升级发展战略,以资源共享、利益共享、风险共担的模式大力发展推进金融生态圈建设工作。2015年8月,在取得全国范围内互联网信贷牌照后,瀚华小贷与国内B2B著名电商平台慧聪网结成战略伙伴关系。由此,瀚华小贷首次涉足互联网电商领域的普惠金融服务,将为慧聪网近3000万企业注册会员提供小额贷款互联网金融业务,极大提升旗下金融服务平台产品的多样性与竞争性。同年10月瀚华小贷与吉屋、房利通签署伙伴合作协议,瀚华将向与房利通母公司吉屋平台合作的地产楼盘购房消费者发放贷款产品。同年12月,瀚华小贷成功与全国知名的金蝶软件签署伙伴合作协议,瀚华对金蝶开发三种产品:针对金蝶用户的金数贷,以及即将出台的金蝶经销商贷款、金蝶员工贷款。全国性互联网平台和财务软件平台的成功开发,全面拓宽了公司业务范围,瀚华小贷也将以此为契机,在进一步拓宽业务范畴的前提下,助推"伙伴金融"生态战略,实现公司向多元化及综合化业务模式转型升级。

3.丰富微贷技术,优化风险控制体系

加强业务评审,实行流程化和专业化评审作业。规范了业务操作,实行评审限时制,实施分级授权、开发,运用了专家评分表量化工具,推进主动授信业务,强化了经营风险、服务和快捷观念,切实防范了信用风险。设置审查、分析、监控、清收专岗,明确相关流程,较好履行了放款审查、法律审查、贷款清收、信贷资产分析等工作,防范信贷风险,确保了贷款资产质量。风险文化也得到了较好的传播和实施。

4.拓宽融资渠道,以更优资金带动普惠发展

瀚华小贷积极探索融资新渠道,同业拆借发生额0.5亿元,金交所通道模式融资0.58亿元,非金交所模式资管计划模式融资5.8亿元,同时实现小额贷款资产证券化模式(ABS)融资3.5亿元,积极参与金融办融资讨论,打开了小额贷款公司在银行及金交所渠道外新的融资途径。瀚华小贷在获得更低成本资金后,主动扩大业务规模、降低客户融资成本。2015年瀚华小微贷款业务平均利息及手续费率比一年前下降了近10%。

5.借力大数据建设,全面提升运营管理能力

瀚华小贷以提高管理效率和增强公司业务系统及综合管理系统的实用性为核心积极开展信息化建设工作。在大数据移动时代形势,推出"瀚华通"微信公众号,实现在线申请贷款及查询审批进度、还款记录的基础上,2015年7月,瀚华小贷与甲骨文(全球最大的企业级软件公司)、纬创(世界一流ICT产品和服务ODM领导厂商)合作的CRM系统及与安硕科技(中国领先的金融信息系统产品及服务提供商)合作的信贷业务系统的正式签约,标志着信贷系统建设工作进入全面提速阶段,也为解决移动数据时代客户关系管理、统计分析等功能需求奠定了坚实的基础。

(三)2016年经营目标及工作安排

1.2016年经营目标

瀚华小贷独具特色的信贷模式已经成熟,行业影响力已经凸现,下一阶段的重点将是以"资金、市场、网络"为三大核心资源,以标准化、可复制的运营模式为核心竞争力,进一步创新产品、提升服务,加快网络布局。

瀚华小贷2016年的主要经营目标是(基于不增加注册资本金的情况下):

(1)年末在贷客户数量达到4200户;

(2)年末贷款余额达到189000万元;

(3)全年经营收入达到30000万元;

(4)人均管理资产1000万元。

2.2016年工作安排

(1)强化内控管理,提高企业运行质量

2016年,瀚华小贷将继续开展内部控制制度完善工作,制定和推行相关管

理制度,进一步加强公司执行董事、监事以及高级管理人员的法律意识和诚信勤勉意识,努力促进企业管理制度的规范化、标准化和精细化。进一步做好风险控制工作,强化风险管理体系,从制度上规避、控制、化解信贷风险,保障信贷资金安全;强化资金管理和财务控制力度,提高资金使用效益,进而改善公司运行质量,提高公司盈利水平。

(2)丰富推广模式,助推业务创新

一是网络推广,联动营销。以全国互联网信贷牌照为抓手,依托"瀚华通"平台及专业APP开发合力作用,通过设立产品研发中心,细分市场,以缩短产品的决策流程来快速适应客户需求。

二是渠道创新,借助政府小微企业资源平台,提升品牌形象。

三是机制推动,建立公司代理合作机制、数据服务合作机制和个人代理营销机制,优化内部激励机制,推动内部效率与外部营销更好的结合。

四是在传统流程及工作方式基础上,以行业及专业市场为核心,借助职能部门的支持,助推业务上量,全面创新。

(3)完善人才机制,构建特色培训体系

一是进一步完善人才机制,在人才的选拔、培训、辅导及晋升激励上,都将更加标准化和制度化。

二是加大管理能力的培训,为未来的机构扩展储备将才。

三是贯彻员工提升和成长计划,组织员工进行金融专业技能学习,完善公司人才的知识结构,扩大公司的人才储备边界,也吸引多行业人才的加入。

(4)提升服务意识,落实服务理念

在工作中进一步落实服务的理念,努力改进工作中存在的问题,真正做到为客户和前台业务人员服务,并逐步向服务营销方向发展,为公司创造价值。并结合公司"信用、简单、快乐"经营理念,组织实施各项客户公关活动,组织实施客户信息激励计划,加强客户忠诚度。

二、富登小额贷款(重庆)有限公司

富登小额贷款(重庆)有限公司(以下简称"富登小贷")成立于2011年4月之日,服务年营业额在6000万元以内的个体工商户及小微企业。针对该群体"金额小、时间短、频率高、要得急"以及没有合格抵押品的特点,在产品设计上面,突出根据客户需求做出自由组合,配搭不同金额期限以及价格,满足要求;在流程安排上,以方便客户的简捷流程为主要考核指标;在审批制度上面,依据客户的现实经营,根据客户能提供的经营材料为审批依据;通过量身定制,达成解决目标客户群具体问题的目的,进而解决融资难题。

(一)2015年业务运营情况

1.整体情况

富登小贷的产品以有抵押贷款为主,同时积极推动小额信用贷款的发展,为客户提供了灵活多样的产品。同时富登小贷其中75.8%的资金发放给了中小微客户,符合重庆市的产业结构,很好地支持了重庆市"草根经济"的发展。截至2015年末,富登小贷累计为6086户小微企业提供了融资服务,完成放款35.5亿元,贷款余额为9.07亿元。从贷款产品的分布来看:有抵押占比为79.8%,无抵押占比20.2%;从贷款的行业分布来看:商贸流通业为26.0%,建筑业为24.0%,工业为19.3%,住宿和餐饮业为2.2%,交通运输及仓储业为18.7%,农业为1.8%,房地产业为0.2%,其他行业为7.8%。

富登小贷的贷款客户都是经营性客户,平均单笔放款额度仅为58万元,实实在在做到了支持民营经济特别是中小微型企业的发展。富登小贷的平均贷款周期为23个月,最长可达5年,这与富登小贷的客户经营周转实际所需的周期相匹配,为企业提供了有效的资金支持。

2.制度执行情况

富登小贷致力于为小微企业提供优质的"淡马锡微贷金融服务模式",改变小微企业这一群体在金融服务领域未获得充分重视与有效服务的现状。富登小贷通过经营模式的创新、业务流程的优化、风险管理的本地化、人员的培训,为低收入的大众客户开辟可靠的融资途径,让商业银行未完全覆盖的客户群体能够真正享受到正规的融资渠道与简便快捷的融资体验。

富登小贷严格守住小贷公司发展的"三条红线":不非法集资和非法吸收公众存款,不发放高利贷,不暴力收贷、非法收债,严格地在政府的规章制度下发展业务。

3.灵活定价机制

富登小贷设计产品时,严格遵守国家及地方的法律法规,在利率设定上根据国家基准利率标准,采用不同客户给予不同价格的客制定价制度。富登客户风险评级系统根据客户的经营情况、所在行业、抵押物、客户历史征信记录等信息,综合评定客户资质,然后匹配不同的价格;同时,考虑到一些扶持行业,在价格的定制上,富登小贷也会对特定行业做出特定定价,以帮助目标客群达成融资目标。

4. 团队建设

自富登小贷落户重庆以来,团队从最开始的不到10人,发展到目前的200多人,其中92%的员工为重庆本地人士,16%具有银行从业经验,24%具有非银行金融机构从业经验。

(二)风险控制情况

富登小贷一直秉承"淡马锡微贷模式"的精髓作业,通过定位小而分散的客户群,做到在既定的风险容忍水平内,提高效率,扩大规模,降低成本,既满足了小微企业客户信贷融资的"短、频、急"需求,又能使企业自身实现发展。2015年尽管由于经济持续下行,富登小贷不良率有所抬头,为6.06%。由于富登公司财务透明,严格按照逾期天数进行五级分类,不良水平在当前仍属行业较好的情况。

1. 风险控制理念

富登小贷的核心风险控制理念主要由以下几个部分构成。

(1)宏观的政策风险和经济风险为纲

富登小贷的信贷业务是在对国家、地区及行业的政策和经济情况的充分分析的前提下而开展的,每季度需要对国家和区域的经济情况做出相应评级。根据评级的结果,指导富登小贷在各个省开展业务的风险偏好。

(2)信贷风险、操作风险、流动性风险、欺诈风险并重

全世界范围内,单一因为信贷风险而使公司蒙受巨大损失后倒闭的小额贷款公司并不多见;反而,因为缺乏操作风险管理、流动性风险管理、欺诈风险管理而使公司破产的现象却屡见不鲜。所以,对于富登小贷,信贷风险绝对不是唯一要关注的风险。其他相关的风险,也有专门的委员会或子部门负责管理。

(3)以信贷政策为核心建立起风险管理的框架

富登小贷风险的框架边界是由信贷政策引导。该信贷政策约定了富登小贷的目标市场(利基市场)、准入要求、审批要求、文档管理、抵押物接受与管理等。该信贷政策基本决定了富登小贷做什么业务,做多少业务,风险损失容忍的比例区间。

(4)端对端的流程标准化模式

采用流程标准化模式,把信贷业务发生的每一个动作都写进流程图并配以指导说明。富登小贷设计了上千个流程,覆盖了信贷业务领域的各个环节,使其得以标准化。

(5)八大风险管理支柱部门

富登小贷风险管理架构的八大支柱部门包括:政策部门(情景规划)、审批部门、评估部门、资产组合部门、预警部门、催收部门、信用恢复部门和资产保全部门。

2. 风险控制措施

富登小贷的风险控制措施在以下方面得以充分体现。

(1)完善的授信政策和线下业务模式

将客户主要分为小微企业(10万~2000万元年营业额)和中小型企业(2000万~6000万元年营业额),对应的授信政策引导客户准入标准和客户选择标准。目前线下贷款业务模式的主要体现在:一是根据贷款人行为特质以现金流为第一还款来源,以抵押担保品为第二还款来源进行贷款(注重第一还款来源);二是采用分权式授信;三是高度依赖"市井观察"情报来控制信贷风险。

(2)持续开发和运用CRM系统和审批系统

使用客户管理系统CRM系统收集客户和贷款信息,形成大数据库;使用客户采集/集中贷款审批系统FinnOne系统,每一笔贷款申请、贷款审批、贷款发放前的合同审核,放款活动都已经全部实现线上系统集中作业,无地域性限制。

(3)对接外部数据平台

已完成与中国人民银行征信查询系统对接,可在非常短时间内取得客户征信报告查询结果。已实现即时将征信报告内所有信息抓取,准确地将数据信息传输至信贷审批人员的审批工具内,从而判断客户是否符合准入条件,继续流程或直接拒绝掉不符合条件的客户。

(4)内部数据的运用和贷款打分卡模型

富登CRM客户管理系统内的大数据库已累计了数十万个客户信息、上万笔存量贷款。通过后台的资产质量监控数据库,富登小贷对发生贷款逾期的客户进行了行为分析和数据分析,制定了客户打分卡评级模型。打分卡评级模型主要结合了客户的基本信息、征信信息、财务信息三个维度从而进行打分评级。

　　客户特征：包含的信息点有从业时间、年龄、受教育程度、婚姻状况、性别、营业场所、居住/户籍信息等。

　　财务属性：包含的信息点有贷款负担率、应收账款率、周转率、利润率、抵押品、抵押率等。

　　征信表现：包含的信息点有信用卡使用情况、偿还情况；贷款余额、偿还情况；最近的逾期表现；过去12个月逾期情况；过去12个月逾期次数等。

　　未被囊括的第四个维度包含了交易行为以及生活方式的信息。

　　模型针对有抵押、无抵押、新客户、老客户、大金额客户、小金额客户都有差异化的评级信息点以及不同的打分权重。客户的打分评级通过四个等级展示：由好至坏分别为绿灯、黄灯、红灯、灰灯。通过该灯号评级模型，富登小贷把客户分为8个（无抵押）或9个（有抵押）等级，每个等级客户对应的预期损失率都不一样。在操作层面，富登小贷能够看到每个客户基于该等级划分而成的绿灯、黄灯、红灯、灰灯，并依此出具审批决策和客制利率。

　　通过以上方式，构建客观全面的客户信息评级体系，集合互联网数据与中国人民银行的个人征信系统，实现风险控制目标，促进信贷业务有序发展。

　　（5）早期预警系统

　　通过系统科学规范的方法识别资金风险，提高资产质量和风险管理水平，增强对风险的自我防范，促进与客户和社区关系的健康发展。信贷损失发生之前，根据以往总结的规律或观测得到的可能性前兆，向风控部门发出紧急信号，报告危险情况，以避免危害在不知情或准备不足的情况下发生，从而最大程度地减低危害所造成的损失。

　　3. 贷后催收

　　富登小贷贷后管理人员主要从客户的经营情况及潜在商机、最近生活情况、社会及环境风险核查、是否有其他早期预警风险信号等维度进行贷后拜访，采取不同强度的催收策略以保证逾期贷款的回收。

　　富登小贷对于贷后客户管理也拥有独特的客户催收评分卡。后台系统可以在客户申请贷款、更新征信数据、偿还贷款等时间节点定期获取客户的信息，包括征信信息、还款信息，以及其他信息来源。客户信息变更后，其对应的灯号等级可能发生相应的变更。客户灯号发生变更后，根据不同的灯号级别，客户催收评分卡会在系统内激活不同的贷后催收策略。

4.反欺诈策略

富登小贷的每一笔贷款业务,除信贷审批人员需要完成审批流程外,反欺诈调查人员会同时进行调查工作,运用业务独特的反欺诈策略,从客户信息真实性、文件资料真实性、贷款用途真实性多维度进行核查。

富登小贷在内部网络系统内设置了反重复申请的防欺诈流程,无论是线下还是线上客户向富登小贷申请贷款,都需要通过反重复检查机制。反重复机制包括了对客户的所有基本信息检查,如姓名、电话号码、身份证号码、营业执照号码、经营地址、居住地址等特别信息。若客户被识别有欺诈行为,将被后台记录并且加入黑名单,不得再向富登小贷申请贷款。

(三)产品、服务及模式创新情况

在产品设计上,富登小贷将客户群的实际情况作为设计出发点,在产品中体现小额、快速、便捷的贷款服务特点。为应对2015年的整体经济下行,富登小贷推出了一系列抗风险但具市场竞争力的产品:富登物业贷、富登银联贷,有效地保障了资产质量的安全、提升了贷款产品设计的针对性、灵活性。这两款产品分别依托借款人在银行的借贷信用及房屋资产状况为抗风险屏障,通过区别于一般的信贷审批流程的快捷审批,抓住核心风险点,给予客户发放10万元至50万元不等的贷款。另外,为了保障的资产质量、维护优质老客户,富登针对优质老客户推出了"老客户续杯计划"——在当前贷款尚未结清之时,根据还贷情况补充发放贷款,满足客户需求,该计划提供简化审批环节、不仅提高了审批时效,还一次性给予优质老客户贷款金额放大、贷款价格优惠等回馈。

2015年开始,富登小贷专注小微企业的经营性贷款的同时,积极支持"三农"与小微实体经济。通过对农业经济的调研,并结合行业发展,富登小贷推出了了村产权抵押贷款,花卉种植户支持方案等有针对性的产品及服务,有效地扶持了"草根经济"的发展。

在消费金融领域,在响应国家号召的同时借鉴行业中优秀的消费金融产品,以各省、分公司为单位,积极调研、推陈出新;同时,积极与非金融行业企业(如用友财务软件公司、满堂红中介公司、第三方支付公司等)开展战略合作,拓宽客户群体与市场份额,在2015年下半年推出了适合当地市场的消费性贷款产品。在产品设计上针对工薪阶层,富登消费金融产品平均贷款金额在10万元左右,贷款期限为18个月以内,以满足以工资为主要收入的客户群体。同时,针对其他客群,也推出了以房屋按揭为基础的"房乐贷"产品,产品上限30万元,期限最长36期。产品设计旨在更大程度地弥补工薪阶层围绕"衣食住行玩"产生的各类消费缺口。

互联网在消费金融领域中的快速渗透,带来了新的技术形式与风险管理模式。2015年,富登小贷紧跟形势迎合市场需求,推出了线上申请审批的个人消费贷款产品,单笔贷款金额5万元以内,贷款期限24个月以内,正式开启了将传统消费金融模式注入互联网元素的模式。富登小贷也计划在未来更多地在互联网消费金融领域积极探索,让传统消费金融模式在互联网的推动下,满足客户对服务体验的更高需求。

三、重庆市涪陵区金诚小额贷款股份有限公司

(一)2015年经营情况

截至2015年末,重庆市涪陵区金诚小额贷款股份有限公司(以下简称"金诚小贷")资产总额174207.02万元,比上年同期的199627.86万元减少了25420.84万元,下降12.73%。其中贷款余额162509.42万元,比年初188701.81万元减少26192.39万元,下降13.88%。全年实现营业收入29215.5万元,比上年同期34574.58万元减少5359.08万元,下降15.5%。全年实现净利润12733.52万元,比上年同期19194.93万元减少6461.41万元,下降33.66%。净资产收益率为13.67%,比上年19.28%下降5.61个百分点。缴纳国家税费共计4053.26万元,比上年同期6346.07万元减少2292.81万元,下降36.13%。

全年累计融入资金34000万元,年末融资余额71000万元,比上年同期87700万元减少16700万元,下降19.04%;全年度月平均融资余额为76112.5万元,比上年同期64504.17万元增加11608.33万元,增长18%;全年融资成本率为13.51%。

(二)融资、风控及人才队伍建设情况

1.强化融资工作

截至2015年末,金诚小贷在各金融机构融资余额71000万元,其中重庆三峡银行融资24000万元,兴业银行融资13000万元,其他金融机构融资34000万元。年末融资余额较年初的87700万元下降了16700万元,本年度月平均融资余额为76112.5万元,比上年同期月平均融资余额64504.17万元增加11608.33万元。

（1）通过兴业银行融资

2015年，融资工作开展举步维艰，但经与兴业银行涪陵支行的共同努力，取得兴业银行两年期内部授信13000万元，由担保公司提供担保（其中：兴农担保公司担保8000万元、渝台担保公司担保3000万元、教育担保公司担保2000万元），额度降低了2200万元。

（2）依靠融资担保公司填补资金缺口

2015年初，金诚小贷在金交所融资余额18000万元。成功地与两江新区融资担保公司建立了合作关系，获得授信7000万元，6月在金交所成功发行了5000万元，填补了进出口担保公司退出的缺口。通过提供债权质押，取得重庆进出口担保公司续授信2000万元，缓解了资金紧缺压力。为进一步扩大融资渠道，金诚小贷积极与教育担保公司寻求更多的合作方式，获得4000万元的担保授信（含兴业银行融资担保的2000万元），授信期限三年，总成本在12.5%以内。

（3）调整融资期限，确保融资长期稳定

一是继续加大力度调整金诚小贷融资期限，合理配置短期及中、长期融资的额度。金诚小贷2015年与兴农担保公司签订了8000万元三年期的担保授信，年末三年期融资额达到56000万元（含担保额），占融资总额的78.87%。较大程度缓解了每年归还银行贷款而产生的压力，提高了资金使用率，增强了融资总额的稳定性；二是在现有融资规模的基础上不断发展、创新其他短期融资产品，为保持金诚小贷充足的现金流提供了有力补充；三是根据现有的融资期限结构，科学制定各项贷款期限，使金诚小贷资金的放与收、进与出保持合理协调。

2. 强化风控工作

2015年累计发放贷款187954.77万元，累计收回贷款214147.16万元，贷款余额162509.42万元，共766笔。其中正常类贷款150190.19万元，关注类贷款7871.92万元，次级类贷款1545.44万元，可疑类贷款2901.87万元，不良贷款占比2.74%[1]。金诚小贷根据经济下行的严峻形势，对信贷投放、贷款管理进行了相应调整，主要以控制贷款风险、清收不良贷款为主，具体从以下几方面抓起。

（1）调整信贷投放方向，有效规避风险

2015年，小贷行业风险逐渐显现，信贷风险明显增加，不良贷款呈上升趋势，为了规避风险，针对风险较大的板块金诚小贷采取只收不贷的策略，进一步

---

[1]如果按照《重庆市小额贷款公司贷款风险分类指引（试行）》的分类标准，公司的不良贷款余额为197.31万元，占比为0.12%。

强化存量贷款管理。同时,金诚小贷积极创新信贷业务,与泽胜旅游地产开发公司开展合作,为购房者提供贷款,为确保资金安全,与该公司多次对房贷操作模式进行调整、优化,确保操作简便,资金安全。该产品的开发为金诚小贷挖掘到更多的客户资源,有效地拓展小贷业务。全年共发放该类贷款185笔,金额1976万元。

（2）做好存量贷款管理,加大欠息催收力度

金诚小贷自2015年7月调整信贷投放后,加强存量贷款的管理,加大到逾期贷款及欠息客户的催收力度。成立了以业务部、风险部组成的5个催收小组,采取上门、人跟人等催收方式,做到贷款催收全覆盖,期间收回不良贷款本金659万元,及时收回欠息1591万元。同时通过清收对部分贷款的情况进行了详细的摸底,为下步的诉讼清收做好了准备。

（3）依托法律手段加强不良贷款清收、大额资产处置

为了化解金诚小贷不良贷款,借助法院加大对积案执行力度的机会,通过与客户的多次协调,化解了不良贷款580.64万元。2015年初,金诚小贷重点客户五一实业集团出现重大的风险,金诚小贷进行详细调查,多次与五一公司、独山担保方及当地政府协商还款事宜。在多次协商未果的情况下,依法申请仲裁,在裁决送达生效后,申请法院强制执行。

（三）2016年经营目标及未来展望

2016年金诚小贷将及时调整经营策略,进一步加大融资力度,保证充足的资金流,高度重视风控工作,确保金诚小贷信贷资产安全。主要从以下几个方面开展工作:

1.开拓融资新渠道,创新融资方式

金诚小贷在2016年所需归还的贷款总额较高,累计需41750万元,2016年的融资工作将面临更大压力。要确保健康发展,必须保证资金链不出现断裂,需要加大融资力度,努力开拓新融资渠道,创新融资方式。

2.调整信贷策略,加强存量贷款管理

由于受到融资环境的影响,金诚小贷2016年整体运营资金将降低,需要调整信贷策略,加大存量贷款的管理,加大收息力度,针对高风险板块,继续采取只收不贷的策略,规避信贷风险。

3.加大本息催收力度,执行全员绩效考核

2016年要进一步加大本息催收力度,为建立良好的激励机制,调动员工的工作积极性与工作责任心,加大利息催收力度,将全部贷款利息催收任务分解,自上而下逐笔落实责任人。

4.合理控制费用支出,降低经营成本

在保证业务正常运营下,尽可能降低和控制各项费用支出,对非必要支出部分更是要严格管理,严格财务管理制度,杜绝浪费。

第二十八章　互联网金融机构

一、重庆联付通网络结算科技有限责任公司

重庆联付通网络结算科技有限责任公司(以下简称"联付通公司")成立于2012年,是重庆联交所集团旗下独立的第三方支付机构,专注于司法拍卖、国有产权交易以及电商领域的互联网支付业务,致力于建设具有公信力的互联网第三方支付平台,为客户提供安全、快捷、用心的第三方支付服务。重庆联交所集团是重庆地区首家拥有互联网支付牌照的国有企业,也是全国唯一一家具备互联网第三方支付许可资质的国有产权交易机构。

(一)2015年运营情况

2015年,联付通公司结算金额总计272.39亿元,同比增长12%,结算3万余笔;截至2015年,联付通累计结算资金超900亿元。2015年,联付通开展产权交易融资服务,成功融资15笔,融资金额近千万。

(二)服务实体经济情况

1. 服务概况

联付通公司作为互联网第三方支付平台,致力于服务实体经济,借助互联网技术降低政府、企业、个人直连银行的成本,满足各级市场的交易需求。目前,主要的服务体系包括:

(1)为司法拍卖提供结算服务

联付通公司承接重庆市高级人民法院司法拍卖保证金、价款、服务费的资金结算业务,全市46个中级和基层法院司法拍卖均通过联付通进行网上资金结算,有力地促进了重庆法院司法拍卖公开、公平、公正、阳光、规范、便民。2015年,联付通积极推动网上司法拍卖交易结算向全国延伸。目前,已在河北省法院试点成功。承德市中院和11家基层法院司法保证金和价款全部通过联付通公司进行网上资金结算。

（2）为国有产权交易提供结算服务

依托重庆联交所集团的"自主挂牌、自愿报名、自由竞价、自动结算"电子商务互联网竞价系统，联付通积极开展国有产权交易第三方支付结算服务。

（3）为其他市场提供结算服务

2015年，联付通公司加快开拓市内外第三方支付电商平台市场。截至2015年末，已与联付通公司签约合作的商户累计有23家，其中8家是电商网站（1家B2B、3家B2C）。

2. 实体案例

联付通公司凭借强有力的公信力背景和自身实力，目前已拥有大量良好的服务实体经济的案例。

（1）司法拍卖

表28-1　联付通公司服务司法拍卖案例情况

代表案例	行业现状	接入联付通
重庆市46家各级人民法院等	①特殊行业，创新难度大，业务流程复杂；②对账繁琐，人力成本高；③报名人信息有泄密的风险，保密性差	①支持灵活多样的结算方式，满足各类需求；②账务核对支持多种选择，降低成本，效率高；③信息加密，有效防止信息泄密
河北省承德中院及11家基层法院		

（2）产权交易

表28-2　联付通公司服务产权交易案例情况

代表案例	行业现状	接入联付通
重庆联合产权交易所集团	①资金往来频繁，线下转账成本高；②企业财务报表繁多，对账繁琐；③信息流与资金流割裂，交易管理和执行效率低；④交易金额额度高，安全存在隐患	①提高资金交易效率；②降低各环节的财务成本；③提升企业统一信息水平；④信息加密，数字签名，安全有保障
重庆碳排放交易中心		

（3）公共事业

表28-3　联付通公司服务公共事业案例情况

代表案例	行业现状	接入联付通
水费、电费、燃气费、行政缴费、教育交费、交通罚款	①办公大厅拥挤,排队严重; ②交易繁多,交易量大,财务成本高,对账繁琐; ③沉淀资金无法得到优化利用; ④网上缴费、办事已成为大趋势	①实现网上缴费,方便客户; ②支付结算更加灵活,整合资金流与信息流; ③帮助企业进行资金管理,实现收益最大化; ④提升信息化水平,顺应时代发展

（4）电商平台

表28-4　联付通公司服务电商平台案例情况

代表案例	行业现状	接入联付通
重庆渝欧跨境电子商务有限公司:西港全球购 重庆保税港区进出口商品贸易有限公司:爱购保税平台 重庆渝百家连锁超市	①电商平台初创期,利润较少,无力承担高昂的财务和人力成本; ②交易量大,实时性要求高,对账繁琐; ③资金划转要求安全,方便,快捷; ④对付款银行数量有较高的要求	①相比行业其他三方支付,费率较低; ②一站式代收付,效率高、时效快、对账简单明了; ③金融级别安全保证,交易更安全; ④基本覆盖全国性主要商业银行

（5）互联网金融服务

表28-5　联付通公司服务互联网金融服务案例情况

代表案例	行业现状	接入联付通
重庆惠民金融服务有限公司:联保通 重庆兴农鑫电子商务有限公司:贷贷兴隆	①市场道德风险频出,部分P2P平台涉嫌诈骗、资金池、非法集资等风险; ②电子支付行业存在营运模式不清晰,风险控制不严格,参与者水平良莠不齐等问题,行业规范急需加强; ③投资客户年龄以及职业跨度大,网上划款投资操作繁琐,资金安全风险高	①严谨的平台准入和风控审核机制,引导合规平台营运; ②资金托管稳定可靠,保证参与者的投资安全,符合监管要求; ③专业可信的第三方支付平台,操作简单易懂,资金划转全程加密,安全高效

(三)产品、服务及模式创新情况

联付通公司拥有中国人民银行颁发的互联网支付第三方支付牌照,依托于不断更新发展的互联网支付技术,在产品、服务以及业务模式上不断创新,以提升联付通品牌优势。

1.现有业务模式

联付通公司的业务模式主要分为账户支付模式和网关支付模式两种:

(1)账户支付模式

联付通公司的账户支付模式又可细分为银行账户模式和支付账户模式两种:

银行账户模式是指付款人通过联付通平台向开户银行提交支付指令,直接将银行账户内的货币资金转入收款人指定账户的支付方式,类似于快捷支付。

支付账户模式是指付款人直接向联付通平台提交支付指令,将支付账户内的货币资金转入收款人指定账户的支付方式。支付账户是指支付机构根据客户申请,为客户开立的具有记录客户资金交易和资金余额功能的电子账簿。根据账户开立主体不同,分为单位支付账户和个人支付账户两类。

(2)支付网关模式

该模式是联付通公司与各大银行签约的方式。此模式能提供与银行支付结算系统接口的交易支持平台。联付通公司当前在为重庆联交所集团的业务所做的支付结算就是采用这种模式。

2.品牌优势

(1)强有力的公信力背景

联付通公司为重庆联合产权交易所集团全资子公司。重庆联合产权交易所作为全国四大产权交易机构之一,是市属重点全资国有企业。2015年集团交易规模达1280亿元。

(2)丰富的行业解决方案经验

联付通公司致力于提供互联网B2B、B2C、P2P等支付服务和解决方案,在国有产权交易、诉讼资产交易、金融行业、社会公共行业等多个领域都积累了丰富的经验,为客户提供安全、便捷、高效的网络支付解决方案。

(3)健全的支付通道,较低的结算成本

联付通公司与全国性主要商业银行建立了支付通道,网上汇款、付款极为便捷。与联付通公司对接等于对接了多家银行,避免了商户与银行对接带来的巨大的建设和维护成本。同时,支付成本较与银行直接对接更低。

（4）稳定的运维体系

联付通公司拥有专业的运维团队，系统和数据中心机房建立金融级的硬件设施和管理制度，为客户提供更安全、更放心的服务。

（5）安全的信息保障

联付通公司和客户间的信息交互采用网络专线或SSL加密隧道，以及通过电子签名方式，保证传输信息的安全性和私密性，为用户提供专业的信息安全服务。

（6）灵活的定制化服务

联付通公司可根据客户的要求定制个性化的支付结算服务，并随着商业模式的不断创新提供更为灵活的服务。

（四）经营目标及未来展望

未来，联付通公司以"一体两翼"为发展战略，即以拓展全国司法拍卖结算为主体，以市属国企结算、其他市场结算需求为两翼合规经营、创新发展，加强风险管控、行业合作和业务创新，不断提升支付能力，加大产业发展。

1. 强力推进网上司法拍卖向全国延伸

依托人民法院诉讼资产网，加快拓展诉讼延伸业务，与多个省、直辖市、自治区法院建立合作关系，快速抢占细分市场。

2. 不断加强支付市场开拓

积极对接第三方支付商户，加快推进商户上线交易结算，提升商户活跃度，不断扩大发展商户的数量和类型，进一步提高联付通品牌影响力，打造品牌核心竞争力。

3. 深入探索创新综合性金融服务

结合支付能力和市场发展方向，在遵循现行法律制度框架下，开展互联网金融创新，利用互联网技术优势，打造联付通平台的综合性服务能力，为用户创造更大的价值。

二、重庆金宝保信息技术服务有限公司

（一）基本情况

重庆金宝保信息技术服务有限公司（以下简称"金宝保"）是由全资国有大

型综合性担保集团三峡担保集团和金融软件开发高新技术企业重庆正大华日软件有限公司共同出资设立,经三峡担保集团股东重庆渝富资产经营管理集团有限公司、中国长江三峡集团公司、国开金融有限公司根据有关法人治理决策程序审议同意,重庆市工商行政管理部门依据相关法律法规批准设立的互联网在线融资担保平台。

"金宝保"成立于2014年5月15日,注册资本金3000万元。其中重庆三峡担保集团股份有限公司占股51%、重庆正大华日软件有限公司占股49%。平台自上线以来,以"助力实体经济发展,缓解小微企业融资难题"为服务宗旨,秉承"政府引导、市场运作、国有担保、技术支撑、扶助小微"的经营理念,架起了小微企业与投资者之间合规、安全、高效、透明的投融资桥梁。

(二)2015年运营情况

1.助力实体经济发展

截至2015年12月末,平台注册用户突破11万人、用户平均投资金额10万元,高净值投资者占比60%,累计发布担保项目750笔,实现助力实体经济总额突破30亿元,项目实现100%按期兑付。

2.内部管理工作

自成立以来,"金宝保"平台十分注重内部风险管理和夯实员工从业素质。一是规范业务操作流程,完成2015年度制度汇编,加强了员工业务实操培训;二是建立业务联络机制,提高内部各部门协同能力;三是提高信息安全防护能力,主动邀请和配合市公安部门,对平台系统信息安全进行全面测评;四是优化绩效考核,有效激发员工积极性。2015年平台严格规范内控管理制度体系,不断完善了团队文化和机制建设,提高了员工的专业技术技能,培养了员工良好的职业道德素养。

(三)产品、服务及模式创新情况

1."O2O模式"安全合规,实现线下传统担保业务与"互联网+"新业态的完美融合

"线下"是指三峡担保集团及其控股子公司按照其固有标准化业务操作和风险管理制度、流程,对网上发布的融资项目开展尽职调查、风控评级、信用担

保、保后管理等,确保项目真实、优质、可靠和投资人资金安全;"线上"是指互联网发布线下融资担保项目信息,并完成投资。

"金宝保"在O2O业务模式(见图28-1)开展过程中,坚持与重庆三峡担保集团及其控股子公司开展合作,由其提供连带责任保证担保,"金宝保"不设资金池,不自担保,从未通过网页、广告或者其他媒介宣传为借贷提供任何形式的担保责任。

图28-1 "金宝保"平台O2O模式

2. 资金闭环运作,开辟银担合作创新模式

"金宝保"平台首创多家银行在线直接支付结算模式,与中国银行、招商银行、重庆农商行开展友好合作,同时与中国银联开展代扣支付通道合作,投资者的资金将直接划入银行监管的项目专用账户,即时注入融资企业用于生产运营。"金宝保"平台账户不设置第三方支付中间链条环节,不设提现和充值功能,也绝不自设资金池或触碰任何投资者资金,所有资金流向透明清晰、有据可查,有效保障投资人资金绝对安全,同时也满足了融资企业安全、高效、低成本的融资需求。

3. 在线融资担保产品风险可控、成本可算

"金宝保"所发布的在线融资担保产品,均严格实行两级风险管控。

第一级风控是指,"金宝保"平台发布的所有投资产品均是三峡担保集团及分公司、控股子公司按照线下传统融资担保业务风控要求,从严从实对融资企业的经营状况、资信情况、公司实力等各个方面进行审查,并形成了从项目经理

至风险评审委员会的各级风险把控。截至2015年末,三峡担保集团先后制定了风险管控制度30余项,涉及项目开发、尽职调查、风险控制、费用管理等各个方面,全面覆盖了各项业务流程和风险控制环节,从制度建设上维护了风控管理目标的实现,保障了在线融资担保产品的真实性、优质性。

第二级风控是指,"金宝保"通过提高内控管理,从项目信息核对和风险信息提示、资金流转信息核对、配套文书法务审核、投资者教育等多个方面,对在线融资产品信息发布、交易撮合等多个环节进行风险管理,形成了从项目信息发布、交易撮合、项目档案管理、项目兑付等各环节风险管控。根据业务发展,"金宝保"先后修订了5个版本的内部风险管控制度汇编,已形成较为完善的风控体系。同时,根据三峡担保集团业务创新要求,凡业务创新均需报其发展研究部审核,认定为成本合理、市场广阔、风险可控的创新金融产品才可上线发布。

3.确保交易安全,网络技术水平行业领先

"金宝保"尤其注重网络交易安全,网站采用SSL认证和双链路冗余,同时持续投入信息安全建设,成为重庆市首批入驻两江新区水土高新技术产业园托管机房的互联网金融机构。"金宝保"在水土建立了同城灾备中心,搭建起安全、完善的灾难恢复体系,以保证业务数据准确性、可用性和保密完整性。2015年成为重庆市首家通过了国家信息安全等级保护三级安全测评的在线融资担保平台。

(四)经营目标及未来展望

未来,"金宝保"将围绕"综合金融及技术服务"发展战略,在国家相关监管政策指引下,依托三峡担保集团综合金融发展布局优势及体系资源,在现有平台业务基础上保持稳健发展、有序开拓、审慎创新,努力将金宝保平台打造成为互联网综合金融资产交易和服务平台。

三、重庆兴农鑫电子商务有限公司

(一)2015年运营情况

重庆兴农鑫电子商务有限公司(以下简称"兴农鑫电商")主要运营的贷贷兴隆平台自运营以来呈现整体稳速上扬趋势。截至2015年末,平台放款总额共计130106万元,其中平台放款额94163万元,借款户数459户,项目笔数711笔,还款项目达到66617.5万元,存续规模63488.5万元,所有项目全部按期还款,取得了良好的经营业绩。平台项目单笔最大金额500万元,最小金额10万元,平均单户发生额211万元,涉农项目占比超过65%。

(二)服务实体经济情况

兴农鑫电商在经营过程中,始终坚持以更好地深入"三农"、惠及"三农"为宗旨,通过规范的融资担保方式为"三农"、中小微客户与资金富余者提供居间撮合服务。2015年,兴农鑫电商资产端营销深入乡镇,真正做到了走入农村、服务小微。兴农鑫电商启动了农业专业市场营销和全面开展区县乡镇市场营销相结合,开辟了"助农惠农"通道,兴农鑫电商下派人员常驻区县,先后在多个区县建立了联系人机制,全面收集各乡镇农业项目信息,了解各乡镇的农业生产情况,及时掌握基层农业生产各主体对资金的需求,第一时间为基层农业生产提供金融服务,扩大了"贷贷兴隆"平台的影响力。

(三)产品、服务及模式创新情况

1.丰富投融资产品种类

平台新增机构标的功能使平台客户的投融资形式更丰富;并且对还款方式的种类进行丰富,在"按月结息,到期还本"一种还本付息方式的基础上增加了"按月结息,分期还款""等额本息还款"等还本付息方式,使投资人及"三农"、中小微客户的资金利用更加灵活;动产、汽车抵押、三权资产抵押等多种抵质押形式丰富了项目反担保措施设置的方式,使得"三农"项目的成功率和操作性获得提高,缓解了涉农客户用钱难的问题,大大提高了涉农客户在贷贷兴隆平台融资的便捷度。

2.积极推进符合监管要求的资金存管模式

2015年7月18日,中国人民银行联合十部委发布了《关于促进互联网金融健康发展的指导意见》,对互联网金融行业提出了规范性意见。贷贷兴隆全面启动了与相关银行资金存管业务的洽谈事宜并签订了合作协议,正在进行系统层面的对接,贷贷兴隆是重庆第一家成功推进银行资金存管模式的P2P平台,系统接入后将进一步提升用户体验和资金的安全性、透明度。

3.扶农助农渠道进一步拓宽

按照扶农助农的宗旨,结合兴农鑫电商调整升级的需要,兴农鑫电商全力打造的农产品交易平台——购购兴隆已于2015年12月上线,该平台实现了与贷贷兴隆P2P平台的互联和资源共享,平台先后上线农产品600余种,涵盖农资农具、生鲜农产品、包装食品及农业服务等各方面产品,入驻农业中小企业70余家,为真正解决"三农"问题、提高农民收益迈出了创新性的一步。

(四)经营目标及未来展望

兴农鑫电商致力于通过为涉农经济提供金融及产品交易的信息服务,以网络技术为支撑、资金借贷为切入点,引导社会闲散资金进入"三农"、中小微客户发展领域的同时,为生活资料和生产资料在城乡间的流转提供信息发布服务,为广大农业生产者切实解决农产品销售渠道问题。解决"丰产不丰收、谷贱伤农"的问题,解决农业融资难、融资贵的问题,解决农业生产效率低下的问题,提高对涉农经济的支撑力度,增强涉农经济的活力,掌握农业生产的供求信息,为农业生产提供指导,从而实现对"三农"的全面支持。

第二十九章　商业保理公司

一、重庆明德商业保理有限公司

(一)公司概况

重庆明德商业保理有限公司(以下简称"明德保理")成立于2014年3月,注册资本为2亿元,是重庆市第一家国有全资商业保理公司、重庆市商业保理协会首任会长单位、中西部首家国际保理商组织(IFG)会员单位。借助重庆对外经贸(集团)有限公司的雄厚实力及海内外公司的优质资源,明德保理现已与国内多家实力雄厚、信誉良好的商业银行、担保公司、保险公司和大型国有企业建立了良好的合作关系,可为国内外贸企业和中小企业提供贸易融资、企业资信评估、应收账款催收、分户账管理、坏账担保等保理业务。

自成立以来,明德保理结合市场需求先后设计了出口退税保理、有追索权的国际保理、有追索权的国内保理、有追索权的应收账款池保理等产品。明德保理累计发放保理融资款117笔,合计金额8.64亿元,先后为零售与批发业、进出口贸易、市政施工、制造业、医疗服务业、运输业、房地产业等多领域逾40家客户提供了融资服务。目前明德保理下设保理业务一部、保理业务二部、风险管理部、资金财务部、资料管理部、综合部等部门,现有员工27人,其中本科学历19人,研究生学历4人,中高级以上职称6人。

(二)2015年运营情况

1. 业务情况

明德保理2015年全年发放保理融资款85笔,合计金额7.14亿元,其中国内保理82笔、业务规模7.06亿元、占比98.88%,国际保理3笔,业务规模770万元,占比1.12%;均为有追索权保理业务,其中明保理2.01亿元,占比28.15%,暗保理5.13亿元,占比71.85%;融资期限均在1年以下,其中期限在6个月以内的业务占比85.57%。

截至2015年末,共有保理融资(未结清)26笔、金额2.1亿元,其中国内保理2.04亿元、占比97.14%,国际保理570万元、占比2.86%;明保理余额1.04亿元、占比49.52%,暗保理余额1.06万元、占比50.48%;融资期限在6个月以内的业务占比57.91%。

2.财务及经营指标

随着明德保理业务稳步发展,2015年9月,明德保理成功获得外经贸集团补充注资1.5亿元,注册资本增至2亿元。截至2015年末,明德保理资产总额2.19亿元,较2014年的1.12亿元增长95.54%;营业收入2706万元,较2014年末的488万元增长454.51%;发放保理融资款7.14亿元,较2014年的1.46亿元增长389.04%,整体运转情况良好。

(三)服务实体经济情况

明德保理服务范围包括:提供应收账款项下贸易融资、企业资信评估、应收账款催收、分户账管理、坏账担保等。

据重庆市商业保理行业协会不完全统计,截至2015年末,明德保理累计发放保理融资款7.14亿元,全年全市商业保理企业累计发生额61.35亿元,占比11.64%;2015年末明德保理保理融资余额2.1亿元,全市商业保理企业保理融资余额22.79亿元,占比9.21%,有效地支持了重庆中小企业的发展。

(四)产品、服务及模式创新情况

随着业务的稳步开展,明德保理还积极策划和实施创新性保理产品:与电子商务平台和第三方支付平台合作的互联网保理产品;与类金融平台合作的双保理、反向保理、再保理业务;与政府行业支付平台合作的保理产品;利用自身风控体系和风控团队为公用行业及其他企业提供销售分账户管理,应收账款管理与催收,客户资信调查与评估,信用风险担保等服务的其他保理产品。

在风险管控方面,明德保理建立了标准化的业务流程、清晰的内部管理制度和完善的五级风险管理体系,还先后引入保理融资款回款专户、远程监控系统、资料专职审核等手段,推动业务持续稳定发展。

二、重庆笔林道商业保理有限公司

（一）基本情况

重庆笔林道商业保理有限公司(以下简称"笔林道保理")成立于2014年4月，由重庆笔林道产业投资有限公司、重庆跨越(集团)股份有限公司、重庆惠工实业(集团)有限公司共同出资成立，注册资本金2亿元。

（二）2015年运营情况

2015年，笔林道保理已在机械制造、农业生产加工、物流、软件科技、医药医疗、文化创意等行业开展和储备了商业保理业务，各项业务均已步入健康发展的轨道。2015年累计保理业务规模3.8亿元，余额1.7亿元。

三、重庆市商信宝商业保理有限公司

（一）基本情况

重庆市商信宝商业保理有限公司(以下简称"商信宝保理")成立于2014年9月，注册资本金2亿元，其中国有股份占比35%，是一家国有相对控股的商业保理企业。商信宝保理是重庆城市交通开发投资(集团)有限公司2家控股子公司联合6家民营企业共同发起设立的一家混合所有制企业。

（二）2015年运营情况

商信宝保理主要业务在制造业、房地产、医药、商贸、旅游、工程等方面，截至2015年末，商信宝保理累计办理保理融资业务超过9亿元，保理业务余额为2.6亿元。

四、重庆市金科商业保理有限公司

（一）基本情况

重庆市金科商业保理有限公司(以下简称"金科保理")注册资本金3亿元，

股东包括财聚投资、太极集团、桐君阁股份、国跃贸易等17家具有丰富产业链的股东,股东实际控制6家上市公司,具有较强的股东背景和资本实力。

(二)2015年运营情况

金科保理支持实体经济发展,以产业链、贸易链节点企业为目标客户,以可循环、可持续性项目为经营重点,坚持走低风险、差异化的发展道路,追求风险可控的经济效益,实现"物流—资金流—信息流"的在线整合,力争成为有市场影响力、有品牌价值的国内一流的专业保理公司和互联网金融企业。2015年,金科保理主要业务在建筑、房地产、商贸物流等方面,累计保理业务规模16.4亿元,余额7.4亿元。

五、重庆重百商业保理有限公司

(一)基本情况

重庆重百商业保理有限公司(以下简称"重百保理")是由重庆百货大楼股份有限公司控股,会同重庆农畜产品交易所股份有限公司、重庆商社集团投资有限公司共同出资设立的国有商业保理公司。

(二)2015年运营情况

自2015年6月成立以来,重百保理积极建设专业化团队,实施专业化营运,以保理融资服务为桥梁,建立起与广大供应商企业"互相支持、抱团取暖"的新型商业合作关系,支持供应商企业旺季备货、淡季打款等商贸经营活动,支持供应商企业适应渠道变革和模式创新,支持超市生鲜企业开展农产品进城等民生商贸经营活动。重百保理开业以来,立足于优质买方企业可靠的信用能力和持续的偿付能力,以应收账款转让为基础,与近300家商贸企业建立起合作意向关系,为近50家中小企业提供保理融资1.55亿元,切实破解中小企业融资难、融资贵、融资慢的困境。

第三十章　其他金融机构

一、重庆银海融资租赁有限公司

(一)基本情况

1.公司简介

重庆银海融资租赁有限公司(以下简称"银海租赁")是商务部、国家税务总局2006年4月批准的全国第二批、西南地区首家内资试点融资租赁公司,是重庆渝富资产经营管理集团有限公司核心子企业,注册资本12亿元。截至2015年末,银海租赁总资产31.71亿元,净资产14.13亿元,2015年度实现净利润1.12亿元。

银海租赁股权结构多元化,现有股东中既有市属国有重点企业重庆渝富集团,也有市场化股权投资基金弘银基金和优秀民营上市公司金科股份。各股东不仅为银海租赁发展提供了坚实的资金和资源支撑,更带来了市场化的管理理念和宽阔视野,成为银海租赁发展的重要基石。

表30-1　银海租赁股东及持股比例情况

单位:元

股东名称	出资额	持股比例
重庆渝富资产经营管理集团有限公司	730395731.27	60.87%
金科地产集团股份有限公司	66176794.44	5.51%
重庆弘银一号股权投资基金合伙企业(有限合伙)	245243735.71	20.44%
重庆弘银二号股权投资基金合伙企业(有限合伙)	158183738.58	13.18%
合 计	1200000000	100%

2.生产经营情况

银海租赁自成立以来连续盈利,截至2015年末,银海租赁总资产31.71亿元,负债17.58亿元,净资产14.13亿元,资产质量良好,仅出现一例不良资产。2015年实现主营业务收入2.49亿元,实现净利润1.12亿元。上缴营业税及附加、企业所得税2055万元。

2009年至2015年,银海租赁总资产由4.41亿元增长至31.71亿元;净资产规模由3.63亿元增长至14.13亿元;主营业务收入由0.23亿元增长至2.49亿元;净利润由0.18亿元增长至2014年的1.12亿元。

表30-2　银海租赁2011年至2015年期间主要财务指标汇总

单位:万元

项目	2011年	2012年	2013年	2014年	2015年
主营业务收入	19221	23542	22137	26096	24900
利润总额	3971	5789	10339	20269	13225
净利润	3332	4912	8778	17058	11200
资产总额	268695	342508	298752	384813	317100
负债总额	228551	243717	164575	240377	175800
净资产	40144	98791	134177	144436	141300
净资产收益率	8.7%	7.1%	7.5%	12.2%	8.26%

(二)2015年营运情况

截至2015年末,银海租赁总资产31.71亿元,负债17.58亿元,净资产14.13亿元,整体资产质量良好,有一例不良资产尚在处置中。2015年度实现主营业务收入2.49亿元,利润总额1.32亿元,净利润1.12亿元,总资产收益率3.18%,净资产收益率8.26%,预缴企业所得税2055万元(包括2013—2014年汇算清缴及查补72万元)。

2015年银海租赁全年租赁项目立项95个,较上年增加21个,增幅28.38%,立项金额131亿元,较上年增加32亿元,增幅32.32%;全年新增租赁项目19个,与上年相当;完成租赁项目收入2.49亿元,也与上年相当;实现净利润1.12亿元,净资产收益率8.26%。

（三）服务实体经济情况

银海租赁充分发挥混合所有制活力与优势,坚持金融服务实体经济,已累计为市内企业提供80多亿元的融资租赁资金支持,2010年至2015年期间贡献各种税收约1.1亿元,有力地支持了各类企业和地方经济发展。2015年银海租赁新增租赁项目19个,合同金额16.22亿元,实际完成投放13.79亿元,增加租赁项目投资余额12.40亿元,平均租期3.17年。主要服务大交通、城市基础设施、教育卫生等领域。

1.大交通领域

在实施重庆轨道交通、重庆公交、船舶租赁等项目的基础上,拓展了重庆通航直升机、扬子江航空飞机发动机等项目,今后还将继续拓展通用航空、民用航空以及公务机等大交通项目。

2.城市基础设施领域

2015年,银海租赁先后实施了重庆大晟、黔江城投、重庆金潼、长寿街镇、重庆白沙等政府平台项目,为重庆市特色园区建设和城镇化建设提供了大量资金。

3.教育卫生领域

实施重庆工程学院、卢方英医院、东华医院等民生项目,为大力拓展教育卫生项目积累了宝贵经验。

（四）产品、服务及模式创新情况

2015年,为满足银海租赁经营发展需求,探索可持续发展的业务模式,经市商委批准同意后,银海租赁于2015年12月完善了相关手续,增加与主营业务相关的商业保理业务经营范围。

在业务开展上,除了聚焦大交通、城市基础设施建设、教育卫生领域外,还逐步探索融资租赁介入PPP项目业务模式。目前,银海租赁拟开展体育场改造PPP项目及教育系统PPP项目。通过与市体育局、市教委多次研讨,逐步形成了一些业务模式共识,为今后全面拓展PPP项目开辟道路。

在大力拓展业务的同时,银海租赁也积极探索创新融资渠道,通过PPN、中长期非上市公司债、中期票据等方式积极推进直融工作;与重庆股权交易中心、金交所、西南证券、中信证券等机构多次交流,寻求资产证券化的解决方案,确保形成稳定、长期、可持续的资金供给能力。

(五)经营目标及未来展望

银海租赁的公司愿景为打造重庆最强、西南前三、全国一流的综合性融资租赁公司,行业定位为综合性独立型融资租赁机构,业务定位是为客户提供基于融资租赁的综合金融解决方案,市场定位是扎根重庆,辐射西南,面向全国的区域市场领跑者。

通过提供专业、快捷和差异化的融资租赁服务,不断拓宽市场领域,不断提升市场影响力,建设重庆领先、西南地区有竞争力、国内知名的综合性融资租赁公司。

1.2016年经营目标

继续深化市场化机制体制建设,利用新三板上市的契机,进一步拓宽融资渠道,优化资本结构,完善公司治理,规范公司运作,在宏观经济形势依然严峻的情况下,全力推动业务开展,全年力争租赁规模突破49.5亿元,实现主营业务收入4.2亿元、净利润1.61亿元,同时做好风险控制,严格控制不良率。

2.未来五年经营目标

力争到2020年资产总额达到120亿元,累计客户500户,净资产收益率高于12%,不良率低于1%;公司员工100余人,分支机构5家;公司上市并运行规范。

表30-3　银海租赁未来主要经营目标(2020年末)

项目	指标	备注
总资产	120亿元	
净资产收益率	＞12%	
不良率	＜1%	
资产负债率	＜85%	
客户数量	500户	累计客户
分支机构	5家	
员工	100人	包括分支机构人员
上市与否	新三板挂牌	运行规范

二、重庆市交通设备融资租赁有限公司

（一）公司简介

重庆市交通设备融资租赁有限公司（以下简称"交通设备租赁"）于2008年3月6日成立，注册资本10亿元。从2015年1月1日起，交通设备租赁正式变身为由一家民营上市公司控股的混合所有制企业，其中控股股东四川西部资源控股股份有限公司占股比58.4%，重庆城市交通开发投资（集团）有限公司占股比39.95%，重庆市交通规划勘察设计院占股比0.85%，重庆市公路工程质量检测中心占股比0.8%。

截至2015年，交通设备租赁有员工42人，汇集了金融、财务、法律、营销等领域的高素质人才，形成了包括业务拓展、风险控制、资金融通、后勤保障等一系列的科学管理模式。

（二）业务领域

交通设备租赁的业务领域包括公共交通（轨道、公交、船舶、出租车）、能源、有色金属、酒业、基础设施、教育、水务、环保、医疗器械、工程机械、制造业等行业；业务开拓区域有重庆、贵州、四川、内蒙古、黑龙江、宁夏、甘肃、云南、河南、江苏、湖北等省（直辖市、自治区），并在重庆、贵州、内蒙古、四川、黑龙江、河南成功实现较大规模投放。

（三）2015年经营情况

2015年，交通设备租赁全年累计实现新增租赁投放规模26.2亿元，累计融资租赁投放余额40.8亿元。交通设备租赁全年实现营业收入2.1亿元，超额完成年度任务指标，与上一年度同期相比增加1986万元，增幅10.44%。全年交通设备租赁实现利润总额1.03亿元，超额完成年度任务指标。由于风控措施得力，交通设备租赁在2015年度未发生一笔坏账，创造了零坏账率的骄人业绩。

三、重庆化医控股集团财务有限公司

(一)基本情况

重庆化医控股集团财务有限公司(以下简称"重庆化医财务公司")是经中国银监会批准,于2010年12月10日成立的非银行金融机构,注册资本金5亿元。开展的主要业务:对成员单位办理财务和融资顾问、信用鉴证及相关的咨询、代理业务;协助成员单位实现交易款项的收付;经批准的保险代理业务;对成员单位提供担保;办理成员单位之间委托贷款及委托投资;对成员单位办理票据承兑与贴现;办理成员单位之间的内部转账结算及相应的结算、清算方案设计;吸收成员单位的存款;从事同业拆借;对成员单位办理贷款及融资租赁;承销成员单位的企业债券;除股票投资以外的有价证券投资。重庆化医财务公司开业以来,未受到任何监管部门的处罚,不良贷款率和案发率持续为零,各项指标符合监管要求。

(二)2015年运营情况

1.资产负债情况

截至2015年末,资产总额62.9亿元,较上年同期减少9.2%,其中发放贷款24.23亿元,较上年同期减少18.95%,贴现资产15.65亿元,较上年同期增加49.54%;吸收存款46.33亿元,较上年同期减少20.74%。

表30-4　重庆化医财务公司2015年资产负债情况

单位:万元

指标名称	2015年	2014年	同比
资产总额	629698.47	693487.62	-9.20%
贴现资产	156467.29	104631.23	49.54%
贷款	242325.25	298999.57	-18.95%
吸收存款	463268.33	584494.09	-20.74%
贴现额	423215.31	547897.12	-22.76%

2.资产质量

2015年,重庆化医财务公司案件发生率和坏账率均为0,所有贷款按五级分类分析,全部为正常类贷款;资本充足率为19.77%;流动性比率为38.85%;总体来说,财务公司资产质量较好。

3.损益状况

2015年度实现营业收入22868.96万元,较去年同期减少2173.41万元,减少8.68%。实现利润13630.28万元,较去年同期增加1138.63万元,增加9.12%。

表30-5 重庆化医控股财务公司2015年收入、利润情况

单位:万元

指标名称	2015年	2014年	同比
实现收入	22868.96	25042.37	−8.68%
其中:同业往来	1625	2006.76	−19.02%
贷款及贴现	20876.13	22865	−8.70%
实现利润	13630.28	12491.65	9.12%

4.财务状况

2015年末,重庆化医财务公司各指标情况如下:

(1)财务公司资本充足率为19.77%,大于10%;

(2)不良资产率为0,低于4%;

(3)不良贷款率为0,低于5%;

(4)资产损失准备充足率为100%,按规定提足准备;

(5)贷款损失准备充足率为100%,按规定提足准备;

(6)流动性比例为38.85%,高于25%,流动性较好;

(7)自有固定资产比例为0.06%,远远小于20%;

(8)短期证券投资比例为0;

(9)长期投资比例为0;

(10)拆入资金比例为85.01%,低于100%;

(11)担保比例为0。

从上述指标情况看,重庆化医财务公司资产安全性较高,财务状况良好。

(三)服务实体经济情况

2015年,重庆化医财务公司一直秉承"立足化医、依托集团、服务产业"的宗旨,致力于为集团成员单位提供"专业、高效、全方位"的金融服务。全年为集团公司节约财务费用约1300万元。

1.紧紧围绕集团公司战略,支持集团重点企业和项目

重庆化医财务公司认真梳理集团公司重点支持的企业和项目,完成了对32家集团成员单位的综合评级授信工作。授信总金额34.65亿元,同比增加11亿元,增幅为46.51%;对26家成员单位发放自营贷款80笔,累计发放自营贷款金额23.03亿元;发放融资租赁贷款2笔,金额1.18亿元;贷款余额24.21亿元;发放委托贷款7笔,总金额1.9亿元,委托贷款余额1.4亿元。大力支持化医集团混合所有制改革,全年为10家混合所有制成员单位提供信贷支持,贷款余额为6.21亿元。开展委托贷款业务,支持重点成员单位项目建设,为集团发展添砖加瓦。全年累计发放委托贷款7笔,贷款余额为1.4亿元,在有力支持成员单位项目建设的同时,盘活了企业盈余资金,提高了资金利用效率,增加了财务公司中间业务收入。

2.充分发挥集团金融稳定器的作用

当前宏观经济下行压力仍然较大,集团部分成员单位对外融资困难,重庆化医财务公司从集团整体利益出发,为成员单位雪中送炭,帮助企业度过"寒冬"。通过为企业提供到期贷款转贷搭桥资金、置换高息贷款等方式,降低集团企业融资成本。同时,主动承接集团债权14.5亿元,帮助集团对债权资金实施监管。财务公司遵循贷款利率低于市场利率或央行同期基准利率的原则,切实让利于企业。这些举措既降低了集团整体财务费用,又增强了成员单位与银行谈判的对价能力,有效控制了各家银行给化医集团各成员单位贷款利率上浮的局面,真正起到了集团"金融稳定器"的作用。

3.积极开展产业链金融,保障集团原材料供应并促进产品销售

重庆化医财务公司开展产业链金融服务,不仅有效缓解了集团成员单位上游客户融资难的问题,而且提升了集团成员单位的商业信誉、知名度和竞争力,也能够帮助集团公司获得业务聚集优势,最终有效提升整个产业链的竞争优势,稳固集团产业链。进一步保障集团企业原材料供应,促进产品销售。

4.积极开展市外成员单位融资业务

针对集团市外企业融资成本高的问题,2015年财务公司对贵州医药集团、武汉阳光医药和四川南充医药三家市外企业分别授信1亿元、3000万元和1000万元,贵州医药、阳光医药和南充医药贷款余额分别为9000万元、1000万元和200万元,用低息贷款置换高息贷款,降低市外企业财务费用。

5.积极支持中小企业和季节性采购所需资金大的涉农企业

重庆化医财务公司全年累计为集团17家中小企业发放自营贷款9.29亿元,极大缓解了中小企业的资金压力。2015年,青蒿素价格持续下降,全行业面临采购价格与成本倒挂的危机,重庆科瑞南海制药有限责任公司是主要生产青蒿素的企业,科瑞南海制药公司也不可避免的面临着销售收入下降、季节性采购导致资金链紧张的困难局面。重庆化医财务公司在风险可控的前提下,以较低利率为其累计发放流动资金贷款6500万元,用于该企业为农户提供免费种源和肥料以及回购农户种植的青蒿草和中药材,带动了上万农户种植青蒿草,种植总面积约5万亩。这些信贷资金的注入缓解了该企业资金链紧张局面,保障了生产经营的正常进行,不仅创造了经济效益,而且还创造了巨大的社会效益。

6.切实履行参谋顾问职能

重庆化医财务公司针对部分成员单位经营状况和财务状况进行了专业分析,形成了研究报告供集团公司领导参考决策。

(四)业务、服务及模式创新情况

1.开拓进取,盈利方式不断创新

重庆化医财务公司极拓宽思路,谋划应对利率市场化息差日趋收窄的策略,努力拓展业务范围尤其是中间业务,重点取得了四个"第一"的成绩,分别是重庆地区财务公司中第一家取得商业承兑汇票三方代理贴现业务资格、第一家取得中国人民银行再贴现业务资格、第一家取得承销企业债券资格和第一家取得股票投资以外的有价证券投资业务资格。

一是开展商业承兑汇票三方代理贴现业务。这是财务公司业务涉足产业链的第一步。与重庆医药集团合作,全年开展了三方代理贴现业务54笔,金额近8000万元。

二是开展传统的转贴现,承兑汇票售后回购。全年共完成转贴现金额23亿元,其中,售后回购12亿元,近2000张银行承兑汇票;买断式转贴现11亿元,共900余张银行承兑汇票。

三是取得了人行再贴现的资格。全年完成人行再贴现金额2.4亿元,共263张银行承兑汇票。降低了重庆化医财务公司融资成本2个百分点,再贴现资金全部用于涉农和小微企业发展。同时,在招商银行利用到期托收的票据入票据池质押开票,节约了保证金。

四是取得了承销成员单位的企业债券和股票投资以外的有价证券投资的业务资格。在取得相关资质后,为集团注册发行40亿元私募债券担当财务顾问。另外,利用重庆化医财务公司暂时闲置的资金,操作超短期、短期投资理财业务4.8亿元,取得投资收益33万元。

五是积极开展融资租赁业务。缓解了企业短贷长投压力,有效地调整了企业债务结构,增加了财务公司相关手续费和保险代理费等中间业务收入。2015年向新氟化工公司发放融资租赁借款3800万元,向卡贝乐化工公司发放融资租赁借款8000万元。

2.多措并举,资金票据归集有力

资金集中方面,重庆化医财务公司在集团主要领导的有力推动下,对二级成员单位账户做到了全归集,保证了账户应归尽归,实现资金集中全覆盖。在票据集中方面,为更好地服务企业,采取企业交票或上门收票两种方式,尽可能创造便利条件。将贷款利率定价与企业上一季度的资金归集度、票据归集度、日均存款金额和企业信用等级挂钩,实行差别化贷款利率,为了获得优惠的贷款利率,成员单位大大提高了归集资金和票据的积极性。截至2015年末,在财务公司开户单位已达102户;票据归集家数达到35家;票据归集金额62.81亿元;贴现金额42亿元,办理转贴现金额23亿元;代开银行承兑汇票金额9亿元,年末票据余额24亿元(含托管票据)。

3.稳健运行,风险管理安全可控

一是针对柜台业务逐笔进行事后核查,发现问题及时要求进行整改,检查日常账务处理共计10.48万笔,金额1664亿元。二是严格开展信贷业务的主体资格、贷款用途、借款人偿债能力、贷款质量、贷款风险等方面审查,共计31笔,授信金额32.75亿元。三是对26家集团成员单位进行了全面的贷后检查,涉及贷款金额24亿元。四是抽查银行承兑汇票实票共计3597张。五是认真检查银企对账单收回情况。以上均未发现违规行为。

4.查漏补缺,信息科技日益完善

一是终端远程维护管理系统(TMS系统)的票据模块、资金模块、报表模块、信贷模块进行了优化升级,新增了融资租赁模块。二是全面部署完善视频监控系统,清除重要业务部门监控死角,确保业务开展全程监控,防范案件风险。三是按要求完成了中国人民银行征信系统的直连测试工作,为信贷和票据工作提供了便利。四是完成了中国人民银行同业拆借专线升级安装工作,保证了同业拆借工作的顺利开展。五是集中统一管理终端计算机,包括统一软硬件安装、统一补丁升级、统一软件更新,统一病毒防护、统一木马查杀等安全防护措施,对病毒、恶意代码进行安全防护,同时采取IP地址与MAC地址绑定等措施对重庆化医财务公司终端计算机进行控制。六是认真做好信息科技相关日常管理工作,确保重庆化医财务公司核心业务系统正常运转,向监管机构报送各类报表,全年未发生信息科技风险事件。

5.精心谋划,管理水平显著提升

一是进一步加强制度建设,对现行管理制度及运作机制、工作流程等进行全面梳理,按照管控有力、流程科学、责任清晰、便于操作的总体原则,做好调整、修订和完善工作。二是加强对制度执行落实情况的监督检查,确保各项制度的执行效率和效果,构建真正意义上的"凡事有章可循、凡事有据可依、凡事有人负责、凡事有人监督"的工作格局,提升公司执行力,加强案防能力。三是按照重庆银监局要求认真开展"加强内部管控、加强外部监管、遏制违规经营、遏制违法犯罪"活动,组织员工认真学习各类规章制度和业务流程,撰写学习心得,认真开展员工行为排查,强化合规意识,确保员工行为合规合法。四是严格执行中国人民银行重庆营管部"反洗钱法人监管三年规划",加强法制建设工作,加大打击非法集资宣传力度,按监管机构要求及时报送各类报表和文件,贯彻落实各项监管要求。五是加强政策研究能力,参与了中国财务公司协会关于资产证券化的课题调研。

(五)经营目标及未来展望

2016年是"十三五"开局之年,根据新形势和新要求,重庆化医财务公司将重点做好以下四个方面工作:

1.多措并举,强化资金票据归集

进一步提高资金集中度和票据集中度是财务公司常抓不懈的工作。一方面,加强成员单位账户集中清理和日常监控,对发现有规避账户集中的行为予以纠正,对未归集银行账户办理归集手续,积极协调企业、银行相关工作,重点落实三、四级公司和异地子公司账户归集。另一方面,对异地银行不支持归集的,继续采取财务公司到子公司较为集中地异地归集银行开户的办法(包括财务公司到市内部分区县某银行开户归集当地成员企业资金或到重庆市外某地开户归集当地成员企业资金两种方式),归集异地企业的资金。

2.深挖潜力,努力拓宽业务范围

为了发挥更大的金融功能,创新产业链金融服务,调动系统内外的金融资源支持集团相关板块发展,重庆化医财务公司将以集团产业链为依托,积极挖掘业务发展空间,梳理内外部产业链经营模式,切入产业链上下游企业的融资合作。2016年,重庆化医财务公司将力争获准开展成员单位产品的买方信贷和对金融机构的股权投资等新业务,更好地为集团公司成员单位上、下游产业链提供金融服务,可以使财务公司实现金融投资的多元化,逐步发展成为集团内部的金融平台,能够促使集团公司进入新的金融领域,打造化医集团新的利润增长点,为集团产业的跨越式发展提供更持久、更广泛、更有力的金融支撑。

3.强化合作,加快建立电票系统

与纸质票据相比,电子票据具有以数据电文代替纸质凭证,以计算机设备录入代替手工书写,以电子签名代替实体签章,以网络传输代替人工传递四个突出特点。电子票据的发展,能够有效提高商业汇票业务的透明度和时效性,极大地克服了纸票操作风险大的缺点,节省各方交易成本。化医集团产业属性决定了集团成员企业销售收入中票据占比较大,同时电子票据也占据了一定比例,本着为集团公司和成员单位服务的宗旨,重庆化医财务公司力争在2016年与招商银行合作完成电子票据系统的建设,为成员单位代开和管理电子票据,充分利用财务公司的金融手段,发挥财务公司资金调剂余缺的功能。

4.推广商业承兑汇票结算,减少集团总体资金占用

为进一步提高资金使用效率,重庆化医财务公司将继续加大商业汇票推广。一方面,使用二级成员单位信用,三级企业自行开票流转,二级公司统一到重庆化医财务公司办理贴现,重庆化医财务公司对二级成员单位商业票据贴现实行余额管理;另一方面,利用财务公司信用,由财务公司对成员单位进行授信,在授信额度内代成员单位开具商业票据,在二、三级成员单位之间进行流转,当票据完成结算任务后,成员单位可在重庆化医财务公司贴现,进一步减少集团成员单位资金占用,降低成员单位资金成本。

2015年,重庆化医财务公司科学应对各种复杂形势,规范管理,严控风险,全年工作取得了重大成果,服务实体经济发展的能力得到进一步提升,对支持涉农和中小企业的健康发展发挥了重要作用。2016年,重庆化医财务公司将按照化医集团总体部署,紧紧围绕化医集团"11+3"发展战略,以科学发展观为指导,将以服务集团和成员单位为中心,以风险防范为主线,以精细化管理为基础,以拓展业务范围为抓手,不断提升服务能力,实现利润最大化,努力打造集团公司产融结合的金融服务平台。

四、马上消费金融股份有限公司

马上消费金融股份有限公司(以下简称"马上金融")是一家致力于为中国国内居民提供个人消费金融服务的互联网消费金融公司。由国内知名企业重庆百货、重庆银行、阳光保险、义乌小商品城、物美集团、中关村科金技术共同发起成立。马上金融旨在充分发挥互联网平台作用,通过应用场景互联网化、服务互联网化、运营互联网化的模式设置,运用独特的规则模型与大数据模型双引擎的风险控制手段,以及具备良好用户体验的产品设计,使马上消费成为技术驱动的、领跑中国市场的互联网消费金融公司。

马上金融一直努力推进消费金融服务、加强产品研发、完善业务拓展体系;同时,注重加强内控管理、规范业务行为、控制经营风险,始终坚持业务发展与风险防范并重的发展方针。马上金融于2015年6月获得金融许可证和营业执照,并随着相关IT系统、人员和制度的完善,从9月下旬逐渐步入高速发展轨道,发展态势十分喜人,取得了一定的成绩。

(一)主要经营情况

1.客户注册和申请情况

截至2015年末,马上金融注册用户数达到45.6万人,申请人数达到24万人。

2.产品情况

"马上贷"产品已于2015年9月15日面向全国开放,日贷款申请单量最高超过5000笔,同时根据线上与线下相结合的业务模式,马上消费已与各股东方、电信运营商、互联网金融、电商、大型社交平台等展开了合作并设计相应的产品,同时基于社保数据的消费金融产品"麻辣贷"也已在重庆地区面世,其他的产品包括商品贷以及虚拟信用额度产品等也即将上线。

同时,马上金融的大数据平台已经开发"天网""天相"和"黑名单"三种产品,主要是为金融机构提供反欺诈和信用数据服务。

3.业务开展情况

截至2015年末,马上金融主要开展了现金分期类贷款业务,包括基于合作方的消费场景来设计消费金融产品并进行销售拓展,渠道合作包括与股东的业务合作,以及与股东方以外的具有消费场景的其他渠道的合作等。最高日放款额突破1200万元,共累计发放贷款69207笔、金额17280万元,累计收回贷款3098万元,贷款余额为14182万元。

4.业务规划

预计2016年,马上金融将实现30亿元的贷款规模,并在2023年内实现1000亿元贷款规模,成为国内领先的新型互联网金融机构。

(二)在促进消费方面发挥的作用

马上金融审核系统根据客户信用和产品的要求,设有自动审批和人工审批流程,目前自动审批比例接近90%,自动审批平均速度不到3分钟,10%的申请有人工审核环节的参与,全部申请平均审批速度为81分钟。从申请渠道上来看,APP申请的客户占97.81%,网页申请占2.19%。从客户性别来看,男性占83.91%,女性占16.09%。从职业上来看,职员占71.8%,无业人员占25.5%,学生占2.7%。

职员中,按照工作单位性质分布如下图:

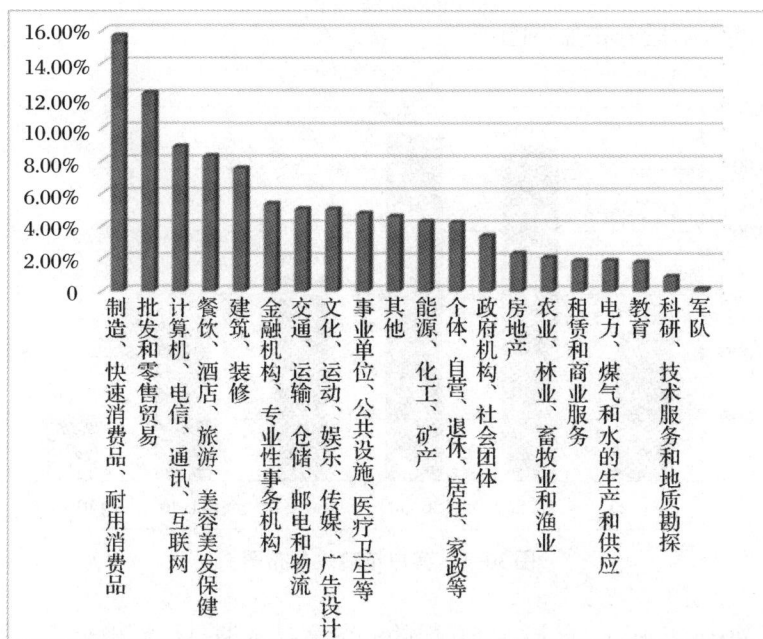

图30-1　职员客户工作性质分布图

贷款按照发放地区分布如下图：

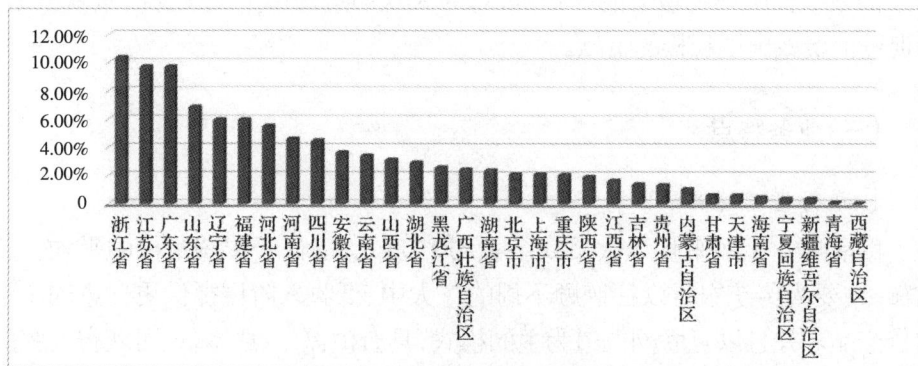

图30-2　贷款发放地区分布图

客户的年龄段分布如下图：

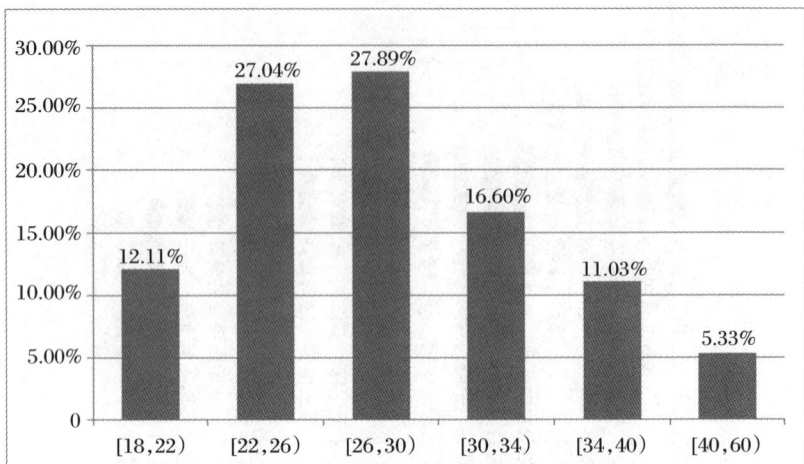

图30-3　客户年龄段分布图

截至2015年末，马上金融已开展的业务产品主要是小额现金贷，后期将推出各种互联网商品贷和循环信用额度产品。马上消费的服务覆盖全国，客户可以通过公司的APP、网站，或合作方的平台提交贷款申请，申请贷款方便快捷，覆盖很多银行所不能覆盖的客户群体，为大众消费提供了更便捷的贷款渠道，为促进消费做出了积极的贡献。

（三）业务特点

1.践行普惠金融

目前马上金融平均单次贷款金额约2500元，远低于传统银行的平均贷款金额，主要为传统银行以往照顾不周的广大中、低收入阶层提供更优惠的金融信贷产品。并且以互联网渠道为主的模式，具有覆盖广、成本低、可获得性强的特点，成为实现普惠金融的最佳路径选择。

2.基于大数据的风控管理

马上金融是全国第一家互联网消费金融公司，全力打造"线下实体+线上互联网"的消费金融模式。业务发展的核心是以大数据为基础构建数据模型和风控体系，聘请国际权威专家分别担任首席数据官和首席风控官，组建了以博、硕士为主的高水平数据风控团队，力争将大数据、风控和互联网金融完美结合，成为国内领先的大数据驱动型互联网金融公司。

目前马上金融的业务已经全部实现互联网线上面签,并逐渐增加大数据模型自动审批的客户比例,未来将会对绝大部分客户实现在线即时快速审批放款,给客户带来巨大的便利性。

(四)为经济和重庆地方发展做出的贡献

1.拉动经济增长

马上消费的放款全部面对消费行为,在扩大内需、增加消费进而促进经济增长方面发挥着积极作用。并且通过贷款融资等方式让消费个体达到购买需求和能力,从而扩大内需,推动生产,提高技术的革新速度。

2.引进互联网和金融行业高端人才

目前互联网消费金融,尤其是大数据金融的高端人才主要集中在欧美,国内集中在北京、上海、广州和深圳,重庆基本没有相关人才。为创建一家全国领先的金融机构,马上消费从美国的第一资本银行、巴克莱、摩根等国际领先金融机构,以及国内的其他消费金融公司,还有腾讯、阿里巴巴和京东等聘请了大量专家到重庆落户。如引进了前美国三大征信局的首席统计学家和第一资本银行的资深总监刘志军教授、在全世界多个国家拥有10多年消费金融经验的前捷信总经理Tomas先生。通过这些世界顶级专家的言传身教,逐渐为重庆培养更多优秀的互联网金融人才。

目前马上消费正在加大人才培养的力度,通过多渠道进行人才招聘,同时加大公司价值观的宣传力度,力争将人才更多地引入重庆,为重庆的经济发展做出贡献。

3.探索发展互联网金融

中国的互联网金融时代正在悄然到来,在互联网时代浪潮中,后来居上、弯道超车都是正常的现象。重庆作为国内重要功能性金融中心,急需拥有数家全国领先的新型互联网金融机构,方能在这个新兴的无限大的市场取得领先。

马上金融作为中国首家互联网消费金融企业,拥有国内领先的风控和大数据系统体系,目前已经率先在国内实现完全无面签的线上审核流程,大部分申请均是自动审核完成,成为互联网金融行业的领先企业,对重庆发展互联网金融具有一定的示范效应。

4.筹备成立个人征信公司

针对目前我国征信行业数据采集难度大、征信服务单一、机构规模普遍偏小、高素质专业人才匮乏等问题,中国人民银行于2015年1月份要求芝麻信用管理有限公司、腾讯征信有限公司等八家公司做好准备工作,预计将于近期获得个人征信牌照并正式运营。重庆作为国内重要功能性金融中心和西部的中心城市,亟待牵头成立内地首家个人征信公司。

马上金融联合中航信、乐视、易联众、高伟达等国内优秀企业,发起成立的个人征信公司,采用与第一批八家完全差异化的模式,打造金融基础设施公司和开放式征信大平台,引进个人征信方面的高端人才,填补目前重庆乃至整个内陆地区的征信体系空缺,进一步提升重庆作为国内重要功能性金融中心的地位,也为西部地区乃至全国金融行业"互联网+"模式的创新发展提供助力。

(五)产品、服务及模式创新情况

马上金融抓住"互联网+"机遇,树立"为百姓服务"与"让生活更轻松"理念,全部业务坚持以互联网化为核心,大力发展线上线下相结合的互联网个人消费金融业务,为客户提供更便捷的服务,具体如下:

1.金融场景互联网化

在传统观念中,大部分消费金融场景是以房贷、车贷为中心,有抵押、有担保性质的大额消费贷款。艾瑞咨询2014年底对中国消费贷款的调研数据显示,从2007年起,房贷、车贷、信用卡之外的消费贷款需求就在逐步增强,仅到2017年这一比例就将从3.1%扩大到12%;同时,贷款周期也将从中长期贷款向短期贷款转移,预计到2017年,短期贷款的比例将从9.5%扩大到32.5%。新型的消费金融场景将不断出现,并且呈碎片化、互联网化的趋势。马上金融在其各个产品线中,把资金流、物流、信息流部署到线上,完全打破了线上、线下的界限,最终会实现动态平衡。实现金融场景互联网化是互联网消费金融的核心内容之一。

2.产品互联网化

互联网消费金融产品创新的重要途径就是产品互联网化,产品互联网化的核心在于用户互联网化。80后、90后、00后是天生的互联网人,互联网消费需求与日俱增,网上消费已经是年轻人最主要的消费方式。所以,专注于互联网用户消费需求和体验,是实现互联网消费金融产品互联网化的不二法则。马上金融现在已经完全实现了网上无人工面签的全自动审批流程,极大提高了客户体验。

3.渠道互联网化

消费场景由实体渠道向互联网化发展,用户维护、用户体验、用户沟通和支付渠道等的互联网化,以及因移动互联、社交网络和大数据应用的发展而被颠覆的传统营销——这一切均决定着依托于场景的消费金融,其获客渠道的互联网化趋势。具体来说,马上金融互联网化的渠道拓展主要包括:借助互联网渠道扁平化的优势快速扩大业务规模;利用渠道和客户的信息及数据、进行更加精准的营销;利用互联网增加与客户的沟通频率,从产品设计角度提升客户体验;同时帮助渠道优化交易流程、降低运营成本等措施。

4.支付互联网化

伴随互联网技术的升级和进步,支付行业也逐渐从线下走到线上,支付介质也从有形实体走向虚拟化。金融场景的互联网化,必然导致网络支付,尤其是移动支付将成为发展的必然趋势。马上金融的贷款发放、消费支付、客户还款等功能,都能满足"用户动动拇指即可实现",真正做到简单、便捷、迅速地满足客户需要。

5.服务互联网化

服务互联网化简单说就是,"只要用户能上网,就能为用户提供服务",让用户感受到无所不在的服务,即云化的服务。服务形式不应该局限于单纯的一问一答,而以文字、图片、视频等多媒体化服务,充分体现与客户的互动性。融入用户的社交圈,满足用户不同场景的服务需求。马上金融的客服中心将来自微信、APP应用、网页上的IM以及传统的语音服务等融合到一个平台进行与用户的统一交互,这样,多渠道的用户交互信息汇聚,更便于马上金融描绘客户画像,认清客户并抓住客户最真实的需求。

五、瀚华金控股份有限公司

(一)基本情况

瀚华金控股份有限公司(以下简称"瀚华金控"是经国家工商行政管理总局

核准设立的全国性普惠金融综合服务商,注册资本金人民币46亿元,净资产73亿元,总资产135亿元。自2014年6月19日在香港H股成功上市以来,瀚华金控通过实施平台战略、发展伙伴金融、整合社会资源、推动转型升级实现完美蜕变,一跃成为全国领先的综合性普惠金融集团。

(二)2015年运营情况

2015年,瀚华金控紧抓金融领域全面开放、惠普金融国家规划出台、"大众创业、万众创新"的重大历史机遇,一方面夯实主业,巩固现有以融资担保、小额贷款为主的普惠金融服务平台,丰富完善传统业务业态;另一方面积极开疆拓土,拓展普惠金融新领域,先后组建了保理公司、资本管理公司、融资租赁公司等,延伸服务的深度和厚度,取得积极成效。

1.经营情况

截至2015年末,瀚华金控资产总额达135.3亿元,与去年同期相比增长13%;营业收入达18.1亿元;年末担保余额284.3亿元,同比增长9%;融资担保余额达192.3亿元,资本市场担保业务余额达121.1亿元;小微信贷业务大幅增长,其中小型业务发生额达63.6亿元,同比增长21%,微型业务发生额达31.0亿元,同比增长3%;累计服务客户50000余家,新增和稳定就业40余万人,直接利税达7.8亿元。

2.机构建设情况

截至2015年底,瀚华担保拥有注册资本35亿元,净资产40亿元,长期主体信用评级AA+级,信贷市场主体评级AAA-级,在全国设有分支机构29家,注册资本位列全国第五位,服务区域位列全国第一位,是全国最大商业融资担保公司。其中,瀚华系列小额贷款公司作为全国覆盖范围第二、业务规模第三的小额贷款公司,拥有小贷机构12家;长江金融保理公司注册资本3亿元,获得40亿元银行授信,目前在全国8个省(直辖市、自治区)开展业务,业务规模11亿元。

除瀚华担保股份有限公司、瀚华系列小额贷款公司、长江金融保理公司外,2015年,瀚华金控还健全、完善、新设了资本集团、融资租赁集团、互联网金融集团等多种普惠金融服务平台,业态涵盖融资担保、小额信贷、财产保险、资本管理、融资租赁、金融保理、互联网金融、金融资产交易所等普惠金融市场主体。

3.团队建设情况

瀚华金控致力于打造普惠金融专家团队,通过自主培养和外部引进相结合战略,截至 2015 年 12 月,拥有各类专业人才 2426 人,本科及以上学历占 82%,成员多来自世界 500 强企业、上市公司及国内外知名金融机构。

(三)服务实体经济情况

作为国内普惠金融领域首家登陆香港主板市场的民营普惠金融机构,瀚华金控坚持金融服务小微企业、"三农"经济体和个体工商户的市场定位,走出一条以信用方式为主导、专注为小微经济体提供金融服务的特色化普惠金融服务道路。

1.坚持信用方式主导服务金融弱势群体

2015 年,瀚华金控在全国推广"信用、无抵押"的融资担保模式和"小额、分散、纯信用"的小额贷款模式。其中,担保客户 70% 以上采用纯信用无抵押的方式,其余采用信用与抵押相结合的方式,小贷信贷客户 90% 以上采用信用贷款,10 万元以内贷款占比 55%,生平第一次获得贷款的客户占比 70%,有效地促进了小微企业的健康成长。

2.坚持以专业化服务推动实体经济发展

围绕"贴近市场、贴近实业、服务中小微企业"的服务理念,瀚华金控不断发掘和发现小微客户融资需求,形成一套完整成熟的小微企业金融解决方案。融资担保单笔平均业务额度 500 万元,业务规模 2000 万元以下的中小业务占总量的 90%;小额贷款单笔平均业务额度 35 万元,50 万元以下的小微业务占总量的 80%;超 9 成的客户是中小微企业和个体工商户。

3.坚持科技创新,以"互联网+"提高金融服务效率

2015 年初,瀚华金控成立互联网金融集团,从小微企业多样化融资需求出发,聚合更多小微企业、"三农"经济体和个体工商户,形成流程化、集约化经营格局,不断提升小微客户的使用体验,加快小微客户融资效率。

4.坚持发挥信用优势,拓展中小微企业融资渠道

为有效缓解中小微企业融资难题,瀚华借助资本市场 AA+、信用市场 AAA-信用优势,大力拓展资本市场担保业务,帮助中小微企业直接融资。截至 2015 年末,共为 7 家基金管理公司的 10 支基金产品提供服务,其在保责任余额达 73.7 亿元;为 18 家企业发行债券提供担保服务,责任余额达 47.4 亿元,2015 年全年瀚华金控在资本市场的担保余额达 121.1 亿元。

5.坚持多元化合作全面融通资金渠道

全面打通银行、保险等主流金融市场,满足中小微企业不同成长阶段的融资需求。截至2015年12月末,瀚华金控携手65家商业银行,累计帮助中小微企业获得逾600亿元的授信额度;瀚华金控与中国人民保险集团开展深度合作,成为中国人民保险集团支农支小专项活动核心战略伙伴,获得中国人民保险集团20亿元资金支持,用于向中小微企业提供贷款。同时,加强与其他非银行金融机构及互联网金融平台合作,为中小微企业、"大众创业、万众创新"提供更加丰富的资金源泉。

(四)产品、服务及模式创新

1.通过产品创新满足客户多样化需求

2015年,瀚华担保开发出建设金融、三板贷、买方信贷、商票贷、旺铺贷、乡村贷等多种融资担保和非融资担保创新产品,服务中小客户近1000户,在保余额共计30亿元;瀚华信贷强化差异化营销,多层次创新,针对特定主体、特定情景和新兴业态设计新产品,为小微客户提供更广泛、更多样化的小微金融产品。

2.通过融资渠道创新突破资本瓶颈

瀚华金控抓住债券市场改革良机,通过公司债和资产证券化,开了普惠金融上市公司再融资先河。2015年2月,瀚华金控主导的重庆小贷资产支持专项计划在上海证券交易所成功挂牌,9月瀚华金控首次在深交所发行资产证券化(ABS)产品,助力中小微企业直接融资共计8.5亿元;6月和12月瀚华金控发行中国小额贷款担保行业第一支公司债,两期共募资24亿元。

3.通过平台创新提供全方位综合化金融服务

2015年,瀚华金控相继发起设立财产保险公司,入股山东金融资产交易所,筹建资本、租赁、票据三大新业务板块;瀚华信贷获得重庆、黑龙江、深圳三块互联网小贷牌照;收购中利保险销售公司,进军互联网保险;携手渝富集团设立重庆市首家再担保公司等。目前,瀚华金控已形成集小贷、担保、保理、租赁、票据、投资、互联网金融的多元化综合金融服务平台,探索为中小微企业提供金融资产定价与交易、金融产品创新、实体企业融资和中小企业评级增信等综合金融服务途径。

4.通过科技创新提升普惠金融服务效率

瀚华金控整合已有客户资源与成熟风控理念,坚持"金融+"与"互联网+"相结合,坚持自主研发与知名科技公司合作相结合,探索互联网时代金融服务新模式,全面提升普惠金融服务效率与覆盖面。

2015年4月,瀚华信贷集团与甲骨文公司合作,首次在小贷领域采用云解决方案,实现多业态、多策略转型发展;5月瀚华个人金融平台"来投"正式上线,累计交易量突破12亿;瀚华资产信息服务平台"瀚华云"与国内多家知名互联网金融机构建立战略合作关系,实现平台对接、优势互补,帮助中小微企业实现平台融资超50亿元。

5.通过伙伴金融拓展惠普金融服务深度

瀚华金控创新性地实施伙伴金融战略,以多种金融产品组合为载体,构建金融与科技融合、金融与产业融合的综合生态圈,全面提高瀚华普惠金融服务水平和服务能力。2015年11月,瀚华金控携手重庆5家园林企业设立"瀚华伴成长壹号股权投资基金",成为重庆第一支产融结合的绿色生态产业基金;12月与上海股权交易托管中心建立全面战略合作伙伴关系,为上海股权交易托管中心E板挂牌的152家优秀企业提供初期5亿元的授信额度,在产品创新、项目信息、股权债权融资、交易所挂牌等方面展开深度合作;同月旗下租赁集团签下6亿元规模的北京出租车融资租赁合作协议,助力首都绿色交通及节能减排事业。

6.通过平台金融探索与政府平台对接新模式

瀚华金控强化与政府合作,探索新型金融平台与各级政府平台对接的新路径,打造瀚华银政担合作新模式。2015年9月瀚华金控先后与辽宁省政府和沈阳市政府签署了战略合作协议;与沈阳市政府联合成立总金额7.2亿元的融资担保产业基金和小微企业流动性债权基金;11月瀚华金控与重庆市北部新区管委会签署"科技担保贷"试点合作协议,首期规模5亿元,授信额度40亿元。

(五)经营目标与未来展望

2016年是"十三五"规划的开局之年,瀚华金控将以客户为中心,以重塑为重点,以再造瀚华信用优势为目标,全力打造全国领先的综合性普惠金融集团,力争用五年时间(2016—2020年),打造中国一流的普惠"金融航母",即:资本规模达到300亿元,资产规模达到500亿元,业务规模超过3000亿元,员工团队5000人,服务客户超过10万家,稳定和新增就业500万人,开创覆盖领域广、融资渠道宽、金融服务全、风险能力强的普惠金融新征程,将瀚华品牌打造成为世界普惠金融的中国样本,为把重庆建设成为国内重要功能性金融中心做出新的贡献。

1.全面进军普惠金融,提升金融综合服务能力

国家相继出台政策鼓励民间资本进入主流金融领域,依法申请设立民营银行、小额财产保险、金融租赁等新型普惠金融牌照,瀚华金控将在加强自身能力建设的同时,积极申请新型普惠金融牌照,丰富综合金融业态,构建多元化普惠金融服务集团。

2.高效整合各类资源,提升金融平台合作层次

瀚华金控将努力满足各类金融资源要素配置的市场需求,紧抓投融资结构调整和金融资产交易市场日益繁荣的重大机遇,以伙伴金融、平台金融、生态金融、互联网金融为方向,优化投融资结构,继续加强政融合作、融融合作、产融合作等多种平台合作形式,提升平台合作层次,发挥瀚华普惠金融服务平台的集聚辐射效应。

3.积极推进回归A股工作,提升瀚华品牌信用价值

瀚华金控将积极推进瀚华回归A股工作的顺利实施,为瀚华金控未来发展开拓更加广泛的市场融资渠道。

4.抢抓债券市场改革良机,大力发展债券担保业务

瀚华担保作为国内唯一获得AA+主体信用等级的民营融资担保机构,将借助信用等级上的巨大优势,大力拓展债券担保业务,促进直接融资业务发展。

5.加强与国际资本合作,推动金融创新业务发展

作为重庆本土普惠金融领域的标杆企业,瀚华金控借助中新(重庆)第三个政府间合作项目这一难得的发展机遇,努力打通离岸市场融资渠道,不断拓展跨境人民币结算、金融要素交易、保险产品交易等领域和其他普惠金融创新业务。

第三十一章　2015年重庆市新设金融机构概况

一、阳光渝融信用保证保险股份有限公司

阳光渝融信用保证保险股份有限公司(以下简称"阳光渝融信用保险")根据保监会《关于筹建阳光渝融信用保证保险股份有限公司的批复》(保监许可〔2015〕325号),于2015年4月开始筹建。

(一)基本情况

阳光渝融信用保险由阳光财产保险股份有限公司、重庆两江金融发展有限公司和安诚财产保险股份有限公司共同发起设立,注册资本为10亿元,其中阳光财产保险股份有限公司持股比例为62%,重庆两江金融发展有限公司持股比例为20%,安诚财产保险股份有限公司持股比例为18%。

阳光渝融信用保险设有互联网事业部、机构业务部、重庆营业本部等三个业务部门,同时设立风控政策部、风控模型部、核保部、理赔与追偿部、运营管理部、企划财务部、投资管理部、精算部、数据开发部、信息技术部、信息安全部、合规法律部、人事行政部、稽核部等14个职能部门。阳光渝融信用保险拟任的董事、监事、总经理、总经理助理、财务负责人、合规负责人、审计负责人等高管人员和法律责任人、精算责任人、财务部门负责人等关键岗位人员已到全部到位,并已经安排董事、监事、高管人员参加了保监会的任职资格考试。

截至2015年末,阳光渝融信用保险员工共104人,平均年龄33岁,97%具有大学本科及以上学历,42%具有研究生及以上学历。在岗人员中公司领导5人,占比5%;中层干部15人,占比14%;关键及骨干员工60人(含公司领导和中层干部),占比58%;其他员工44人,占比42%。其中,39%的员工来自保险行业;33%来自银行、信托等金融行业;14%来自互联网行业;14%来自其他行业。17人来自海外或有海外留学和工作经历。

（二）主要业务及产品

阳光渝融信用保险系我国首家基于大数据和互联网的平台型专业化商业信用保证保险公司,为个人、小微企业和各类机构客户提供信用风险管理服务。公司业务范围为:信用保险;保证保险;上述业务的再保险业务;国家法律、法规允许的保险资金运用业务;经中国保险监督管理委员会批准的其他业务。阳光渝融信用保险将充分借助互联网和大数据技术,构建领先的营销、风控、服务与运营管理平台,为客户提供多样化、高品质的信用风险解决方案。

（三）业务开展情况

正式开业以来,阳光渝融信用保险已和多家机构、公司签订了《战略合作协议》或《合作意向书》。现已发起八家银行的授信申请工作;正在对接五家资金平台,相关工作正在陆续落地。已与多家互联网公司开展业务合作,其中五家计划在4月上线。同时,阳光渝融信用保险积极推动个人消费信贷、小微企业贷款保证保险、供应链金融、融资租赁信用保险等融资类信保业务,以及工程履约保证保险、诉讼保全保证保险等非融资性业务。多笔业务已落地或即将落地。

阳光渝融信用保险今年保费收入计划1亿元,其中重庆保费收入计划3833万元,北京保费收入计划6167万元。截至目前,阳光渝融信用保险的保费收入为1074563.45元。其中,企业贷款履约保证保险保费收入983501.60元;商业合同信用险保费收入11620.93元;小微企业贷款履约保证保险保费收入16500.07元;网络平台借款保证保险保费收入62940.85元。重庆营业本部实现保费收入共计1000001.67元,机构业务部及互联网事业部实现保费收入共计74561.78元。

二、重庆市金科金融保理有限公司

重庆市金科金融保理有限公司(以下简称"金科金融保理")由金科投资控股旗下的全资子公司重庆财聚投资公司发起设立,业务范围涵盖商业、金融领域的应收账款、金融债权等资产类业务,致力于为中小企业提供快捷、高效的供应链金融服务。

（一）基本情况

金科金融保理经重庆市金融办公室批准设立,注册资本金3.3亿元,2015年

5月21日正式营业,主要经营范围为以受让应收账款的方式提供贸易融资;贸易合同相关的应收账款的收付结算、管理与催收;销售分户(分类)账管理;非商业性坏账担保;客户资信调查与评估;货物贸易相关的融资咨询服务;再保理业务;金融和非金融类债权资产转让、交易及承销。

(二)股东背景

重庆市金科金融保理有限公司由财聚投资、归巢投资、太极集团等17家企业、自然人共同出资设立。

重庆市金科投资控股(集团)有限责任公司,是一家涉及房地产开发、新能源、金融投资及资产管理的大型企业集团,是金科地产集团股份有限公司的控股母公司。集团公司总资产超过1000亿元,位列中国企业500强。目前,金科服务的大型社区已经超过了200个,总户数超过35万户,业主近100万人。金科金融板块正在打造互联网金融与普惠金融并行的全方位金融服务体系,通过发展产业链金融、消费金融、网络贷款、保理业务、资产管理、基金公司、融资租赁、P2P等业务,形成产融结合、资金资产有效对接的金融创新服务平台。重庆财聚投资有限公司是重庆市金科投资控股(集团)有限责任公司全资控股企业,于2009年9月14日成立。经营范围为:利用自有资金从事投资业务。财聚投资现阶段主要发展方向是金科系除地产业以外发展金融板块的金控平台,先后投资设立了小额贷款公司、2家保理公司、资产管理公司、互联网金融服务公司等金融服务主体。重庆太极实业(集团)股份有限公司、重庆桐君阁股份有限公司为国企上市公司;重庆天地药业有限责任公司为海南海药的全资子公司。.

(三)组织架构

金科金融保理按照现代企业法人治理结构构建公司组织架构,形成权责清晰的架构体系,保障公司有序、快速发展。

1.股东大会

股东大会由全体股东组成,股东大会下设秘书处,是股东大会常设议事机构,秘书处设秘书长一名,负责主持工作,秘书处下设风险管理委员会、审计委员会、提名与薪酬考核委员会三个专业委员会。

2.董事会

董事会为公司经营管理决策机构,对股东大会负责,在股东大会的领导下负责公司日常经营管理活动中重大事项的决策,维护公司和全体股东的利益。

3.监事会

监事会是公司的监察机构,对股东大会负责并报告工作,在股东大会的领导下对公司董事、总经理和其他高级管理人员履职情况等行使监督、检查权。

4.经营机构

根据金科金融保理的战略发展定位,从适应公司经营发展和管控的需要,设置高管人员岗位:1名总经理、1名副总经理、1名首席风险官。设置市场发展部为业务推动部门,设置风险管理部、综合管理部、财务管理部等3个职能部门。

(四)经营目标及未来展望

总体经营思路为聚焦发展战略、提升发展质量、加快发展步伐、实现发展目标,推进"两专两化,创新驱动发展"战略。金科金融保理明确了"两专两化,创新驱动发展"战略,意在通过专注、专业、特色化、差异化、创新等一系列举措,解决目标客户群、专业能力、保障支撑、核心竞争力等发展问题。

1.专注于4大类目标客户群体:专注于建筑安装工程类保理需求,专注于供应链服务行业保理需求,专注于医药流通行业保理需求,专注于金融债权类业务。

2.关注3大类未来保理业务需求:现代农业、燃气行业、文化传媒。

3.打造4个维度的专业化:专业的运营团队、专业的合作伙伴、专业的风控技术、专业的服务能力。

4.形成6个方面的特色:六位一体、四大平衡、双轮驱动、整合资源、定位清晰、产融结合。

5.打造"差异化"的核心竞争力:基于专注培育形成稳定的核心客户群体,基于专业打造强大的风控和服务能力,基于特色化形成金科金融保理特有的经营风格和表象形式,最终融合并打造形成不可复制的差异化的核心竞争力。

6.实施4个方面的创新驱动:资产收集方式创新、营销管理机制创新、激励约束机制创新、非融资性保理创新。

三、重庆现代物流产业股权投资基金管理有限公司

(一)基本情况

重庆现代物流产业股权投资基金管理有限公司(以下简称"重庆现代物流产业基金")于2015年11月工商注册登记成立,注册资本金为1600万元。主要从事股权投资管理、股权投资咨询等业务。公司股东为重庆西部现代物流产业园区开发建设有限责任公司(以下简称"重庆西部物流园")、重庆市地产股权投资基金管理有限公司(以下简称"重庆地产基金")和重庆产业引导股权投资基金有限责任公司(以下简称"重庆产业引导基金")。

(二)股东介绍

1.重庆西部物流园

重庆西部物流园于2007年9月设立,是国家"两带一路"战略节点、"渝新欧"国际贸易大通道起点、西南地区分拨物流中心、内陆铁路枢纽口岸,是重庆对外开放"三个三合一"(即同时具备交通枢纽、口岸功能、保税中心)标志性特征的重要组成,是沙坪坝区打造经济升级版的核心载体。园区规划面积35平方千米,预计总投入1117亿元,全面建成后将形成一座年产值3000亿元、人口30万的现代商贸物流新城。

2.重庆产业引导基金

2014年5月13日,经重庆市政府批准,重庆产业引导股权投资基金有限责任公司正式注册成立,受托管理重庆市政府为创新财政资金分配方式、推进产业结构优化升级而专门设立的重庆市产业引导股权投资基金。重庆现代物流产业基金按照"政府引导、市场运作、科学决策、防范风险"的原则,整合政府产业扶持资金,通过市场化合作机制,引导和促进社会资本投入工业、农业、现代服务业、科技、文化、旅游等六大产业。

3.重庆地产基金

重庆地产基金于2013年11月工商注册登记成立,由重庆市地产集团全资出资,公司注册资本金1亿元人民币。主要从事股权投资、股权投资管理、投资咨询服务、投资业务及相关资产管理。

(三)公司优势

1. 背景优势

重庆现代物流产业基金三大股东：重庆西部物流园、重庆产业引导基金、重庆地产基金都具有强烈的政府背景，是重庆市为促进全市物流基础设施建设及物流产业发展而设立的唯一市级物流相关产业发展投融资平台。

2. 资源优势

重庆现代物流产业基金由重庆市发改委主导成立，与重庆市各物流园区和大型、创新型物流企业无缝衔接，具有项目资源优势；已完成与十余家金融机构、类金融机构构建合伙人网络体系，具有金融资本优势。

3. 团队优势

管理团队由股东选派长期从事投融资管理的精干力量组成，并从国内外知名PE公司和投资银行招聘多名高学历、经验丰富、熟悉资本运作的高端人才，专业经验全面覆盖了物流、法律、财务、评估、投资管理、资本运作、规划设计等专业领域，完全保证所投项目的收益和安全。

(四)落地项目

目前，重庆现代物流产业基金已完成投资35亿元，项目涵盖园区土地平场整治、供应链管理、冷链物流、城乡配送等多个领域。重庆现代物流产业基金项目池中储备项目达30多个，主要为国有企业和上市公司物流相关发展项目。

(五)合作伙伴

合作金融机构包括中国银行、交通银行、招商银行、华夏银行、浦发银行、中信银行、光大银行、恒丰银行、重庆农商行、东方资产管理公司、新加坡华侨银行等十余家金融机构。合作投资机构：新加坡麦享资本、九鼎资本、盛世投资、金长川资本、临云资本等。

(六)经营目标及未来展望

重庆现代物流产业基金业务前期以股东项目为起点，不断向重庆其他园区和物流企业拓展，公司预计2016年管理基金总规模达100亿元以上，未来五年通过行业拓展、区域拓展、模式拓展和理念拓展力争在"十三五"末管理基金规模达500亿元,成功跻身于国内一流股权投资管理机构。

四、重庆市再担保公司

2015年8月25日,重庆市再担保公司宣告成立。重庆市再担保公司注册资本10亿元,通过改组重庆渝富资产经营管理公司(以下简称"渝富集团")旗下独资担保公司渝创担保,引进重庆多家大型担保公司作为再担保公司股东,其中渝富集团共计持有重庆市再担保公司53.33%股权,为重庆再担保公司控股股东。

五、重庆市小微企业融资担保有限公司

重庆市小微企业融资担保有限公司(以下简称"小微企业担保")由重庆市三峡担保集团和市人力社保局根据市政府第77次常务会议精神共同组建,于2015年3月31日挂牌成立。小微企业担保注册资本3亿元、托管担保基金10亿元,是专注于小微企业融资领域的国有政策性担保公司,也是国家担保基金的托管机构。小微企业担保的经营范围包括贷款担保、票据承兑担保、贸易融资担保、项目融资担保、信用证担保等融资性担保业务;兼营诉讼保全担保业务、履约担保业务,与担保业务有关的融资咨询、财务顾问等中介服务;以自有资金进行投资,监管部门规定的其他业务。2015年,小微企业担保新增担保发生额24.09亿元,其中政策性担保业务22.66亿元,占比95%,充分体现公司小微特色和服务宗旨。

六、新韩银行重庆分行

2015年7月9日,新韩银行重庆分行正式营业,注册资本金1亿元,对各类中、外资企业及个人提供银行卡业务、支付结算业务、国际结算业务、票据业务、短中长期授信等各类全方位金融产品服务。服务对象除了进军中国的韩国企业及在中国生活的韩国人外,也为重庆当地企业、跨国企业和市民提供各项公司和个人金融服务,并将韩资企业作为重点目标客户,帮助韩资高端企业落户重庆。

第七篇　重要事件篇

第三十二章　2015年重庆市金融业重要事件

1月7日,重庆市第一条采用PPP模式投资建设的市郊铁路(渝合铁路)在合川区正式开工。

1月11日,重庆市政府与中国保监会签订保险创新发展合作备忘录。

2月11日,重庆市2015金融工作会议顺利召开。

2月15日,重庆民商集团首募70亿元资金,助力中小微企业融资。

3月31日,重庆市小微企业融资担保公司正式挂牌成立。

4月8日,重庆首支现代物流产业发展基金签约。

4月14日,国内首家专业信用保证保险机构"阳光渝融"落户重庆。

5月7日,重庆市政府与中国工商银行签署金融战略合作协议。

5月19日,重庆战略性新兴产业股权投资基金成立,规模800亿元。

5月20日,重庆金科金融保理有限公司成立。

6月2日,重庆市发行2015年第一批政府一般债券265亿元。

6月3日,重庆市金融办与全国中小企业股份转让系统签订战略合作协议。

6月8日,重庆市召开推进企业直接融资专题工作会。

6月19日,重庆首家消费金融公司——马上消费金融公司开业。

6月25日,重庆市国家税务局与建设银行重庆市分行签署合作框架协议。

7月14日,重庆市政府以定向承销方式成功发行专项置换债券142.71亿元。

7月27日,重庆市集中签约33个PPP项目。

7月28日,重庆农村商业银行合作微众银行签署战略协议。

8月4日,重庆市第二批政府债券成功发行416.29亿元。

8月10日,重庆市举办重庆中小企业投融资对接会。

8月10日,重庆商汇小额贷款公司成西南首家新三板挂牌小贷公司。

8月25日,重庆再担保有限责任公司成立。

9月14日,重庆银行成为内地唯一入选香港HSSUSB成分股的地方国企。

9月16日,"第九届中国银行家高峰论坛暨2015中国商业银行竞争力评价报告发布会"在重庆举行。

10月8日，中国银行重庆分行在全国率先投产人民币跨境支付系统。

10月10日，重庆市获中国人民银行信贷资产抵押再贷款试点。

10月28日，央企国有产权交易试点机构第22次工作协调会在渝召开。

10月29日，重庆发行全国首单县级平台公司中期票据。

11月10日，重庆市政府召开融资担保行业发展工作座谈会。

11月11日，重庆市政府与浙商银行建立金融战略合作关系。

11月16日，重庆银行成为西南地区首家启用人脸识别技术的城市商业银行。

11月30日，重庆农商行发行西部首例"互联网+小额信用贷款"产品。

12月23日，重庆银行在港定向增发筹集32.37亿元。

12月24日，重庆非金融企业银行间市场直接债务融资首次突破1000亿元。

第三十三章　2015年重庆市金融业重要文件汇总

1.重庆市人民政府关于创新重点领域投融资机制鼓励社会投资的实施意见(渝府发〔2015〕27号)

2.重庆市人民政府办公厅关于进一步贯彻落实小微企业扶持政策的通知(渝府办发〔2015〕44号)

3.重庆市人民政府办公厅关于加快发展商业健康保险的实施意见(渝府办发〔2015〕86号)

4.重庆市人民政府办公厅关于加快重庆创业投资发展的意见(渝府办发〔2015〕155号)

5.重庆市人民政府办公厅关于引导农村产权流转交易市场健康发展的实施意见(渝府办发〔2015〕167号)

6.重庆市金融工作办公室关于进一步做好小额贷款公司服务实体经济防范风险工作的通知(渝金发〔2015〕10号)

7.重庆市金融工作办公室关于印发《重庆市金融突发事件风险管理实施细则(试行)》的通知(渝金发〔2015〕12号)

8.重庆市金融工作办公室关于印发《重庆市小额贷款公司开展网络贷款业务监管指引(试行)》的通知(渝金发〔2015〕13号)

9.重庆市金融工作办公室关于加强个体网络借贷风险防控工作的通知(渝金发〔2015〕14号)

10.重庆市金融工作办公室关于印发《重庆市小额贷款公司上市挂牌管理工作指引(暂行)》的通知(渝金发〔2015〕230号)

11.关于重庆银行业支持国家"一带一路"战略和建设长江经济带的指导意见(渝银监发〔2015〕12号)

12.重庆市科学技术委员会　重庆市财政局　重庆市金融工作办公室　重庆市知识产权局关于印发《重庆市知识产权质押融资管理办法(试行)》的通知(渝科委发〔2015〕84号)

13.重庆市科学技术委员会 重庆市财政局 重庆市金融工作办公室关于印发《重庆市创业种子投资引导基金管理办法(试行)》的通知(渝科委发〔2015〕129号)

14.重庆市科学技术委员会 重庆市财政局 重庆市金融工作办公室关于印发《重庆市天使投资引导基金管理办法(试行)》的通知(渝科委发〔2015〕130号)

15.重庆市科学技术委员会 重庆市财政局 重庆市金融工作办公室关于印发《重庆市风险投资引导基金管理办法(试行)》的通知(渝科委发〔2015〕131号)

附　录

附录一　重庆市人民政府关于创新重点领域投融资机制鼓励社会投资的实施意见

渝府发〔2015〕27 号

各区县(自治县)人民政府,市政府各部门,有关单位:

为贯彻落实《国务院关于创新重点领域投融资机制鼓励社会投资的指导意见》(国发〔2014〕60 号),进一步扩大有效投资,促进经济持续健康发展,现就进一步创新重点领域投融资机制鼓励社会投资提出如下实施意见。

一、总体要求

(一)指导思想

深刻把握经济运行"新常态"和重庆发展"新阶段"时代特征,坚持全市"一盘棋",找准薄弱环节,进一步鼓励和吸引社会资本加大基础设施、公共服务、资源环境、生态建设等重点领域投资。坚持市场化改革方向,充分发挥市场在资源配置中的决定性作用和更好发挥政府作用,放开市场准入,完善市场规则,营造机会均等、权利对等、规则平等的投资环境,进一步激发社会投资特别是民间投资活力,增强经济发展动力,更好地服务五大功能区域发展战略,支撑全市经济平稳健康发展。

二、进一步吸引和鼓励社会资本进入重点领域

(二)鼓励社会资本进入交通基础设施领域

支持中国铁路总公司等央企加大在渝铁路干线投资。鼓励社会资本投资和运营市郊铁路、资源开发性铁路、园区货运铁路专(支)线、城市轨道交通等项目。鼓励社会资本参与收费公路建设,以城市综合体等形式投资建设客运枢纽

场站。鼓励社会资本投资建设航电枢纽,采取多种方式参与港口等水运项目、干支线机场、通用航空以及机场配套服务设施等建设和运营。

(三)鼓励社会资本进入能源设施领域

鼓励和支持大型能源央企加大在渝大型电源、电网、油气等领域投资。鼓励社会资本投资建设常规水电站、抽水蓄能电站和风电、生物质能等能源项目,进入清洁高效煤电项目建设、燃煤电厂节能减排升级改造领域。积极吸引社会资本投资建设跨区输电通道、区域主干电网完善工程。鼓励社会资本投资建设分布式电源系统、分布式能源微网系统、储能装置和电动汽车充换电设施,投资发展储能技术。支持社会资本投资建设配电网,参与增量配电业务;成立售电公司,参与售电业务。支持各类企业参股建设油气管网主干线、地下储气库、城市配气管网和城市储气设施、压缩天然气(CNG)/液化天然气(LNG)加气站,控股建设油气管网支线、原油和成品油商业储备库。

(四)鼓励社会资本进入公共服务领域

鼓励社会资本通过特许经营,以国有民营、民有民营等多种方式投资城镇供水、供热、燃气、污水垃圾处理、建筑垃圾资源化利用和处理、城市综合管廊、公园配套服务、公共交通、停车设施等市政基础设施建设和运营。鼓励实行城乡供水一体化、厂网一体投资和运营。鼓励社会资本通过独资、合资、合作、联营、参股、租赁等途径,参与教育、医疗、养老、体育健身、文化设施建设和运营。统筹规划、科学布局各类公共服务设施,调整、新增公共服务领域项目要优先考虑社会资本进入。

(五)鼓励社会资本进入农业和水利领域

鼓励和吸引社会资本以特许经营、参股控股、承包租赁等多种形式参与重大水利项目的建设和运营。鼓励社会资本通过参与重大水利工程投资建设和运营等方式参与水资源开发利用和保护,并优先获得新增水资源使用权。鼓励社会经营主体投资建设和经营小农水等设施,支持财政补助资金形成的存量项目采取国有民营、公有民营等多种方式吸引社会资本。

(六)鼓励社会资本进入生态环保领域

鼓励社会资本进入生态国有林区从事生态采伐。鼓励社会资本进入生态公益型林场开展林下经济、森林旅游、经济林产品开发等多种经营。鼓励社会资本参与集体林林权流转,发展多种形式的规模经营。鼓励社会资本全面进入污染治理、环境监测、环保产品和性能认证服务等环境保护领域。

(七)鼓励社会资本进入信息基础设施领域

积极推动民营资本与移动、联通、电信开展业务合作,支持民营资本开展移动通信转售业务试点、接入网业务试点和用户驻地网业务、网络托管业务、增值电信业务,试点参与基站机房、通信塔等基础设施建设和运营。积极支持有条件的企业申请电信业务运营牌照,参股进入基础电信运营市场。鼓励符合条件的民营企业参与通信工程设计、施工、监理、信息网络系统集成、用户管线建设以及通信建设项目招标代理服务。鼓励支持社会力量参与智慧城市、信息惠民、数据中心、物联网应用相关基础平台建设和运营。

三、创新重点领域投资模式

(八)确立社会资本投资重点领域项目建设和运营的优先地位

投资主管部门要会同有关行政主管部门,根据经济社会发展需要定期发布行业发展规划,滚动向社会公开推出相关领域项目建设计划,并根据行业特点设定建设和运营的边界条件、补偿机制或采购标准,采用合营、私营等方式,优先吸引社会资本投资,并享受与国有投资项目同等政策待遇。市场机制暂不能有效发挥作用的项目和领域,要发挥政府投资的"先导"作用和"托底"作用,切实保障公共产品供给;同时通过逐步完善价格形成、调整和补偿机制,进一步增强市场信号,完善市场机制,吸引社会资本受托管理。

(九)深入推广政府和社会资本合作模式(以下简称"PPP")

继续深化重点领域PPP模式创新,结合不同行业特点,研究"影子价格""影子流量"等可计量、可考核、易操作的新方法,探索项目特定受益对象成本分担机制,合理构建商业模式,吸引社会投资。建立PPP试点项目"绿色通道",加强与社会资本对接,加快推进项目建设。强化政策保障,启动PPP投融资改革立法调研,研究明晰法律关系,推进有关特许经营权管理办法立法工作,切实保障投资人权益。

(十)扩大政府购买服务

进一步扩大公共性、基础性领域政府购买服务,公开购买服务项目和内容,以公开、公平竞争方式择优选择公共服务供给方。培育公共服务多元化提供主体,加快推进公用事业单位企业化改制,支持社会投资者组建新型公共服务提供主体,支持社会主体、企业主体、事业主体平等参与政府购买服务竞争。鼓励打破以项目为单位的分散运营模式,实行规模化经营,降低建设和运营成本,提高投资效益。

(十一)积极盘活存量资产

采取股权投资基金等多种方式吸引、聚合社会资本,以股权转让、股权融资、公私合营等方式吸引社会资本参与铁路、公路、水运、航电枢纽、水电站、水利以及园区基础设施等具有一定经营效益的存量项目建设和运营。加大国铁干线铁路地方合资股份等存量资产盘活力度,积极探索通过股权置换、"存量换增量"等方式,进一步扩大中国铁路总公司等央企在渝投资。存量资源变现资金要用于有关重点领域建设。

四、创新融资渠道和工具

(十二)探索创新信贷服务

加大对重点领域的信贷倾斜,推进信贷产品期限、还款方式、抵质押方式创新,健全风险补偿机制。支持开展排污权、收费权、集体林权、特许经营权、购买服务协议预期收益、集体承包土地经营权质押贷款,以及利用土地经营收益和供水、发电、污水垃圾处理等预期收益质押贷款。鼓励银行金融机构新设小微支行和社区支行,探索运用大数据分析等信息技术手段,优化信用评级体系,降低资金成本。

（十三）支持开展股权及债权等多元渠道融资

鼓励、支持社保资金、保险资金等通过股权或债权方式投资重庆市收益稳定、回收期长的基础设施和基础产业项目。支持重点领域项目及其企业通过银行间市场、证券市场、私募市场、全国中小企业股份转让系统和境外市场扩大直接融资规模，探索发行棚改债、可续期债、并购债、境外点心债等创新债券品种。支持市内企业与证券公司、基金管理公司子公司等金融机构合作，积极开展以重点领域项目预期收益权为标的的资产证券化创新。鼓励、支持开发性金融机构充分发挥中长期融资优势及综合性金融服务能力，创新提供期限匹配、成本适当、多元可持续的金融产品，积极拓宽PPP项目及重点领域项目的融资渠道。

（十四）鼓励发展重点领域投资基金

鼓励社会资本与市内企业合作，发起设立产业投资基金和创业投资基金，重点投向现代物流、生态环保、基础设施、区域开发、战略性新兴产业、先进制造业等领域。做大做强重庆战略性新兴产业引导股权投资基金，按照"政府引导、市场运作"原则，撬动更多社会资本投入。充分发挥重庆股份转让中心作用，加强区域性场外市场建设，积极纳入全国新三板市场体系，为基金投资提供退出通道。

五、创新政府资源配置方式

（十五）优化政府投资安排方式

政府投资要收紧拳头、集中力量、补充短板，重点加强公益性和基础性重大项目建设。对鼓励社会资本参与的重点领域，政府投资可根据实际情况，采取投资补助、基金注资、担保补贴、贷款贴息等方式给予支持，进一步发挥政府投资"四两拨千斤"的引导带动作用。

（十六）完善重点领域价格形成机制

建立健全公益性项目和公用事业成本监审机制，加快改进基础设施价格形成、调整和补偿机制，使经营者能够获得合理收益。通过政府购买服务、政府配置资源、价格合理调整等方式,达到国有资本和社会资本合作共赢、利益共享、风险共担的目的。按照市场化方向和构建现代企业制度的要求,健全合资项目投资收益回报分配机制,保障投资者合法收益。

(十七)落实重点领域优惠政策

按照《国家税务总局关于进一步贯彻落实税收政策促进民间投资健康发展的意见》(国税发〔2012〕53号)精神,切实落实社会资本发展公益性事业的税收优惠政策。按照市政府关于加快教育、医疗、卫生、文化、养老等社会事业改革的工作要求,落实在用地、用水、用电、用气价格方面的优惠政策,保障社会资本在人力资源培训交流、医保社保政策方面的同等权益,进一步增强社会投资信心。

六、创新政府服务和监管模式

(十八)营造公开透明的市场环境

市级行业主管部门要结合行业特点,及时向社会公开发布项目投资信息。市政府有关部门要开辟"绿色通道",加快办理项目审批(核准、备案)、规划选址、土地预审、环境评价、节能审查等前期手续,同步开展投融资方案编制工作和招商洽谈工作,推进项目尽快落地。要搭建服务平台,完善跟踪机制,畅通民间投资主体反映诉求和交流沟通的信息渠道,切实解决投资项目建设运营中的矛盾问题,全力做好政府服务各项工作。

(十九)建立标准规范的市场合约制度

按照不同行业特点,规范完善合同范本,确保合同内容全面、规范、有效。要按照要约条件,由项目实施机构和社会资本依法签订项目合同,进一步明确服务标准、价格管理、回报方式、风险分担、信息披露、违约处罚、政府接管以及评估论证等内容,以市场合约制度保障投资人权益。

(二十)形成公平公正的监护机制

建立和完善行业绩效考评体系,确保公共产品和服务的质量、效率和延续性。鼓励推进第三方评价,鼓励公众参与和社会监督,完善公众咨询、投诉和处理机制,对公共产品和服务的数量、质量以及资金使用效率等方面进行综合评价,评价结果向社会公示,作为价费标准、财政补贴以及合作期限等调整的参考依据。建立项目退出机制,明确项目退出路径,妥善处理投资回收、资产接管等事宜,保障项目持续稳定运行。

七、创新工作保障措施

(二十一)进一步简政放权

继续深化投资体制改革,对投资项目行政审批事项进行合并、取消和下放,减少审批环节,规范审批流程,提高服务效率。严格按照国家有关要求,清理精简前置审批条件。强化纵横联动协管,切实落实已取消、下放的审批事项。建立重大项目部门协调联动推进机制,推进重点领域建设项目加快实施。

(二十二)建立服务对接机制

以项目为载体,由市、区县(自治县)发展改革部门牵头,建立与各类金融机构定期对接、推介的服务机制,协同行业主管部门做好重点领域的融资服务工作。各行业主管部门要加强与牵头单位的衔接沟通,研究引导社会资本进入重点领域的具体方式,指导项目单位拟定合理的融资方案。引导金融机构加大对重点领域建设项目的支持力度,努力为重大工程项目提供长期稳定、低成本的资金支持。

(二十三)建立项目推进责任制

各行业主管部门要结合实际,按照职责分工抓紧制定本领域实施细则,于2015年5月底前向社会公开。要根据行业规划建立吸引社会投资的重大项目储备库,形成"试点一批、储备一批、推出一批"的滚动发展机制。要瞄准重点地区、重点企业,组织招商引资活动,积极推介重点项目。已签约项目要建立由行业主管部门负责、有关部门参与的项目推进责任制,切实抓好跟踪服务,确保尽快落地实施。

　　创新重点领域投融资机制对稳增长、促改革、调结构、惠民生、防风险具有重要作用。各区县(自治县)政府、市政府各部门和有关单位要进一步提高认识,加强组织领导,健全工作机制,充分利用政府信息公开平台和互联网门户网站,及时公布重点领域的发展建设规划及布局,积极引导社会资本参与重点领域重大项目建设。市政府督查室、市发展改革委要会同市级有关部门加强对本实施意见落实情况的督促检查,重大问题及时向市政府报告。

附录二 重庆市人民政府办公厅关于进一步贯彻落实小微企业扶持政策的通知

渝府办发〔2015〕44号

各区县(自治县)人民政府,市政府各部门,有关单位:

小微企业是经济社会发展的重要力量,扶持小微企业持续健康发展事关经济发展和社会稳定大局。为进一步贯彻落实《国务院关于扶持小型微型企业健康发展的意见》(国发〔2014〕52号)和《重庆市完善小微企业扶持机制实施方案》(渝府发〔2014〕36号),经市政府同意,现就有关事项通知如下:

一、进一步加强财政资金统筹使用

足额落实扶持中小企业发展、微型企业发展、民营经济发展等市级财政专项转移支付资金。各区县(自治县)要结合实际情况,适当安排小微企业扶持资金,并加强资金整合和统筹,对小微企业重点支持,提高各项专项扶持资金的使用效率。

二、进一步做好融资服务工作

引导银行机构针对小微企业经营特点和融资需求,创新产品,优化服务。引入跨境低成本资金,建立健全公开透明的政策性信贷投放机制,降低小微企业融资成本。落实小微企业贷款风险补偿机制。支持发展各类小微企业投融资服务平台,帮助小微企业利用多层次资本市场进行直接融资。建立健全小微金融服务专项评价机制,鼓励银行机构提高对小微企业的信贷规模。督促银行机构完善内部激励考核机制,切实落实支持小微企业融资的各项政策。进一步发挥产业发展引导基金、股权投资基金作用,支持小微企业发展壮大,做好相关项目储备和对接工作。优化小微企业贷款流程,由人力社保部门统一受理小额担保贷款和微型企业创业扶持贷款申请。同时满足两类贷款条件的企业,由人力社保部门优先纳入小额担保贷款支持范围。企业在小额担保贷款还本付息后,仍可继续申请微型企业创业扶持贷款。研究成立市场化运作的资产管理公司,打包处置不良资产。

三、进一步发挥小微担保机构作用

加快组建再担保机构和市级小微企业融资担保机构。设立市级担保风险代偿补偿资金专户。进一步发挥国有担保机构主导作用,扩大业务规模、优化投入结构,合理确定担保费用。进一步加大对小微企业融资担保的财政扶持力度,落实担保机构税收优惠政策、保费补贴政策,综合运用业务补助、增量业务奖励、资本投入、代偿补偿、创新奖励等方式,引导担保机构为小微企业提供融资服务,进一步推动银担合作。

四、进一步抓好小微企业集聚发展载体建设

坚持用好存量与合理增量相结合,科学规划、突出重点,有序推进小企业创业基地、楼宇产业园、微型企业孵化园、微型企业特色村、创业孵化基地、科技孵化器等载体建设,为小微企业提供集聚生产经营场所。充分发挥各类专项资金和优惠政策的引导激励作用,鼓励社会资金投入。鼓励大中型企业带动产业链上的小微企业抱团发展,促进产业集聚。

五、进一步落实好小微企业各项减负措施

在贯彻落实渝府发〔2014〕36号文件各项减负措施基础上,进一步加大政府购买服务力度,为小微企业免费提供管理指导、技能培训、市场开拓、标准咨询、检验检测认证等服务。微型企业为员工缴纳的社会保险费按照相关规定享受补贴。自工商登记注册之日起3年内,对安排残疾人就业未达到规定比例、在职职工总数20人以下(含20人)的小微企业,免征残疾人就业保障金。高校毕业生到小微企业就业的,其档案可由市或区县(自治县)的公共就业人才服务机构免费保管。小微企业创业和开展生产经营需通过的各类培训按规定享受财政补贴。小微企业从事国家鼓励发展的投资项目,进口项目自用且国内不能生产的先进设备的,按照国家相关政策减免税费。简化申报审批程序,坚持公开、

公平、公正,高效落实各项支持小微企业税收优惠政策。加强对小微企业的抽样监测和数据分析,建立支持小微企业发展的信息互联互通机制,提高政府部门和金融机构服务实效。

各区县(自治县)人民政府、市政府有关部门和有关单位要进一步统一思想,充分认识扶持小微企业持续健康发展的重要意义,准确把握、认真吃透政策,加强政策宣传解读,扩大知晓度。要加强信息互通和协调联动,增强执行力,确保各项政策措施落到实处、取得实效。

附录三　重庆市人民政府办公厅关于加快发展商业健康保险的实施意见

渝府办发〔2015〕86号

各区县(自治县)人民政府,市政府有关部门,有关单位:

为贯彻落实《国务院关于加快发展现代保险服务业的若干意见》(国发〔2014〕29号)、《国务院办公厅关于加快发展商业健康保险的若干意见》(国办发〔2014〕50号)等文件精神,加快发展商业健康保险,经市政府同意,现提出如下实施意见:

一、充分认识加快发展商业健康保险的重要意义

商业健康保险是由商业保险机构对因健康原因和医疗行为导致的损失给付保险金的保险,主要包括医疗保险、疾病保险、失能收入损失保险、护理保险以及相关的医疗意外保险、医疗责任保险等。加快发展商业健康保险,有利于与基本医疗保险衔接互补、形成合力,夯实多层次医疗保障体系,满足人民群众多样化的健康保障需求;有利于促进健康服务业发展,增加医疗卫生服务资源供给,推动健全医疗卫生服务体系;有利于深化医药卫生体制改革,推进医疗卫生治理体系和治理能力现代化;有利于化解社会健康风险,促进社会和谐稳定。

二、指导思想和发展目标

加快发展商业健康保险要充分发挥市场机制作用和商业健康保险专业优势,在切实保障人民群众基本医疗卫生服务需求的基础上,加强财税、产业等政策引导,充分调动有关部门和社会力量的积极性和创造性,大力发展普惠型业务,完善医疗保障服务体系,扩大保险产品供给,满足人民群众多层次、多样化保险需求。

到 2020 年,基本建成与重庆市经济社会发展需求相适应的现代商业健康保险服务体系,构建市场体系完备、产品形态丰富、经营诚信规范的商业健康保险市场,商业健康保险运行机制较为完善、服务能力明显提升、服务领域更加广泛、投保人数大幅增加。

三、大力发展普惠型商业健康保险

(一)全面推进商业保险公司承办服务城乡居民大病保险和城镇职工大额医保。利用医保基金购买大病保险,由商业保险公司承办城乡居民大病保险和城镇职工大额医保的理赔接待、档案整理,参与费用审核、医疗巡查,配合处理违规等具体业务,实现基本医疗保险、大病保险(大额医保)、医疗救助"一站式"即时结算服务,提高大病保险(大额医保)运行效率、服务水平,增强抗风险能力。

(二)积极推进商业补充医疗保险。按照"先试点、后推开"原则,鼓励部分参保单位和个人为职工或本人购买商业补充医疗保险,先行开展试点,总结完善后进一步推开施行。对参保人员经基本医保、大额医保、医疗救助报销后的医疗费用剩余部分,由商业补充医疗保险给予一定额度的补偿,进一步减轻参保人员的负担。

(三)扩大职工医保个人账户使用范围。自 2015 年起,允许参加城镇职工医保人员使用医保个人账户资金购买商业保险机构提供的健康保险和意外伤害保险。

(四)稳步推进商业保险机构参与各类医疗保险经办服务。鼓励市、区县(自治县)政府有关部门通过购买服务的方式,为公众提供丰富、优质的健康公共服务产品,并逐步增加种类和数量。鼓励商业保险机构积极参与医保基金管理、异地就医结算、异地就医调查等各类医疗保险经办业务,有效发挥商业保险机构网络系统和专业技术优势,降低运行成本,提升服务质量。

四、扩大商业健康保险供给

(一)丰富商业健康保险产品。鼓励商业保险机构积极开发健康管理服务相关产品,加强健康风险评估和干预;发展失能收入损失保险,补偿在职人员因疾病或意外伤害导致的收入损失;发展多种形式的长期商业护理保险;鼓励开发健康养老、中医药养生保健、治未病以及残疾人康复、托养、照料和心智障碍者家庭财产信托等保险产品。

（二）加快发展医疗执业等保险。加快发展推动医疗责任保险，实现公立医疗机构应保尽保，积极引导基层医疗机构和非公立医疗机构参保，全市二级以上公立医院参保率达到100%。探索发展多种形式的医疗执业保险，鼓励医疗机构和医师个人购买医疗执业保险，鼓励患方积极参加手术意外保险、麻醉意外保险等医疗意外保险。鼓励各级医疗机构通过商业保险等方式，提高医务人员医疗、养老保障水平，解决医疗职业伤害保障和损害赔偿问题。完善医疗机构考核制度，将医疗执业保险投保情况纳入医疗机构医疗质量安全和等级评审工作考核内容。

（三）支持健康产业科技创新。探索建立医药高新技术企业和创新型健康服务企业的风险分散和保险保障机制，帮助企业解决融资难题，化解投融资和技术创新风险。

五、加强制度和能力建设

（一）建立健全管理制度。完善健康保险单独核算、精算、风险管理、核保、理赔和数据管理等制度。加强行业服务评价体系建设，规范健康保险服务标准，强化商业保险机构守信激励和失信惩戒机制。强化商业保险机构与定点医疗机构的合作，有效降低不合理的医疗费用支出，着力解决医患信息不对称问题，缓解医患矛盾。

（二）推进信息化建设。支持信息共享，加强重庆市个人征信信息系统与保险信用信息系统互通联动。鼓励保险数据管理机构来渝发展，鼓励商业保险机构参与人口健康数据应用业务平台建设，加强数据分析利用。加快推动市政府有关部门和商业保险机构信息系统互联互通，提升信息化服务水平，切实加强参保人员个人信息安全保障，防止信息外泄和滥用。

（三）切实提升专业服务能力。商业保险机构要加强健康保险人才队伍建设，提升管理能力。鼓励有关部门、商业保险机构与科研机构、高等院校开展合作，组建商业健康保险专家人才库。鼓励商业保险机构开发医疗费用稽核系统，加强对医疗费用的监督控制和评价，提升管理服务水平。

六、加强组织领导和政策支持

（一）加强组织领导。市金融办牵头，会同市发展改革委、市财政局、市民政局、市人力社保局、市卫生计生委、市国资委、市地税局及重庆保监局等有关部门和单位，建立长效机制，合力推动重庆市商业健康保险业改革发展。各区县（自治县）人民政府要充分认识加快发展商业健康保险的重要意义，把商业健康保险服务业改革发展纳入当地现代保险服务业发展规划统筹推进，建立相应协调机制，结合本地实际统筹推进各项工作，加快商业健康保险的发展。

（二）完善政策保障。贯彻落实补充医疗保险税收优惠政策，企业根据国家有关政策为其员工支付的补充医疗保险费，在企业所得税税前扣除。贯彻落实国家关于个人购买商业健康保险、基本医保经办业务的营业税减免等税收优惠政策。市政府有关部门要编制养老服务设施、健康服务业专业规划。各区县（自治县）人民政府要将养老服务设施建设用地纳入当地土地利用总体规划和城乡建设规划，分年度按项目申请土地利用计划。对符合划拨用地目录的非营利性养老服务设施、健康服务业项目用地以划拨方式供应，营利性养老服务设施以招拍挂出让方式供应。对在渝设立的专业健康保险公司，按有关规定给予资金、用地等政策支持和奖励，完善健康保险发展管理和技术人才保障政策。

（三）加大宣传力度。充分利用电视、报纸、网络等媒体广泛宣传健康知识和保险知识，培育引导社会公众健康服务消费需求。商业保险机构通过服务网点、网络、定点医疗机构等渠道，协同有关部门做好大病保险、个人账户余额购买商业保险等相关政策宣传工作，公示各类健康保险产品服务内容及流程，提供相关咨询服务。

（四）强化协同监管。积极探索多部门参与的协同监管机制，严肃查处违法经营行为，营造良好的发展环境。重庆保监局要加强对在渝商业保险机构的日常监管，督促行业规范服务、严格自律、有序竞争。市人力社保局、市财政局要采取多种方式对承办业务的商业保险机构进行督查，切实提高重庆市大病保险、大额医保的服务质量和水平，维护好参保人信息安全；要向社会公开合作协议、筹资标准、待遇水平、年度收支等情况，接受社会监督。市卫生计生委、市物价局要加强对医疗机构和医务人员的监管，规范医疗服务行为，加大对医疗服务机构执行物价政策的督查和不合理医疗行为、费用的防控力度，保障医疗服务质量。

附录四　重庆市人民政府办公厅关于加快重庆创业投资发展的意见

渝府办发〔2015〕155号

各区县(自治县)人民政府,市政府各部门,有关单位:

创业投资是指向具有高成长潜力的未上市创业企业,特别是中小微创新型企业进行权益性投资,并为之提供创业管理服务,以期所投资企业发育成熟或相对成熟后,主要通过权益转让获得资本增值收益的一种股权投资行为。为鼓励各类社会资本参与重庆创业投资,加快实施创新驱动发展战略,根据《中共中央国务院关于深化体制机制改革加快实施创新驱动发展战略的若干意见》(中发〔2015〕8号)、《国务院办公厅关于发展众创空间推进大众创新创业的指导意见》(国办发〔2015〕9号)、《重庆市深化体制机制改革加快实施创新驱动发展战略行动计划(2015—2020年)》(渝委发〔2015〕13号)、《中共重庆市委办公厅重庆市人民政府办公厅关于发展众创空间推进大众创业万众创新的实施意见》(渝委办发〔2015〕20号)等文件精神,经市政府同意,现就加快重庆创业投资发展提出如下意见:

一、指导思想

深入贯彻落实党的十八大和十八届三中、四中全会精神,充分发挥市场在资源配置中的决定性作用和更好发挥政府作用,以促进创新创业为目标,着力优化创业投资发展环境,大力发展创业投资,为重庆市加快实施创新驱动发展战略、促进经济转型升级提供有力支撑。

二、总体目标

发挥政府引导作用,加快构建参与主体丰富、资本属性多元、专业人才聚集,能满足创新型企业从种子期、初创期到成长期不同发展阶段融资需求的创业投资体系,到2020年,形成创业投资引导基金参股基金规模300亿元、全社会创业投资规模1000亿元以上,培育以创业投资业务为主的创业投资机构100家以上,将重庆打造成为国内具有较强竞争力和较大影响力的创业投资中心、长江上游的创业投资集聚高地。

三、主要任务

(一)积极培育种子投资基金

设立市级创业种子投资引导基金,按照专项资金管理运行。市财政每年整合一定额度的科技发展专项资金用于创业种子投资引导基金,不断扩大基金规模。按照多方联动、专项管理、公益运作原则,推动创业种子投资引导基金与各区县(自治县)、园区、高等院校、科研院所等合作组建创业种子投资基金,以公益参股和免息信用贷款方式,重点支持众创空间等创业载体中的创业团队和种子期创新型小微企业,推动其对新兴产业中的新技术、新构思、新原理的商业潜能发掘。

(二)加快推动天使投资发展

将重庆市科技创业风险投资引导基金调整为重庆市天使投资引导基金,按照市场化方式运作。每年整合一定额度的科技发展专项资金持续注入天使投资引导基金,推动创业投资支持重点向创新创业前端延伸。按照政府引导、专业管理、市场运作原则,引导各类社会资本投资组建天使投资基金,以股权投资等方式重点支持初创期创新型小微企业,推动新兴产业中具有商业潜能的新技术、新构思、新原理的商业应用。天使投资应具备全球视野,把握新兴产业发展方向和机遇,鼓励研发和引进国内外先进技术,支持国内外创新创业人才和创新型企业来渝发展。

(三)扶持壮大风险投资

设立市级风险投资引导基金,按照专业管理、市场运作、效益优先原则,引导各类社会资本投资组建风险投资基金,以股权投资等方式重点支持成长期创新型中小企业快速发展,推动其商业价值实现规模化。风险投资引导基金按照市场化母基金方式运行,不断丰富基金品种、健全退出机制、增加基金流动性,加快推动重庆市新兴产业培育发展。

(四)鼓励国有创业投资机构加快发展

建立健全符合创业投资行业特点的国资管理机制,鼓励重庆市具备条件的国有企业设立创业投资机构或开展创业投资业务。支持国有创业投资机构探索混合所有制模式,简化投资及退出决策行政审批程序。国有创业投资机构应建立适应创业投资行业特点的考核评价体系,健全投资损失核销机制,简化投资损失核销流程;建立与风险、责任、收益相匹配的激励约束制度,按照市场化方式确定考核目标及相应的薪酬水平。允许国有创业投资机构建立跟投机制。

(五)集聚各类创业投资资源

鼓励各类创业投资机构落户重庆,积极吸引各类社会资本在重庆市参与设立创业投资基金。鼓励各区县(自治县)、园区安排创业投资专项资金与市级引导基金联动,支持创业投资发展。积极争取境外专业机构在重庆市组建人民币创业投资基金试点。鼓励社保基金、证券公司、保险公司、信托投资公司等机构安排资金用于支持创业投资。支持商业银行探索实施多种形式的股权与债权相结合的融资服务方式支持创业投资。鼓励创业投资机构依法通过私募股权融资、上市募集、发行企业债券、发行资金信托和募集保险资金等方式拓展融资渠道。允许创业投资机构按有关规定通过股权众筹等互联网金融方式募集资金。建立创业投资机构(含自然人)统计制度,鼓励高净值个人参与天使投资。

四、政策措施

(一)加大创业投资财税扶持力度

创业投资机构采取股权投资方式投资于未上市中小高新技术企业2年(24个月)以上,符合国家相关规定的,可按其对中小高新技术企业投资额的70%,在股权持有满2年的当年抵扣该创业投资机构的应纳税所得额,当年不足抵扣的,可以在以后纳税年度结转抵扣。支持创业投资机构向科技、金融集聚区集聚,鼓励有条件的区县(自治县)、园区为创业投资机构提供财政、购房等补贴政策。

(二)引进和培养创业投资人才

设立创业投资行业领军人才专项计划,对创业投资管理人才的引进、培养提供全程服务。全市各级政府要加强对创业投资人才的服务。推进重庆市创业投资人员与国内外富有经验的创业投资专家的合作与交流,加强联合投资。在重庆有条件的高等院校开设创业投资专业课程,推进本地高校与国内外知名院校合作办学,采取多种形式加强创业投资人才队伍培养。

(三)完善创业投资多渠道退出机制

进一步完善创业投资退出流转机制,充分利用资本市场,增加创业投资基金的流动性。优先支持创业投资机构投资的创新型企业在主板、中小板、创业板、新三板等国内资本市场上市或挂牌。加快完善区域性股权交易市场,争取在重庆股份转让中心设立科技创新专板,支持创新型中小微企业挂牌。

(四)建立创业投资与政府专项对接机制

做好政府部门之间沟通协调,及时发布政府专项资金支持项目信息,引导创业投资机构投资。扩大创业投资机构管理人员在政府专项项目评审中的参与度。探索建立创业投资机构向政府部门推荐专项资金支持项目机制。

五、环境保障

(一)加强对创业投资工作的协调指导

建立创业投资工作部门协调制度,由市科委牵头,会同市发展改革委、市经济信息委、市财政局、市国资委、市地税局、市工商局、市外经贸委、市金融办、人行重庆营管部、重庆银监局、重庆证监局、重庆保监局、外汇局重庆外汇管理部等部门和单位,研究制定创业投资发展政策,协调解决面临的重大问题。市政府有关部门和各区县(自治县)政府要结合自身职能,密切配合,协同做好综合保障、统计备案、税费征管、政策联动、风险监测等事宜,共同推动重庆市创业投资加快发展。

(二)培育优质创业投资项目源

加快实施"三个一千"专项行动(培育1000家众创空间、1000家科技"小巨人"企业、1000家新型科技平台),为创业投资机构提供更多优质投资项目源。实施新兴产业科技创新和创业投资引领工程,在先进制造、大健康、互联网、新材料、节能环保等产业领域,通过科技创新与创业投资联动,培育更多优秀创新型企业。

(三)完善创业投资中介服务

建立线上线下结合的创业投资综合性服务平台,通过举办投融资交流、项目路演、创业大赛等活动,实现创业投资机构和创新型企业的信息互动。充分发挥中介服务机构在项目对接、财务、法律、咨询、评估等方面的重要作用,为创业投资机构提供技术经纪、信息服务、市场预测、项目评估、资信评级、财务及法律咨询等服务,逐步建立和完善创业投资发展所需的社会化服务体系。

(四)加强创业投资与金融机构联动

大力推动创业投资机构与银行、证券、保险和互联网金融等机构的业务交流合作,积极推动投贷联动、投保联动等多种创新模式。鼓励融资担保机构为创业投资机构及其投资的重庆市创新型企业提供融资担保。

(五)加强创业投资行业协作和自律

充分发挥创业投资行业协会作用,通过建立种子投资、天使投资、风险投资衔接联动机制,定期评选优秀创业投资机构,制定行业自律公约等方式,加强行业协作和行业自律,协助政府主管部门做好行业管理相关工作,积极为创业投资机构和会员单位提供高质量服务。深入研究创业投资行业发展中存在的问题并提出解决思路,努力营造创业投资行业健康发展的环境氛围。

附录五　重庆市人民政府办公厅关于引导农村产权流转交易市场健康发展的实施意见

渝府办发〔2015〕167号

各区县(自治县)人民政府,市政府各部门,有关单位:

为贯彻落实《国务院办公厅关于引导农村产权流转交易市场健康发展的意见》(国办发〔2014〕71号)和《重庆市人民政府关于印发重庆市统筹城乡重点改革总体方案的通知》(渝府发〔2014〕43号)精神,经市政府同意,结合重庆市实际,现就引导农村产权流转交易市场健康发展提出以下实施意见。

一、总体目标及原则

(一)总体目标

以保障农民和农村集体经济组织的财产权益为宗旨,以规范农村产权流转交易行为和完善服务功能为重点,以交易品种丰富、组织架构清晰、运行制度规范、管理模式先进、信息联动共享、社会风险可控为目标,努力构建多层次、多形式的全市农村产权流转交易服务体系,规范发展农村产权流转交易市场,积极稳妥引导农村产权规范有序进场交易,显化和提升农村产权要素价值,推动农村要素流动市场化、农民增收渠道多元化、农业经营体系现代化。

(二)指导原则

1.坚持公益性为主、服务"三农"导向。农村产权流转交易市场是政府主导、服务"三农"的非盈利性机构,致力于为农民增收、农业增效和农村发展服务,充分发挥农村产权流转交易市场沟通城乡、盘活要素、撬动资源的作用。

2.坚持守住底线、规范运作。坚持依法、自愿、有偿流转交易农村产权,严守土地公有制性质不改变、耕地红线不突破、农民利益不受损三条底线,严格保护农村生态环境,保障农民和农村集体经济组织自主选择、民主决策的权利,建立公开透明、自主交易、公平竞争、规范有序的农村产权流转交易市场。

3.坚持因地制宜、统筹协调。综合考虑区县(自治县)农村产权流转交易的需要,整合和利用现有的流转交易服务平台,因地制宜建立流转交易市场,防止重复建设、资源浪费。理顺市、区县、乡镇流转交易服务平台关系,逐步实现全市农村产权流转交易市场一体化发展。

4.坚持稳妥推进、防控风险。处理好改革、发展、稳定的关系,从实际出发,循序渐进发展农村产权流转交易市场。不下指标,不片面追求建设速度、机构数量和交易规模。建立完善农村产权流转交易工作监管和风险防控机制,引导市场健康、平稳运行。

二、主要任务

(一)完善农村产权流转交易市场服务体系

1.设立市级农村产权流转交易平台。市级平台依托重庆农村土地交易所建立,承担农村产权流转交易信息发布、交易鉴证、资金结算、产权抵押登记信息汇集等综合服务及对区县农村产权流转交易平台的业务技术指导,负责组织地票等指标、农业知识产权和大额农村产权标的流转交易,完成上级部门和市农村产权流转交易监督管理委员会交办的事项。发挥市级平台统筹全市农村产权交易平台建设和业务拓展的功能,推动建立全市统一的农村产权流转交易运行规范和平台建设标准,完善运行机制,推动资源共享、优势互补、协同发展。支持重庆涪陵林权交易所发挥服务区域林权流转交易的功能,探索完善全市林权流转交易服务体系。

2.建立区县农村产权流转交易平台。充分发挥现有农村土地承包经营权流转、林权交易、农村产权交易等机构平台作用,因地制宜整合工作资源,推动建立综合性的区县农村产权流转交易平台。区县农村产权流转交易平台可以是事业法人,也可以是企业法人。设立事业法人的,可整合现有机构和职责,也可依托不动产统一登记机构设立。区县农村产权流转交易平台具体负责本行政区域内农村产权流转交易信息发布、交易活动组织、交易鉴证、协助办理产权变更登记、采集抵押登记信息、招商引资等综合服务以及需市级平台交易标的的推荐申报工作。

3.建设乡镇农村产权流转交易服务窗口和村级服务点。依托乡镇公共服务中心、村便民服务中心等开设乡镇农村产权流转交易服务窗口、村级服务点，充分发挥基层人员根植农村、贴近农户的属地化优势，组织开展政策宣传、信息收集核实、受理申请、项目核查、指导合同签订、当事者权益维护等服务。

4.构建"六统一"的交易管理模式。进一步健全市级平台制定规范标准、区县平台组织交易、乡镇平台收集核实信息的主体功能，推动全市农村产权流转交易按"统一交易规则、统一平台建设、统一信息发布、统一交易鉴证、统一服务标准、统一监督管理"的模式，逐步形成一体化运行管理体系。本着便民利民的原则，市、区县两级农村产权流转交易平台都要开设交易服务窗口，方便市场主体就近提出交易服务申请。

（二）完善交易管理制度

1.制定交易运行规则。出台重庆市农村产权流转交易管理办法，明确各级交易平台的职能职责、流转交易品种、进场范围、程序、监督管理及配套政策等，规范全市农村产权流转交易行为。分类制定承包地经营权、林权、"四荒地"使用权、养殖水面经营权、农村集体经营性资产、农业生产设施设备、小型水利设施使用权等流转交易规则和合同示范文本，对交易范围、主体、程序、行为规范、扶持政策及流转交易纠纷调处等作出规定，引导各类农村产权依法依规流转交易。建立交易平台信息发布、交易组织、交易鉴证、价款结算制度规范，制定标准化制式文书，指导具体交易行为。

2.规范交易主体。充分尊重农户意愿，禁止强迫农户自有产权进场流转交易；农村集体资产、农村产权抵押物处置、工商资本租赁农地原则上应进入农村产权流转交易平台公开流转交易，一定标的额以上的农村集体资产流转必须进入农村产权流转交易市场公开交易。农村产权流转交易平台依法对市场主体的资格进行审查核实、登记备案。产权流转交易的出让方必须是产权权利人，或者受产权权利人委托的受托人。除农户宅基地使用权、农民住房财产权、农户持有的集体资产股权之外，流转交易的受让方原则上没有资格限制（对外资企业和境外投资者按照有关法律、法规执行）。严格工商资本租赁农地准入门槛，对工商企业进入市场流转交易，要依据相关法律、法规和政策，做好资格审查、项目核实、风险防范等工作，并建立工商企业黑名单制度。

3.规范流转交易程序。农村产权流转交易活动,原则上按照"提出申请、审核受理、发布信息、组织交易、签订合同、价款结算、交易鉴证、成交公告"的程序进行。交易各方可向就近的交易市场服务窗口提交流转交易申请材料,审查通过后,在全市农村产权交易信息网统一对外公告,组织流转交易。属出让申请的,应先由交易标的物所属乡镇(街道)核实基本信息,再由区县交易平台函询相关行政主管部门,完成产权查档、权属确认、产权抵押等审核后方可受理。对受让申请有主体资格限制的,由区县交易平台函询相关行政主管部门,确认受让方具有交易主体资格条件后方可受理。交易双方达成交易意向后,交易平台应组织交易双方签订流转交易合同,进行价款资金结算,出具交易鉴证书,并将成交信息在全市农村产权交易信息网公告。按规定需要办理产权变更登记的,区县交易平台应协助交易双方办理产权变更登记。

(三)加强信息化平台建设

1.建立全市农村产权流转交易管理系统。依托市级农村产权流转交易平台,整合涉农产权流转交易信息资源,加快建设基于互联网的重庆农村产权流转交易信息化平台,集成产权在线审核、发布、交易、结算、监管等功能。充分发挥互联网受众面广、信息量大、交互性强、高效便捷的优势,引导广大农村用户利用互联网积极参与农村产权流转交易。

2.逐步建立完善统一的信息数据库和农村资产抵押登记管理网络信息系统。结合社会公共信息资源整合与应用的相关要求,建立农村产权流转交易和产权抵押登记信息数据标准,推进交易平台与相关行政主管部门、金融机构在产业规划、权属登记、抵押登记、农村产权融资等方面进行数据信息共享,构建统一、便捷、易用的数据标准体系和农村资产抵押登记管理网络信息系统,规范数据收集。建立交易信息审核、汇集、发布机制,推动建立全市一体、分级维护、权威准确的农村产权流转交易数据库和抵押登记信息数据库。加强数据分析应用,逐步建立农村产权流转交易、抵押登记公报制度,发挥引导市场预期、提供决策依据的作用。

3.完善交易安全管理措施。按照农村产权流转交易系统安全运行的要求,加强软硬件基础配置,建立交易日常安全管理运行维护制度,保障农村产权在线流转交易系统信息发布、交易组织、交易鉴证、价款结算等各环节、全流程安全可控。应用先进的网上支付安全技术,探索引入成熟的第三方支付平台,保障资金结算安全。构建信息安全管理制度,科学设置角色管理权限,保障交易信息安全。

(四)有序组织农村产权流转交易

1.稳步拓展交易品种。在国家法律法规和政策指导下,分类、分步、有序拓展农村产权及资源要素流转交易。稳步推进地票、承包地经营权、林权、养殖水面经营权、"四荒地"使用权等交易,继续探索、完善交易管理制度,稳步扩大交易量。在完善确权登记工作、制定完善交易规则的基础上,适时启动农村集体经营性资产、集体经济组织股权、农业知识产权、农业企业产权、农业生产设施设备、小型水利设施使用权等品种交易。探索开展以财政投资为主体的农村基础设施项目招标、农业产业项目招商和转让等流转交易试点。在"严格报批、封闭运行"前提下,稳妥开展农村集体经营性建设用地使用权流转交易和农房转让等试点。地票等指标类和农业知识产权类交易品种由市级平台组织流转交易;其他品种按属地化原则,主要由区县平台组织交易,但达到一定标的额、按规定须由市级部门审核的,应纳入市级平台组织交易。交易完成后,由重庆农村产权流转交易管理系统进行统一结算、统一鉴证。

2.拓宽交易平台服务内容。围绕现代农业发展要求,积极引导新型农业经营主体和服务供应商利用农村产权流转交易平台,即时发布农机、种子、农药、农技、农产品储存、运输、加工、销售、融资、担保等服务的供求信息,逐步建成覆盖区域广、种类全和涵盖农业产前、产中、产后全链条的专业化、社会化服务市场平台。

3.发挥中介服务组织活跃市场的作用。规范发展农村产权流转交易经纪机构(人),为权利人提供委托申请、组织实地踏勘、核实标的物信息、代理交易等居间业务,促成交易。引导财会、评估、咨询、策划等中介机构提供会计、价值评估、法律咨询、项目策划、宣传推介等专业化服务,探索为市场主体提供融资、估价、策划等鉴证服务,促进产权市场价格发现和价值提升。

4.构建风险防控机制。建立完善公开交易制度,确保交易主体知情权。建立市场主体从事农村产权流转交易活动的信用档案,将交易信用信息纳入全市公开信用信息平台覆盖范围。畅通投诉举报渠道,通过设立公开电话、电子邮箱等方式,快速受理投诉事项,及时反馈处理结果。按照受让方缴纳为主、政府适当补助的原则,探索建立工商企业租赁农户承包地风险保障金制度,引入担保机构探索建立合同履约担保机制,降低涉农产权流转交易风险,维护农户和农村集体经济组织的合法权益。

(五)研究出台扶持政策

1.完善金融扶持政策。积极引导金融机构对进入公开市场流转交易的农村产权项目给予融资支持,鼓励各类涉农银行、融资担保、资产评估等机构参与农村产权流转交易的相关配套服务工作。

2.加大财政支持力度。将农村产权流转交易纳入市、区县两级政府购买服务范围。对采取企业化运营的交易平台、中介服务机构,实行规费优惠政策,按照中央和市政府相关规定执行。

3.制定鼓励农村产权进场流转交易的配套政策。规范涉农融资、涉农补贴项目申报程序,探索实行财政支农政策与农村产权流转交易项目联动,将农村建设项目招标、产业项目招商和转让、高标准基本农田建设先建后补项目、涉农融资、涉农补贴项目等纳入公开市场招投标;项目申报、申请补贴、农业设施用地、抵押融资等需要农村产权权属证明材料的,可以使用农村产权流转交易平台出具的交易鉴证书作为规范凭证。

三、保障措施

(一)强化组织领导

重庆市农村产权流转交易监督管理委员会要统揽农村产权流转交易工作,承担组织协调、政策制定等方面职责,负责对市场运行进行指导和监管。各区县(自治县)也要建立农村产权流转交易监管组织体系,完善工作机制,研究制订农村产权流转交易市场建设工作方案,报区县(自治县)人民政府批准后实施。

(二)强化基础工作

加快推进农村集体经济组织清产核资、农村集体资产量化确权改革试点工作,全面摸清农村集体"三资"底数,明晰权属,完善管理。稳步推进不动产统一登记工作,进一步做好农村土地承包经营权、集体建设用地使用权、宅基地使用权、林权等权属的确权登记颁证工作,探索建立农村产权流转交易信息系统与不动产统一登记备案信息系统数据共享、联网运行机制。根据人口转移流动趋势,按照"多规合一"要求,编制实施农业农村经济社会发展规划、建设规划和土地利用总体规划,发挥规划对农村产权流转交易的引导作用。

(三)强化宣传培训

充分发挥报刊、广播、电视、网络等各类媒体作用,加大宣传力度,让广大农民群众、基层干部了解农村产权流转交易政策法规和运行规范,主动参与、大力支持市场建设。加强基层干部和交易服务人员业务培训,提高操作能力。及时宣传推广先行地区的好经验、好做法,通过典型示范引导,推动全市农村产权流转交易市场健康发展。

(四)强化监督指导

全市各级财政、国土房管、农业、水利、林业、金融等行政主管部门要各司其职、密切配合、加强指导,及时研究解决工作中的困难和问题,协同推进农村产权流转交易工作;对租赁农地经营、项目实施、风险防范等情况要开展定期检查和动态监测,促进交易公平,防范交易风险。及时查处弄虚作假、暗箱操作、操纵交易、恶意串标、强买强卖等各类违法违规交易行为,促进市场规范运行。推动建立农村产权流转交易行业协会,充分发挥其推动行业发展、自我管理、自我监督、自我约束的作用。

附录六　重庆市金融工作办公室关于进一步做好小额贷款公司服务实体经济防范风险工作的通知

渝金发〔2015〕10号

各区县(自治县)金融办(金融工作管理部门),两江新区金融发展局,北部新区现代服务业局,保税港区金融办,万盛经开区金融办,市小额贷款公司协会,各小额贷款公司,有关单位:

今年以来,重庆市小额贷款公司努力克服困难,行业发展稳中有进,风险总体可控,综合实力不断提升,服务实体经济能力进一步增强。但在当前经济下行压力较大、行业风险持续显现、经营效益下降的情况下,部分小额贷款公司出现贷款投向不合理、利率政策执行不到位、维权方式不恰当等问题。为进一步贯彻落实市委、市政府总体要求,处理好稳增长与防风险的关系,促进行业在规范中求发展,在发展中防风险,经市政府同意,提出如下意见。

一、加强服务创新,着力支持实体经济

(一)坚持普惠金融理念

引导小额贷款公司坚持"小额、分散"原则,发挥"便捷、高效"优势,创新多种业务模式,引进国内外先进的微贷技术,更加贴近小微企业、个体工商户和"三农"。支持小额贷款公司到专业市场、工业园区设立分支机构,利用面向农村的互联网电商企业向"三农"提供信贷服务,扩大客户数量和服务覆盖面。

(二)创新信贷服务方式

小额贷款公司应以客户为中心,改进信贷流程,创新符合市场需求的信贷产品和服务,提供多层次、差异化信贷服务,努力与客户建立长期的、良性的合

作关系。应根据客户的生产经营和资金周转情况确定贷款种类和期限,积极运用收回再贷、展期续贷、借新还旧、联合贷款、缓收本息、减免利息、协调其他融资等方式支持困难客户。应对坚持主营业务、具有发展潜力但涉及多个债权人的风险客户,慎重采取查封、诉讼等手段,主动与债务人及其他债权人采取一致行动,共同商定偿还计划和帮扶措施,支持客户走出困境。

二、加强政策引导,推进机构做优做强

(三)适度放宽准入规定

鼓励小额贷款公司股权投资、并购重组、转让股权和增资扩股,适度集中和不断优化股权结构。取消小额贷款公司境外主发起人资产总额不低于等值10亿元人民币的规定。允许企业和自然人在境外设立特殊目的公司投资小额贷款公司。设立主要服务"三农"的小额贷款公司,可适度降低注册资本要求。小额贷款公司控股股东持股比例不低于20%;公众公司一般股东持股比例不设下限,非公众公司一般股东持股比例不低于0.5%;有限责任公司控股股东持股比例最高可达100%,股份有限公司控股股东与关联方和一致行动人的持股比例不高于90%。小额贷款公司因高管、员工股权激励或上市需要,可以新设企业作为小额贷款公司股东。小额贷款公司开业一年后可以减持资本,减持后的最低资本限额为1000万元,但原控股股东是企业的,减持资本后的控股股东仍应是企业;开业一年后股权转让不受时间和次数限制(涉诉股东除外)。注册资本5亿元(含)以上或单户贷款平均余额占注册资本1%(含)以下的小额贷款公司设立分支机构,不受资本、时间和数量限制。

(四)优化分类监管制度

完善以监管评级和杠杆控制为核心的分类监管制度,差别监管,扶优限劣。对监管评级达标的小额贷款公司,支持设立分支机构、开展金融创新、增加融资方式、取消分类融资比例、提高融资杠杆,适度减少现场检查。符合条件的小额贷款公司可以申请开展网络贷款业务。引导经营不善、风险较大的小额贷款公司主动申请注销。支持不良贷款率控制在5%(含)以下的小额贷款公司设立分支机构、开展各类融资和金融创新。

(五)促进盘活存量资产

放宽经营区域限制,允许小额贷款公司在全市范围内发放自营贷款、委托贷款和从事股权投资,经批准开办网络贷款业务的小额贷款公司可在线上向全国范围内的客户发放自营贷款。调整委托贷款管理有关规定,允许小额贷款公司之间或委托商业银行发放委托贷款,单笔委托贷款金额下限由100万元调整为20万元。放宽贷款展期限制,小额贷款公司与客户协商确定的贷款展期不受次数和期限限制。小额贷款公司经事前备案后可开展同业拆借业务。鼓励小额贷款公司探索市场化的不良贷款处置办法,支持通过金融资产交易平台挂牌、资产管理类公司收购、有实力的大股东回购等方式转让不良信贷资产,支持通过债转股、以资抵债和资产证券化等方式消化不良信贷资产,债转股和其他各类投资总额最高可达注册资本的30%。

三、加强导向监管,提升经营管理水平

(六)严格贷款利率管理

小额贷款公司要使用统一的借款主合同和从合同范本,贷款利率和有关费用构成的综合有效利率不得违反法律有关规定,并在贷款合同中明示贷款种类、期限、利率水平、收费项目和标准、收(计)息收费方式。严禁利用各种不合理的计息、收息方式变相提高贷款利率,严禁在借款合同外或利用第三方向借款客户收取任何形式的顾问、咨询、评估、管理等费用,严禁利用股东、员工、关联方代小额贷款公司发放贷款并向借款客户收取高额利息和费用,严禁员工销售"飞单"向借款客户收取好处费。

(七)强化违规行为查处

进一步完善非现场监管系统功能,利用实时在线监管,加强违规问题和经营风险监测预警。加大现场检查力度和频率,对检查(审计)、考核和日常监管中发现有非法集资、吸收公众资金、发放高利贷、账外经营、违规融资等重大违法违规行为,或拒不接受监管的,依法进行严肃查处。对多次被举报投诉的小额贷款公司,经查证属实后,在业务和融资方面进行严格限制。市小额贷款公司协会应进一步加强行业自律建设,积极开展行业信用评价和自律检查活动,

对违规会员单位予以惩戒;建立健全违规从业人员"黑名单"库,加大从业行为的约束力度。

四、加强部门协作,改善外部发展环境

(八)加大财税政策支持

小额贷款公司按规定享受金融企业贷款损失准备金企业所得税税前扣除相关政策。对加入中国人民银行征信系统的小额贷款公司对市内发放符合条件的农村产权抵押贷款、微型企业创业扶持贷款、小额保证保险贷款出现的损失,经所在区县(自治县)金融办和财政局审核确认后,可按相关规定享受风险补偿政策,具体办法由市金融办会同市财政局另行制定。

(九)扩大征信服务范围

小额贷款公司应积极加入中国人民银行征信系统。支持市小额贷款公司协会与市场化征信机构合作,探索征信机构共享非现场监管系统信息。小额贷款公司向中国人民银行征信系统、市场化征信机构提供信贷信息,应事先取得客户同意并在借款合同上明示。

(十)加强沟通共享信息

市小额贷款公司协会及小额贷款公司应及时报告行业风险信息,主动与有关部门联系沟通,努力避免因信息不对称导致的情势误判和处置失当。各级金融办应加强与宣传、统战、工商联、人行、银监等相关部门的交流沟通,为小额贷款公司发展营造良好舆论环境,传递行业正能量。

附录七　重庆市金融工作办公室关于印发《重庆市金融突发事件风险管理实施细则（试行）》的通知

渝金发〔2015〕12号

各区县（自治县）金融工作办公室（金融工作管理部门），两江新区金融发展局、北部新区现代服务业局、万盛经开区金融工作办公室，市级有关部门、有关单位：

按照市政府《关于加强突发事件风险工作的意见》和市政府应急办《重庆市突发事件风险管理操作指南（试行）》，我办结合市内银行类金融机构、非银行类金融机构和要素市场的分布及管理实际，制定了《重庆市金融突发事件风险管理实施细则（试行）》。经修改完善并报请市政府应急办审核同意，现印发执行。

请各单位按照市政府的统一部署和要求，尽快熟悉风险管理信息软件，认真开展金融突发事件的风险识别和登记，科学进行风险评估，有效防范和应对金融突发事件。

重庆市金融工作办公室

2015年12月18日

重庆市金融突发事件风险管理实施细则（试行）

第一章　总　则

为有效防范金融突发事件，最大限度地减轻金融突发事件对经济社会可能造成的危害，化解金融风险，维护社会稳定，制定本细则。

一、适用范围

本细则适用于各区县（自治县）政府、市政府有关部门和有关单位利用矩阵分析法，对重庆市内银行、证券、保险等银行类金融机构，信托、小贷、担保、财务公司、融资租赁、汽车金融、农村信用合作组织、典当行、投资类企业等非银行金融机构,以及要素市场等行业企业开展突发事件风险管理工作。

二、工作内容

金融突发事件风险管理包括风险识别与登记、风险评估、风险控制三大基本内容,并通过开展监测与更新,实现对金融突发事件风险的科学化、常态化、动态化管理。

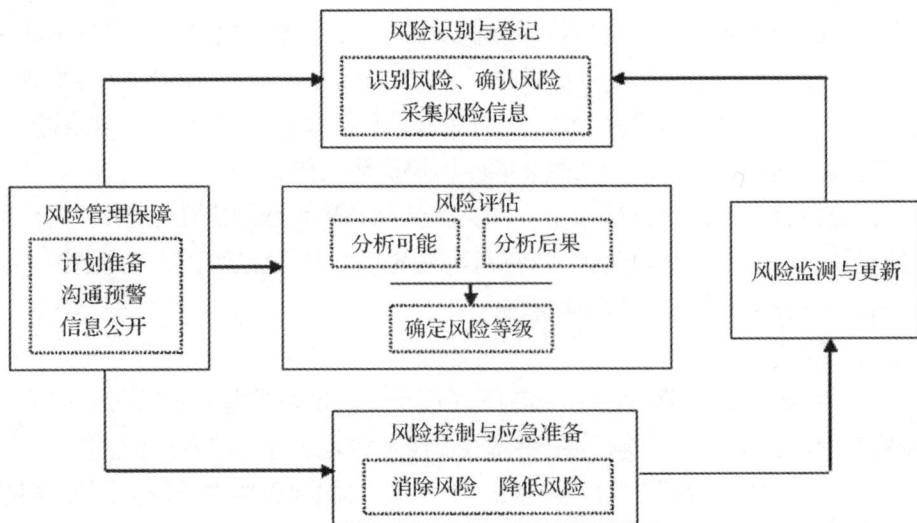

图1　风险管理工作运行流程图

三、工作职责

(一)市金融办:负责制定全市金融突发事件风险评估细则;统筹、协调、督促和检查各区县(自治县)政府和有关行业管理部门的金融突发事件风险管理工作;负责小贷、融资担保、股权投资类企业和要素市场等非银行金融机构突发事件的风险识别、评估和控制等工作。

(二)市商委:负责典当行、商业保理和内资融资租赁企业的突发事件风险识别、评估、控制和汇总报送等工作。

(三)市外经贸委:负责外资融资租赁企业的突发事件风险识别、评估、控制和汇总报送等工作。

(四)市农委:负责新型农村合作金融组织的突发事件风险识别、评估、控制和汇总报送等工作。

(五)市国资委:负责对国有投资类企业的突发事件风险识别、评估、控制和汇总报送等工作。

（六）人行重庆营管部、重庆银监局、重庆证监局、重庆保监局等有关金融行业管理部门：负责建立本行业突发事件的风险管理体系，制定突发事件风险管理工作规范、流程、标准；建立行业风险管理数据库；组织做好本行业突发事件风险识别、风险评估、风险控制和汇总报送等工作；指导和督促各区县（自治县）开展行业突发事件风险管理工作。

（七）各区县（自治县）政府（含北部新区管委会、万盛经开区管委会、下同）：负责建立区域金融突发事件风险管理机制，统筹组织本区域内金融突发事件风险管理工作；建立区域金融突发事件风险管理数据库；对本区域投资类企业开展突发事件风险识别、评估，制定金融突发事件风险控制措施并汇总报送；指导、督促、检查乡镇（街道）金融突发事件风险管理工作。

（八）各金融及非金融机构。具体实施金融风险管理的责任主体，负责开展风险识别、登记、建档和风险评估，并向所在地政府和行业管理部门报送相关信息；制定风险控制措施并抓好落实。

四、工作原则

（一）系统性。统筹考虑各个流程、各个环节、各种类型和不同时间的金融风险，充分考虑多方面影响，运用现代科学技术和方法进行综合分析。

（二）实效性。结合工作实际，突出工作重点，做到工作责任落实到位、信息采集真实准确、评价客观科学、应对措施切实可行，确保及时发现并消除、降低各类金融风险。

（三）专业性。广泛运用现代科学技术与方法，借鉴国外研究成果和国内行业成熟做法，充分发挥专家和专业机构作用，建立健全专业标准体系，提升金融风险管理科学化、专业化、规范化水平。

（四）统筹性。按照"统筹组织、条块结合、分工负责、层层落实"的要求，建立政府主导、社会参与、协调联动的风险评估格局，构建横向到边、纵向到底的金融风险管理体系。

（五）动态性。根据自然环境、人文条件、管理水平、周边及国际环境等外部条件，把握金融风险变化规律，及时更新风险数据，调整防控措施，开展科学分析，从源头防范金融突发事件的发生。

第二章　金融风险识别与登记

一、金融风险识别内容

认识和确定存在的金融突发事件风险,要通过会商研判、实地调查、专家鉴定等方式,从不同层面和角度分析、罗列、细化某行业、某区域,或某事件可能发生的各种不利情况,判断其可控程度、预判其可能性等,根据金融突发事件风险列表(见表1)确定金融突发事件风险类别,进行系统归类。

表1　金融突发事件风险列表

编码	名称	说明
4C00	金融突发事件	
4C01	银行业	
4C02	证券业	
4C03	保险业	
4C04	外汇类突发事件	
4C05	货币发行类突发事件	
4C06	支付结算类突发事件	
4C99	其他金融突发事件	

二、金融风险登记方法

针对识别出的每个风险,确定具体隐患及可能发生的突发事件,通过查阅档案、勘察调查、实地走访等方式收集相关信息,填写风险信息采集表,将有关内容录入风险管理信息系统(见表2)。

表2 金融风险信息采集表

采集单位：   采集时间：年 月 日

基本情况	风险名称				
	风险类别				
	风险编码				
	所处功能区				
	所在辖区				
	企事业主要负责人		移动电话		值班电话
	风险所在地址				
	行业主管部门				值班电话

定性描述		
	信息点	具体情况
特征	风险描述	
	风险自然属性	
	风险社会特征	
	发生原因	
	曾经发生情况	
	应对情况	

定量描述			
类别	信息点	具体情况	信息来源
人	直接影响人数		
	可能涉及人数		
经济	房屋资产情况		
	企事业单位个数		
	资产总额		

续表

基础设施	通信设施		
	交通设施		
	供水设施		
	电力设施		
	石油天然气设施		
	城市基础设施		
	生活必需品供应场所		
	医疗服务机构		
	其他设施		
重要场所	涉外场所		
	公众聚集场所		
	重要部门		
影像描述			
照片	全貌或局部照片		
应急管理			
组织体系	应急机构名称		
	应急制度名称		
预防控制	风险监测防控设备		
	应急预案名称		
	应急训练、演练情况		
应急保障	应急队伍数量		
	应急资金数量		
	应急宣传教育培训情况		

填表人： 联系电话： 审核人： 责任人：

第三章　金融风险评估

一、金融风险评估内容

对识别出的金融风险引发事件的可能性和人、经济、社会、保障、环境等可能受到的损害进行评估,在此基础上对金融风险进行综合等级评定。

二、金融风险评估方法

金融风险评估主要采用矩阵分析法,通过量化分析金融风险引发突发事件的可能性和损害后果参数,确定可能性值和损害后果值,并通过在矩阵上予以标明,确定风险的危害等级。

风险评估可以组织不同类型的专家及相关人员参与,依据现行法律法规、政策规定,充分考虑对象的风险承受能力、控制能力和突发事件危害性质等因素,通过技术分析、实地查勘、集体会商等方式,多方论证确定突发事件发生的可能性、损害后果等。

三、风险评估程序

(一)场景描述

对金融突发事件发生时间、地点、原因和持续时间、影响范围、造成的损失危害等进行设定,或对曾发生过的突发事件的场景进行描述,要按最严重的损害进行假定或描述,并填写损害"突发事件场景设置"相关内容(见表3)。

表3　突发事件场景设置

填表单位:　　　　　　　　　　　　　　　　填表时间：年　月　日

突发事件场景设置	发生时间	
	发生地点	
	事件名称	
	发生原因	
	持续时间	
	影响范围	
	事件经过	
	造成的损失	
	其他描述	

（二）分析损害

1.预测损害规模。按照损害后果计算表中列出的5类16项损害参数,预测每个参数可能产生的损害规模,并填写"预期损害规模"相关内容(见表4)。

2.确定参数等级。根据预测的损害规模,对照损害临界值标准表(见附则:损害临界值标准表),确定每个损害参数的损害等级,并填写"损害等级"、"损害后果判定依据"相关内容(见表4)。

3.计算损害后果。根据每个参数损害等级值,计算出最终的损害后果值(最终损害后果＝损害等级之和÷损害参数总数,保留小数点后一位,四舍五入),并填写"损害等级合计数"、"损害后果"相关内容(见表4)。

4.将每个参数的损害规模、损害等级值等信息录入风险信息管理系统(损害后果值可由系统自动计算)。

表4　损害后果计算表

填表单位：　　　　　　　　　　　　　　　　　　　　填表时间：　年　月　日

领域	缩写	损害参数	单位	预期损害规模	损害等级	损害规模判定依据
人 （Man）	M1	死亡人数	人数			
	M2	受伤人数	人数			
	M3	暂时安置人数	人数			
	M4	长期安置人数	人数			
经济 （Economy）	E1	直接经济损失	万元			
	E2	间接经济损失	万元			
	E3	应对成本	万元			
	E4	善后及恢复重建成本	万元			
社会 （Society）	S1	社会生活中断	时间、人数			
	S2	政治影响	影响指标数、时间			
	S3	社会心理影响	影响指标数、程度			
	S4	社会关注度	时间、范围			
保障 （Security）	S1	基础设施中断	影响指标数、程度			
	S2	生活保障中断	时间、人数			

续表

领域	缩写	损害参数	单位	预期损害规模	损害等级	损害规模判定依据
环境（Ecology）	E1	保护区破坏	比重			
	E2	生态破坏	影响指标数、程度			
Sum=M+E+S+S+E　　损害等级合计数：　　损害参数总数：16							
损害等级=损害等级合计数/损害参数总数　　损害结果：							

填表人：　　　　　联系电话：　　　　　审核人：　　　　　责任人：

（三）分析可能

1.分析可能性等级。对照发生可能性分析表所列出的4项可能性参数,通过综合分析,得出每个参数对应等级值,并填写"等级值"一栏相关内容(见表5)。

2.确定发生可能性。根据每个参数可能性值,按照计算公式得出最终可能性值(发生可能性=等级值合计÷指标总数,保留小数点后一位,四舍五入),并填写"等级值合计数"、"发生可能性"相关内容(见表5)。

3.将每个参数等级值信息录入风险信息管理系统(发生可能性值可由系统自动计算)。

表5　可能性分析表

填表单位：　　　　　　　　　　　　　　　　　填表时间：　年　月　日

指标	释义	分级	可能性	等级	等级值
历史发生概率（Q1）	从该风险过去10年发生此类突发事件的频率得出等级值	过去10年发生6次以上	很可能	5	
		过去10年发生5次	较可能	4	
		过去10年发生3—4次	可能	3	
		过去10年发生1—2次	较不可能	2	
		过去10年未发生	基本不可能	1	
风险承受能力（Q2）	从评估对象自身的风险承受能力（稳定性）来判断发生此类突发事件的可能性	承受能力很弱	很可能	5	
		承受能力弱	较可能	4	
		承受能力一般	可能	3	
		承受能力强	较不可能	2	
		承受能力很强	基本不可能	1	
应急管理能力（Q3）	从评估对象的应急管理能力（包括组织体系、预防控制、应急保障、宣传培训等）来综合评估发生此类突发事件的可能性	应急管理能力很差	很可能	5	
		应急管理能力差	较可能	4	
		应急管理能力一般	可能	3	
		应急管理能力好	较不可能	2	
		应急管理能力很好	基本不可能	1	

续表

指标	释 义	分 级	可能性	等级	等级值
专家综合评估（Q4）	由风险管理单位牵头，不同类型的专家及相关人员参与，通过技术分析、集体会商、多方论证评估得出此类突发事件发生的可能性		很可能	5	
			较可能	4	
			可能	3	
			较不可能	2	
			基本不可能	1	
Sum=Q1+Q2+Q3+Q4　　等级值合计数：　　指标总数：4					
发生可能性＝等级值合计数/指标总数　　发生可能性：					

填表人：　　　　联系电话：　　　　审核人：　　　　责任人：

（四）确定等级

根据最终的损害后果值和发生可能性值，在风险矩阵图上绘制相应的坐标（见图2），按照坐标所在区域，确定风险的最终等级（一般、较大、重、特别重大4个等级）。

绘制单位：　　　　　　　　　　　　绘图时间：　　年　　月　　日

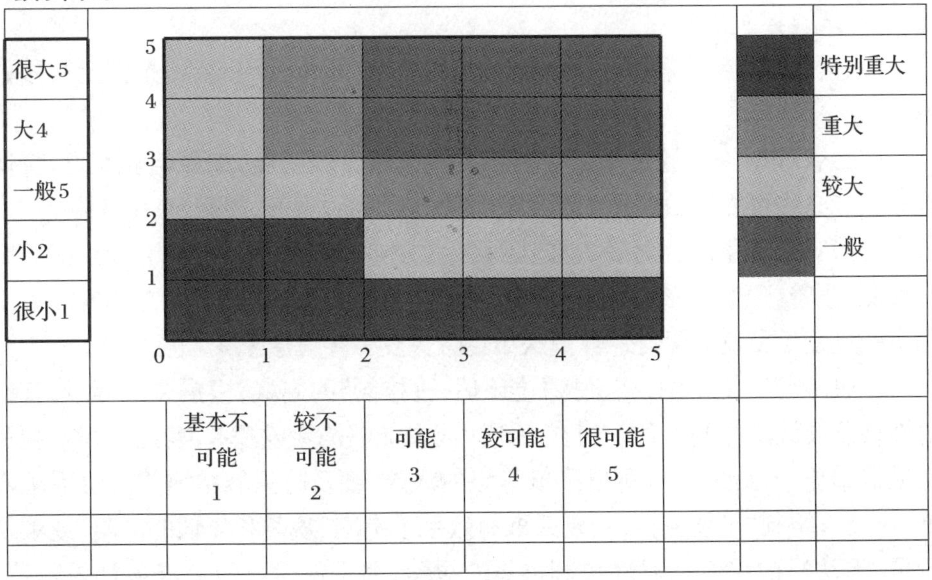

图2　风险矩阵图绘制示例

（五）汇总信息

填写风险评估登记表（见表6），并将有关信息录入风险管理信息系统。

表6　风险评估登记表

填表单位：　　　　　　　　　　　　　　　　　　　　　填表时间：　　　年　　月　　日

序号	风险名称	发生可能性	风险等级	信息采集			评估			审核		
				单位名称	负责人	时间	单位名称	负责人	时间	单位名称	负责人	时间

填表人：　　　　　　联系电话：　　　　　　审核人：　　　　　　责任人：

第四章　金融风险控制

一、金融风险控制内容

根据识别出的风险及其可控程度、评估出的等级,分析自身存在的问题和薄弱环节,有针对性地采取措施消除、规避风险、治理隐患或减小风险带来的损害,以最小成本达到最优效果。

二、风险控制措施

(一)技术措施。采取技术措施,适时监控企业资金流向,防止资金转移和流失,减少风险。

(二)管理措施。通过制定完善相关政策和管理制度,加强企业监管,督促企业放弃某些可能招致风险的活动和行为,以消除、降低、规避、减小风险。

(三)应急准备。针对确实难以消除、控制或难以预测、预防的风险,提前做好监测、预警、预案、演练、队伍、资金、物资、技术、宣传、保障等各方面的准备工作。一旦发生突发事件,按照《重庆市金融突发事件应急预案》进行处置。

在风险管理工作中,要坚持"边评估、边控制"的方式,根据风险等级,有针对性地开展风险控制工作。对在一定时间内能够消除或基本消除的风险,要及时采取措施予以消除;对可以降低等级的风险,要及时采取措施将风险等级降低;对较难控制、可能失控,难以采取有效手段消除、规避和降低的风险,或难以预见、无法提前采取针对性控制措施的风险,要提前做好应急准备加强防范。对等级达到"重大"及以上的风险,或近期可能引发突发事件且有一定紧迫性的风险,要及时采取有效措施重点予以控制。对具备较强专业性、技术性的领域,可以组织有关专家或专业机构提出风险控制具体措施和方案。采取的控制措施要填入风险防控措施表(见表7),并将有关信息录入风险管理信息系统。

表7　风险防控措施表

填表单位：　　　　　　　　　　　　　　　　　　　　　　填表时间：　年 月 日

序号	风险名称	技术措施	管理措施	应急准备

填表人：　　　　　　联系电话：　　　　　审核人：　　　　　责任人：

三、市级重大风险

风险等级为"重大"、"特别重大"的风险为市级重大风险,纳入全市应急管理年度工作重点,由有关区县(自治县)政府、市级有关部门按照职责组织开展控制工作,落实控制措施。各区县(自治县)政府、市级有关部门要根据职能职责,建立重大风险控制机制,确定本区域、本行业、本地区重大风险,并实施重点控制。

四、风险监测更新

(一)风险监测。各区县(自治县)政府和市级行业主管部门要建立本区域、本行业、本单位风险监测制度,对风险变化情况和本区域、本行业、本单位风险管理开展情况进行动态监测。

(二)风险更新。各区县(自治县)政府和市级行业主管部门每年要组织本区域、本行业、本单位对相关企业风险进行重新识别、登记和评估,及时掌握风险的增加、减小和等级变化等情况,填写风险变化情况表(见表8),并录入风险管理信息系统。要根据风险变化情况,重新制定或调整风险控制措施,并对风险信息系统内的信息进行更新。风险更新工作应当在每年12月底前完成。

表8　风险变化情况表

填表单位：　　　　　　　　　　　　　　　　　　　　　　填表时间：　年 月 日

序号	风险名称	变化情况	风险等级变化		损害后果变化		发生可能性变化		变化原因
			原结果	更新结果	原结果	更新结果	原结果	更新结果	

填表人：　　　　　　联系电话：　　　　　审核人：　　　　　责任人：

第五章　工作保障与成果运用

一、计划准备

要提前制定工作方案,明确工作流程、进度和责任;要搭建好领导班子,明确风险管理责任领导、具体负责部门和负责人,并做好本区域、本行业、本行业工作动员;要提前准备好相关手册、表格等资料,提前与有关专家和专业机构做好沟通联系,配备必要的办公室设施;要结合工作实际,落实经费;要加强数据资料使用和管理,建立统一风险信息管理、发布和保密制度。

二、信息报送

在风险识别与登记、风险评估、风险控制工作中录入风险管理信息系统的各类信息,全部通过风险管理信息系统逐级报送,并由系统按区域和行业两条线自动汇总至各区县(自治县)政府、相关市级行业主管部门,最终汇总成全市风险信息数据库。

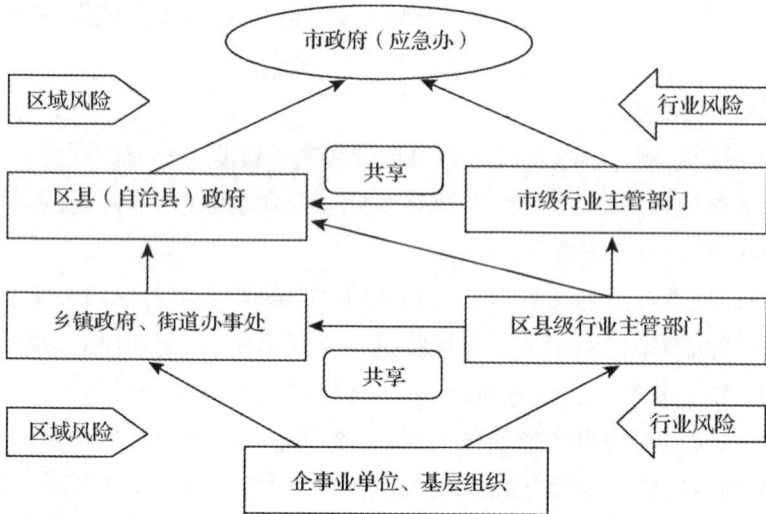

图3　风险信息报送流程图

三、信息公开

各区县(自治县)政府和市级行业主管部门在加强信息共享的同时,要及时向社会公布危险区域、危险事项等信息,引导社会公众防范和规避风险,并依法责令风险涉及的有关单位和人员采取安全防范措施。对敏感信息、涉密信息,要做好保密工作。

四、成果运用

(一)辅助政府科学决策。实施重大项目或重大决策前,及时发现可能存在的风险,通过开展行业和区域风险管理,提高对突发事件发生可能和损害后果的预见性,防患于未然。

(二)加强监测预防预警。通过开展风险识别、评估、监测、更新和控制,消除或降低突发事件发生的可能性,遇到难以避免的风险,及时发布预警信息,规避突发事件造成的损害。

(三)强化应急保障。通过掌握风险信息,有针对性地加强包括决策、指挥、调度、处置、救援、物资、队伍、信息在内的各项应急保障和准备,有效应对随时可能发生的突发事件。

(四)优化应急预案演练。针对存在的各类风险,优化已有应急预案,科学编制新的应急预案,细化各项预防和处置措施,并有针对性地开展专项演练和盲演、无脚本演练等。

(五)差别配备应急资源。根据不同类型、不同等级的风险,有重点、有差别地配备、整合各类应急资源,建立科学合理的应急资源分配机制,实现最优配置和效益最大化。

(六)提高防范金融风险意识。根据存在的各类风险,有针对性地开展宣传教育,重点对处于风险影响范围的人群加强宣传教育,充分利用各种媒体加大宣传力度,提高公众防范意识。

第六章 附 则

损害临界值标准表

一、评估领域——人

突发事件对人这一领域所造成的损害主要从四个参数进行衡量,包括死亡人数(M1)、受伤人数(M2)、暂时安置人数(M3)、长期安置人数(M4),每个参数5级临界值见表9。

表9 对人损害临界值标准表

分类		人(M)			
等级	描述	死亡人数(M1)	受伤人数(M2)	暂时安置人数(M3)	长期安置人数(M4)
5	很大	≥10	≥100	≥3000	≥1000
4	大	6~9	50~99	1000~2999	500~999
3	一般	3~5	16~49	300~999	100~499
2	小	1~2	5~15	50~299	30~99
1	很小	0	≤4	≤49	≤29

死亡人数是指因突发事件而遇难(包括经法定程序宣布死亡)的人数。受伤人数是指因突发事件而受伤,须接受医生或医疗机构治疗的人口。暂时安置人数是指因突发事件而需要暂时(7天以下)转移安置或紧急疏散(事后可以返回原住所居住),或只需在原住所给予相应求助的人口。长期安置人数是指因突发事件而失去住所,需要在原地或异地重建住所的人口。

二、评估领域——经济

突发事件对经济这一领域所造成的损害主要从四个参数进行衡量,包括直接经济损失(E1)、间接经济损失(E2)、应对成本(E3)、善后及恢复重建成本(E3),每个参数5级临界值见表10。

表10　对经济损害临界值标准表

分类		经济(E)(万元)			
等级	描述	直接经济损失(E1)	间接经济损失(E2)	应对成本(E3)	善后及恢复重建成本(E4)
5	很大	≥10000	≥30000	≥5000	≥50000
4	大	5000~9999	10000~29999	2000~4999	10000~49999
3	一般	1000~4999	2000~9999	500~1999	3000~9999
2	小	200~999	500~1999	50~4999	500~2999
1	很小	≤199	≤499	≤49	≤499

直接经济损失是指突发事件造成的房屋及室内外财产、基础设施和三次产业损失的总和,主要包括房屋损毁的损失,财产损失,农业、工业、服务业三次产业损失,水电气、交通、通信等基础设施破坏损失。间接经济损失是指突发事件造成所有间接经济损失的总和。间接经济损失包括农业、工业、服务业三次产业中断造成的经济成果损失,水电气、交通、通信等基础设施中断造成的损失,商业中断的税收损失等。应对成本是指现场处置突发事件产生的各种费用总和。应对成本主要包括人工、物资、运输、医疗药品、消毒防疫、埋葬、废墟清理及人员搬迁暂住、救援人员食宿保障等费用。善后及恢复重建成本是指导突发事件的威胁和危害得到控制或者消除后,补偿、救助、恢复、重建等所需的各种费用的总和。

三、评估领域——社会

突发事件对社会这一领域所造成的损害主要包括社会生活中断(S1)、政治影响(S2)、社会心理影响(S3)、社会关注度(S4)4个参数,每个参数的临界值度量见表11至表14。

（一）社会生活中断(S1)

表11　对社会生活中断损害临界值标准表

影响人数＼持续时间	≤9999	10000~49999	50000~99999	≥10000
12小时以内	1	1	2	3
12(含)~24小时	1	2	3	4
24(含)~72小时	2	3	4	5
72(含)小时以上	3	4	5	5

（二）政治影响(S2)

表12　对政治影响损害临界值标准表

指标数量＼持续时间	无显著影响指标	出现一个影响指标	出现两个影响指标	出现三个及以上影响指标
12小时以内	1	1	2	3
12(含)~24小时	1	2	3	4
24(含)~48小时	2	3	4	5
48(含)小时以上	3	4	5	5
备注:政治影响是指突发事件对政府运行的影响,该参数从影响持续时间与影响指标数量两个方面衡量。出现两个以上影响指标,确定持续时间时取最大值。				

　　政治影响是指突发事件对政府运行的影响,该参数从影响持续时间与影响指标数量两个方面衡量。影响指标包括:1.影响政府工作人员正常工作秩序;2.影响群众对政府的信任;3.影响政府对社会和管理;4.影响公共秩序与安全;5.影响公民自由与权利;6.影响社会公德;7.媒体负面报道;8.其他不利影响。出现两个以上影响指标,确定持续时间时取最大值。

（三）社会心理影响(S3)

表13　对社会心理影响损害临界值标准表

指标数量＼影响程度	无显著影响指标	出现一个影响指标	出现两个影响指标	出现三个及以上影响指标
很小	1	1	2	3
小	1	2	3	4
一般	2	3	4	4
大	3	4	4	5
很大	4	4	5	5
备注:社会心理影响是指突发事件对大众心理的影响,该参数从影响程度与指标数量两个方面衡量。出现两个以上影响指标,确定影响程度时取最大值。				

社会心理影响是指突发事件对大众心理的影响,该参数从影响程度与指标数量两个方面衡量。影响指标包括:1.对风险事件缺乏认识导致的焦虑;2.对风险事件缺乏判断导致的盲目从众;3.对受影响群众采取相关行动导致的恐慌;4.对政府采取的应对措施不理解;5.对政府能够有效应对风险事件的不信任;6.其他不利影响。出现两个以上影响指标,确定影响程度时取最大值。

(四)社会关注度(S4)

表14　对社会关注度损害临界值标准表

持续时间＼范围	区县(自治县)	市内	国内	国际
1天内	1	1	2	3
1天(含)~7天	1	2	3	4
7天(含)~30天	2	3	4	5
30天(含)以上	3	4	5	5
备注:社会关注度是指社会对突发事件关注的程度。该参数从持续时间与关注范围两个方面衡量。				

社会关注度是指社会对突发事件关注的程度。社会关注度高低主要体现在突发事件发生后,公众通过互联网、手机、电视、电台、报纸杂志、交谈交流等渠道对该事件关注的范围和时间的长短。该参数从持续时间与关注范围两个方面衡量。

四、评估领域——保障

突发事件对保障产生影响,包括基础设施中断(S1)和生活保障中断(S2),每个参数的临界值度量见表15。

(一)基础设施中断(S1)

表15　对基础设施中断损害临界值标准表

影响程度＼指标数量	无影响指标	出现一个影响指标	出现两个影响指标	出现三个影响指标	出现四个影响指标
很小	1	1	2	2	3
小	1	2	2	3	4
一般	2	2	3	4	4
大	2	3	4	4	5
很大	3	4	4	5	6
备注:影响指标包括供水、电力、燃气、道路交通、通信。出现两个以上影响指标,确定影响程度时取影响程度最大值。					

基础设施中断是指突发事件造成供水、电力、燃气、道路交通、通信的中断。该参数从指标数量与影响程度两个方面进行衡量。影响指标包括:1.供水;2.电力;3.燃气;4.道路交通;5.通信。出现两个以上影响指标,确定影响程度时取影响程度最大值。具体见表16至表20供水、电力、燃气、道路交通、通信中断影响程序参数表。

1.供水中断

表16　对供水中断损害临界值标准表

时间＼影响人数	≤29999	30000~89999	90000~149999	≥150000
12小时以内	很小	很小	小	一般
12(含)~24小时	很小	小	一般	大
24(含)~48小时	小	一般	大	很大
48小时(含)以上	一般	大	很大	很大

备注:供水中断是指突发事件造成供水中断的时间及受影响的人数。该参数采用供水中断的时间和影响人数两个方面进行损害度量。

2.电力中断

表17　对电力中断损害临界值标准表

时间＼影响人数	≤29999	30000~89999	90000~149999	≥150000
12小时以内	很小	很小	小	一般
12(含)~24小时	很小	小	一般	大
24(含)~48小时	小	一般	大	很大
48小时(含)以上	一般	大	很大	很大

备注:电力中断是指突发事件造成电力中断的时间及受影响的人数。该参数采用电力中断的时间和影响人数两个方面进行损害度量。

3.燃气中断

表18　对燃气中断损害临界值标准表

时间＼影响人数	≤29999	30000~89999	90000~149999	≥150000
12小时以内	很小	很小	小	一般
12(含)~24小时	很小	小	一般	大
24(含)~48小时	小	一般	大	很大
48小时(含)以上	一般	大	很大	很大

备注:燃气中断是指突发事件造成燃气中断的时间及受影响的人数。该参数采用燃气中断的时间和影响人数两个方面进行损害度量。

4.道路交通中断

表19　对道路中断损害临界值标准表

影响时间	3小时内	3(含)~12小时	12(含)~24小时	24(含)~48小时	48(含)小时以上
级别	很小	小	一般	大	很大
备注	突发事件造成道路中断的时间,轨道、航空等交通方式除外。				

5.通信中断

表20　对通信中断损害临界值标准表

影响范围 ＼ 影响人数／中断时间	<3万或中断时间<20分钟	3(含)~10万或中断时间在20(含)~60分钟内	10(含)~50万或中断时间≥1小时	≥50万或中断时间≥1小时
1个区县1家基础电信运营企业的通信部分中断	很小	小	一般	大
1个区县2家以上基础电信运营企业的通信大面积中断	小	一般	大	很大
2个区县通信大面积中断	一般	大	很大	很大
3个区县通信大面积中断或可能引发本市及其他省(区、市)通信大面积中断	大	很大	很大	很大

备注:通信中断是指突发事件造成通信中断。该参数从影响人数、中断时间和影响范围三个方面进行损害程度度量。影响人数、中断时间不在同一标准时,按高标准确定参数等级。

当影响人数和通信中断时间不在同一标准,如影响人数小于3万、中断时间20分钟,则按高标准"3(含)~10万或中断时间在20(含)~60分钟内"一栏确定参数等级。

(二)生活保障中断(S2)

表21　对生活保障中断损害临界值标准表

时间 影响人数	食物中断12小时内或医疗服务中断1小时内	食物中断12(含)~24小时或医疗服务中断1(含)~3小时内	食物中断24(含)~36小时或医疗服务中断3(含)~6小时内	食物中断36(含)~48小时或医疗服务中断6(含)~12小时内	食物中断48小时以上或医疗服务中断12小时以上
50人以内	1	1	2	2	3
50~499人	1	2	2	3	4
500~1999人	2	2	3	4	4
2000~4999人	2	3	4	4	5
5000人及以上	3	4	4	5	5

备注:生活保障中断是指突发事件造成食物或医疗服务中断,该参数从中断时间和影响人数两个方面进行损害度量。影响人数、中断时间不在同一标准时,按高标准确定参数等级。

　　生活保障中断是指突发事件造成食物或医疗服务中断,该参数从中断时间和影响人数两个方面进行损害度量。当食物中断时间和医疗中断时间不在同一标准,如食物中断时间12小时以内,医疗服务中断时间3小时,则按高标准"食物中断24(含)~36小时或医疗服务中断3(含)~6小时内"一栏确定参数等级。

　　五、评估领域——环境

　　突发事件对环境损害包括保护区破坏(E1)和生态破坏(E2),每个参数的临界值分别见表22和表23。

　　(一)保护区破坏(E1)

表22　对保护区破坏损害临界值标准表

保护区破坏	<2%	2%(含)~4%	4%(含)~6%	6%(含)~10%	≥10%
级别	1	2	3	4	5

备注:保护区破坏是指突发事件对保护区(自然保护区、世界文化和自然遗产地、风景名胜区、森林、公园、湿地等)的破坏,该参数采取保护区受损面积与自身面积的比重来确定。

（二）生态破坏（E2）

表23　对生态破坏损害临界值标准表

指标数量＼影响程度	无显著影响指标	出现一个影响指标	出现两个影响指标	出现三个及以上影响指标
很小	1	1	2	3
小	1	2	3	4
一般	2	3	4	5
大	3	4	5	5
很大	4	5	5	5
备注:生态破坏是指因突发事件造成对水域、土地和大气等生态环境的破坏,该参数从影响程度与指标数量两个方面进行衡量。影响指标包括水域、土地、大气破坏。出现两个以上指标,确定影响程度时取最高值。				

附录八　重庆市金融工作办公室关于印发《重庆市小额贷款公司开展网络贷款业务监管指引(试行)》的通知

渝金发〔2015〕13号

各区县(自治县)金融办(金融工作管理部门),各小额贷款公司:

为进一步规范小额贷款公司网络贷款业务,防范网络贷款业务风险,保障小额贷款公司及客户的合法权益,我办制定了《重庆市小额贷款公司开展网络贷款业务监管指引(试行)》,经市政府同意,现印发给你们,请遵照执行。执行中出现的问题,请及时报告我办。

重庆市金融工作办公室

2015年12月25日

重庆市小额贷款公司开展网络贷款业务监管指引(试行)

第一章　总　则

第一条　为进一步规范小额贷款公司网络贷款业务,防范网络贷款业务风险,保障小额贷款公司及客户的合法权益,促进网络贷款业务健康有序发展,根据《中国银行业监督管理委员会 人民银行关于小额贷款公司试点的指导意见》(银监发〔2008〕23号)、《关于促进互联网金融健康发展的指导意见》(银发〔2015〕221号)等规定,结合重庆小额贷款公司行业实际,制定本指引。

第二条　本指引所称网络贷款业务,是指小额贷款公司在网络平台上获取借款客户,综合利用网络平台积累的客户经营、消费、交易以及生活等行为大数据信息或即时场景信息分析客户信用风险和进行预授信,并在线上完成贷款申请、风险审核、贷款审批和贷款发放甚至贷款收回等全流程的贷款服务。

小额贷款公司的网络贷款业务不包括与P2P网络借贷平台合作在线下发放的贷款业务。

第三条 坚持"积极稳妥、适度监管、规范发展、防范风险"的原则,科学合理界定小额贷款公司网络贷款的业务资格及业务边界,落实监管责任,明确风险底线,保护合法经营,打击违法和违规行为。

第四条 小额贷款公司开展网络贷款业务,应遵守国家法律、法规和现有小额贷款公司监管规定,遵循公开透明、诚实信用的原则,发挥"互联网+信贷"具有的简单方便、快捷高效优势。

第五条 重庆市金融工作办公室和区县政府金融管理部门(以下分别简称市金融办和区县金融办)为重庆市小额贷款公司开展网络贷款业务的监督管理部门。

第二章　业务资格审核

第六条 开展网络贷款业务的小额贷款公司,除通过网络平台面向全国办理自营贷款业务外,其他业务范围和经营区域与不能开展网络贷款业务的小额贷款公司相同,并在业务活动中应严格执行"十不准":

(一)不准在重庆市外办理线下自营贷款业务;

(二)不准通过网络平台在重庆市外办理委托贷款业务;

(三)不准通过网络平台在重庆市外办理股权投资类业务;

(四)不准通过网络平台为本公司融入资金;

(五)不准通过网络平台非法集资和吸收公众存款;

(六)不准通过网络平台销售、转让本公司的信贷资产和贷款债权;

(七)不准通过网络平台发放违反法律有关利率规定的贷款;

(八)不准隐瞒客户应知晓的本公司有关信息和擅自使用客户信息、非法买卖或泄露客户信息;

(九)不准在重庆市外的银行开立本公司的基本账户;

(十)不准在公司账外核算网络贷款的本金、利息和有关费用。

第七条 申请设立开展网络贷款业务的小额贷款公司,除应具备设立小额贷款公司的一般性条件外,还应符合以下条件:

(一)董事会或股东大会决议同意申请开展网络贷款业务;

(二)具有中国境内的合法的正常运营的网络平台(包括自有网络平台或合作网络平台);

(三)网络平台具有潜在的网络贷款客户对象,能够筛选出满足开展网络贷款业务需要的客户群体;

（四）具有便捷、高效、低成本、普惠性的网络小额贷款产品；

（五）具有合理的网络贷款业务规则、业务流程、风险管理和内部控制机制；

（六）具有包括但不限于提供咨询、申请、审核、授信、审批、放款、催收、查询和投诉等多项功能的独立运行的业务系统，能够与小额贷款公司监管系统对接，满足监管信息录入报送和监管检查的要求；

（七）具有专职人员负责网络平台安全，技术负责人应有3年以上计算机网络工作经历；

（八）小额贷款公司应在重庆市内的银行开设基本账户；

（九）在重庆市设立公司经营场所，部分职能部门、高管人员和工作人员应在重庆办公；

（十）市金融办规定的其他审慎性条件。

第八条 小额贷款公司申请开展网络贷款业务，除应具备本指引第七条中一至八款条件外，还应符合以下条件：

（一）董事会或股东大会决议同意申请开展网络贷款业务；

（二）公司注册资本3亿元(含)人民币以上；

（三）公司开业经营一年(含)以上；

（四）公司治理结构良好，内控制度严密；

（五）近一年没有发生违法违规行为；

（六）市金融办规定的其他审慎性条件。

第九条 小额贷款公司首次开展网络贷款业务实行事前审核制度。

（一）开展网络贷款业务的小额贷款公司的筹建和开业，应由区县金融办初审和市金融办审核；

（二）小额贷款公司申请开展网络贷款业务，应由区县金融办初审和市金融办审核，并在网络贷款业务试运营成功后，报市金融办完成备案方可正式运营。

第十条 申请筹建开展网络贷款业务的小额贷款公司，除提供符合小额贷款公司筹建条件的一般性资料外，还应向区县金融办提交以下资料(一式三份)：

（一）与合作网络平台的合作协议；

（二）网络平台营业执照、经营性ICP许可证复制件或非经营性ICP备案证明材料、网络平台相关情况介绍(加盖网络平台行政鲜章)；

（三）网络贷款业务可行性报告，包括但不限于贷款产品、贷款对象、获客途径、业务流程、风控方式等(可与筹建可行性研究报告合并)；

（四）网络贷款业务的管理部门、职责分工、主要技术负责人情况说明；

（五）市金融办按照审慎性原则要求提供的其他文件和资料。

第十一条 筹建开展网络贷款业务的小额贷款公司申请开业，除提供符合小额贷款公司开业条件的一般性资料外，还应向区县金融办提交以下文件资料（一式三份）：

（一）网络贷款业务运营设施、业务系统和数据备份系统情况说明；

（二）网络贷款业务系统和数据备份系统测试报告和安全评估报告（第三方专业机构完成的）；

（三）网络贷款业务管理制度和风险控制制度；

（四）市金融办按照审慎性原则要求提供的其他文件和资料。

第十二条 小额贷款公司申请开展网络贷款业务，应向区县金融办提交以下资料（一式三份）：

（一）开展网络贷款业务的申请书；

（二）董事会或股东大会同意申请开展网络贷款业务的决议；

（三）与网络平台的合作协议；

（四）盖有网络平台行政公章（鲜章）的营业执照、经营性ICP许可证复制件或非经营性ICP备案证明材料；

（五）网络贷款业务可行性报告（包括但不限于平台情况、贷款产品、贷款对象、获客途径、业务流程、风控方式等）；

（六）网络贷款业务的管理部门、职责分工、主要技术负责人介绍；

（七）网络贷款业务运营设施、业务系统和数据备份系统情况说明；

（八）网络贷款业务系统和数据备份系统测试报告和安全评估报告（由第三方专业机构提供）；

（九）网络贷款业务管理制度和风险控制制度；

（十）市金融办按照审慎性原则要求提供的其他文件和资料。

第十三条 开展网络贷款业务的小额贷款公司新增网络平台和贷款产品，应有不少于15天的试运营期，并于正式运营15日内向区县金融办和市金融办提交以下资料进行备案：

（一）与网络平台的合作协议；

（二）董事会或股东大会同意新增网络平台和贷款产品的决议；

（三）网络平台相关情况说明（加盖网络平台行政鲜章）和网络平台营业执

照、经营性ICP许可证复制件或非经营性ICP备案证明材料；

（四）利用新的网络平台设计贷款产品的详细说明（包括但不限于产品名称、贷款对象、获客途径、业务流程、风控方式等）；

（五）市金融办按照审慎性原则要求提供的其他文件和资料。

第十四条 小额贷款公司终止全部或部分网络平台的网络贷款业务，应于终止前30日内向市金融办和区县金融办报备。报备的资料如下（一式三份）：

（一）董事会或股东大会同意终止全部或部分网络平台的网络贷款业务的决议；

（二）拟终止网络贷款业务的报告；

（三）与网络平台双方共同签订终止合作的书面声明；

（四）终止网络贷款业务的风险评估报告；

（五）终止网络贷款业务的公告方案；

（六）终止业务过程中重大问题的应急预案；

（七）负责终止业务的部门、职责分工，主要负责人和联系人的联系方式；

（八）市金融办按照审慎性原则要求提供的其他文件和资料。

第三章 内部风险管控

第十五条 小额贷款公司开展网络贷款业务，应审慎选择合作的网络平台，严格审查平台机构的合法性、经营的合规性，并确认本公司获取数据的方式合法。

第十六条 小额贷款公司开展网络贷款业务，应建立健全网络贷款业务风险管控体系，建立健全管理制度和风控措施，有效识别、评估、监测和控制贷款风险。

（一）严格贷前客户身份识别和背景真实性调查，必要时通过线下调查或征信机构等第三方核查客户信用情况，对线上数据积累、量化模型和信用评级结果进行校正；

（二）依法、合规、合理确定网络贷款额度、利率和期限，有效控制信用风险敞口；

（三）加强贷中支付审查和贷款资金流向监测，强化贷后资金用途验证和后续管控工作；

（四）采取管控网络贷款风险的其他措施。

第十七条　小额贷款公司开展网络贷款业务,应建立健全客户信用数据库,做好服务器维护和数据备份,完善网络防火墙、入侵检测、数据加密、应急处置预案以及灾难恢复等互联网信息安全管理体系,切实保障各类信息安全。

第十八条　开展网络贷款业务的小额贷款公司,除通过借款合同向客户披露相关信息外,还应在客户申请贷款环节的显著位置披露包括但不限于以下内容的信息:

(一)公司基本信息。包括开业批复、营业执照、公司及分支机构地址、联系电话;

(二)网络贷款信息。包括服务内容、贷款利率水平和费用项目标准、还本付息和计息方式;

(三)其他应告知的信息。包括逾期处理方式、贷款形态分类标准、是否接入人行征信系统和其他征信机构、业务投诉电话。

第十九条　小额贷款公司开展网络贷款业务,应注意相关信息安全,保护客户商业秘密及合法权益。使用和披露客户以下信息,均应经客户授权许可:

(一)从开展网络贷款业务相关的网络平台上获取客户的任何信息;

(二)将客户在网络平台上的信息用于本公司网络贷款业务以外的其他用途;

(三)将借款客户的借款信息提供给监管部门、征信机构等第三方机构。

第二十条　小额贷款公司终止网络贷款业务后,应通过本公司网站和有关媒体等多种渠道予以公告,公告持续期限自公告之日起不得少于90日。

第四章　事中事后监管

第二十一条　市、区县金融办对小额贷款公司开展网络贷款业务的监管,重点是经营区域、资金来源、业务范围和财务核算四个方面。

第二十二条　市、区县金融办对网络贷款业务实施非现场监管,对网络贷款业务风险进行统计、分析、监测和评估,对网络贷款业务的异常现象进行质询,对网络贷款业务风险进行预警和提示。

第二十三条　开展网络贷款业务的小额贷款公司应按照有关规定及时向小额贷款公司监管系统录入真实、准确、完整的网络贷款业务、财务和管理信息。

第二十四条　开展网络贷款业务的小额贷款公司,所有的资金来源必须首先进入基本账户后方可使用,并于每季度季后15日内向注册地所在的区县金融办和市金融办提供开户银行出具的公司基本账户上季度的资金来源流水明细。

第二十五条　开展网络贷款业务的小额贷款公司,应于每季度季后15日内向注册地所在的区县金融办及市金融办提交经营情况报告,包括但不限于各类信贷产品经营情况、业务流程风控变化情况、融资情况、重大事项等内容。

第二十六条　市、区县金融办加强对网络贷款业务的现场检查,及时查处违法违规行为。

第二十七条　市、区县金融办充分发挥社会监督效力,及时受理和处理社会举报投诉网络贷款业务中的违法违规行为。

第二十八条　小额贷款公司在开展网络贷款业务过程中,违反审慎经营原则导致网络贷款业务存在重大风险隐患的,责令限期整改;整改不力和安全隐患在短时间内难以解决的,取消其开展网络贷款业务资格。

第二十九条　小额贷款公司擅自开展网络贷款业务的,责令停止违规行为,并依据情节轻重采取相应监管措施。

第三十条　小额贷款公司开展网络贷款业务发生违法违规行为和违反本指引有关规定的,责令限期改正;情节严重的,暂停其网络贷款业务资格,并依据有关规定采取相应监管措施;涉嫌犯罪的,移交司法机关处理。

第五章　附　则

第三十一条　本指引由市金融办负责解释。

第三十二条　本指引自公布之日起30日后施行。

附录九　重庆市金融工作办公室关于加强个体网络借贷风险防控工作的通知

渝金发〔2015〕14号

各区县（自治县）人民政府,市政府有关部门,中央在渝有关单位,各有关机构:

随着互联网技术的快速发展和普及,个人投资热度的不断攀升以及社会融资需求的持续增长,近年来,个体和个体之间通过互联网平台实现直接借贷的个体网络借贷(即P2P网络借贷)业务迅速发展。但由于部分从事P2P网络借贷业务的机构违规经营,现阶段又缺乏对这种新型业务的有效监管,加之一些投资人风险识别能力及防范意识较弱,业务风险逐渐显现,已成为影响经济健康发展和社会和谐稳定的隐患。为此,重庆市对P2P网络借贷业务发展一直持审慎态度,严格予以控制。但即便如此,经摸底调查,重庆市仍有部分企业以投资咨询或科技咨询等名义,开展P2P网络借贷业务。为规范P2P网络借贷业务行为,促进重庆市互联网金融健康发展,根据人民银行、工业和信息化部等十部委《关于促进互联网金融健康发展的指导意见》(银发〔2015〕221号)的有关规定,经商有关部门并经市政府同意,现将重庆市加强P2P网络借贷风险防控工作有关事项通知如下:

一、明确P2P网络借贷业务规则,坚持合规经营

(一)坚持四项原则

一是信息真实原则。投融资双方应坚守诚信,真实提供项目、资金、增信等方面信息。网络平台机构应严格履行核查责任,确保相关信息客观真实。二是分账管理原则。开展P2P网络借贷业务的机构应当选择符合条件的银行业金融机构作为资金存管机构,实现客户资金与从业机构自身资金分账管理,确保专款专用,不得设立"资金池"。三是风险自担原则。P2P网络借贷合同须明确提示风险,投资方应充分审查评估融资方通过网络平台发布信息的真实性、项

目的可行性以及借款偿还能力和风险保障措施,自主借贷、自担风险。四是联合监管原则。市金融办、市工商局、市公安局、人行重庆营管部、重庆银监局、市通信管理局等部门结合各自工作职责,协同开展P2P网络借贷风险防控工作。

(二)规范业务行为

开展P2P网络借贷业务的机构应坚持平台功能,为借款方自行发布借款信息和借贷双方自由撮合成交提供便利,严格执行"十不准",即:不准进行自融自保;不准直接或间接归集资金和发放贷款;不准代替客户承诺保本保息;不准向非实名用户推介项目;不准进行不实宣传、强制捆绑销售和设立虚假标的;不准将融资项目的期限进行拆分;不准销售理财、资产管理、基金、保险或信托产品;不准从事股权众筹业务和股票配资业务;不准非法买卖或泄露客户信息;不准从事非法集资和吸收公众存款等违法违规活动。

二、开展自查自纠,实施业务报告制度

(一)主动自查自纠

开展P2P网络借贷业务的机构应按照本通知明确的原则和"十不准"规定,对其业务制度和业务开展情况进行自查,对存在的问题限期予以整改。

(二)实施业务报告制度

已经开展P2P网络借贷业务且经过自查自纠达到本通知规定要求的机构,须于2016年3月底前将自查自纠情况书面报告市金融办,就相关经营管理和风险情况进行详细说明。市金融办及时汇总情况后报告市政府,同时抄送市级有关部门、人行重庆营管部、重庆银监局、市通信管理局和有关区县(自治县)人民政府。以前未开展P2P网络借贷业务的机构和新设的网络平台机构,在国家有关部门关于P2P网络借贷监管办法正式发布前,继续停止开展P2P网络借贷业务。

三、规范业务合作,防范风险传导

(一)小额贷款公司开展P2P网络借贷合作业务的,仅限于通过P2P网络平台获取借款客户和向其网络平台推荐借款客户,不得通过P2P网络平台为小贷

公司自融资金或转让出售小额贷款公司贷款资产,不得为P2P网络平台和借出方提供担保,不得向P2P网络平台推荐虚假借款客户。其合作业务情况实行月报制,每月15日前向市金融办报告上一个月的情况。

(二)融资担保公司开展P2P网络借贷合作业务的,仅限于向借款人通过P2P网络平台进行融资提供担保,严格遵守《重庆市金融工作办公室关于规范融资担保公司开展互联网融资担保业务的通知》(渝金〔2015〕167号)有关规定,并按要求做好数据报送工作。

四、加强组织协调,合力防控金融风险

(一)建立风险防控联席工作机制。建立由市金融办、市工商局、市公安局、人行重庆营管部、重庆银监局、市通信管理局等部门参加的全市P2P网络借贷风险防控联席工作机制,办公室设在市金融办。各区县(自治县)人民政府参照建立辖内P2P网络借贷风险防控部门协调机制,做好辖内P2P网络借贷风险防控工作。

(二)明确部门职责。按照"分工协作、联合防控"的原则,市金融办负责建立开展P2P网络借贷业务的机构业务报告制度,规范小额贷款公司、融资担保公司与开展P2P网络借贷业务的机构的合作行为,并负责风险防控部门协调的日常工作;市工商局负责对机构的经营范围进行监管,对违规开展业务和超范围经营的机构进行查处;市公安局负责网络安全管理,牵头负责打击互联网金融犯罪工作;人行重庆营管部根据工作职责开展涉及资金存管等有关管理工作;重庆银监局负责规范银行业金融机构与开展P2P网络借贷业务机构的合作行为;市通信管理局负责做好开展P2P网络借贷业务的机构网站的备案信息审查,配合有关部门做好违法违规网站处置等工作;各区县(自治县)人民政府负责组织有关部门对辖区内网络平台机构和开展P2P网络借贷业务机构的日常管理,处置单体风险和金融信访事件。

(三)严肃查处违法违规行为。各有关部门要督促开展P2P网络借贷业务的机构按规定进行自查自纠和业务报告,依法依规对拒不进行自查自纠和履行业务报告义务的机构,以及超范围经营、违反本通知"十不准"规定等违法违规行为进行严格管理和处置。各区县(自治县)人民政府要排查掌握辖区内开设实体门店、开展广告宣传的P2P网络借贷信息,对发现的问题,特别是涉嫌非法集资等违法违规的行为,要及时处理并按程序上报。

附录十 重庆市金融工作办公室关于印发《重庆市小额贷款公司上市挂牌管理工作指引（暂行）》的通知

渝金发〔2015〕230号

各区县(自治县)金融办(金融工作管理部门)，各小额贷款公司：

为进一步推动全市小额贷款公司创新发展,加强对拟上市小额贷款公司培育管理,规范小额贷款公司上市操作流程,我办依据《重庆市人民政府办公厅关于进一步推进小额贷款公司发展的意见》(渝办发〔2011〕92号)和相关法律法规,制定了《重庆市小额贷款公司上市挂牌管理工作指引(暂行)》,现印发给你们,请遵照执行。

重庆市金融工作办公室

2015年8月24日

重庆市小额贷款公司上市挂牌管理工作指引(暂行)

第一章 总 则

第一条 为进一步推动全市小额贷款公司创新发展,加强对拟上市小额贷款公司培育管理,规范小额贷款公司上市操作流程,根据《重庆市人民政府办公厅关于进一步推进小额贷款公司发展的意见》(渝办发〔2011〕92号)和相关法律法规,制定本工作指引。

第二条 经重庆市金融工作办公室(以下简称"市金融办")批准,在重庆市设立的小额贷款股份公司(以下简称"小贷公司")的上市挂牌,适用本指引。

第三条 本指引所称上市挂牌,是指在境内外交易所上市和场外市场挂牌。

第二章　推荐上市挂牌条件和程序

第四条　申请推荐上市挂牌的小贷公司,应符合企业上市挂牌一般性条件。

第五条　申请推荐上市挂牌的小贷公司,还应符合以下条件:

(一)公司开业一个年度以上;

(二)注册资本1亿元人民币以上(含);

(三)近一年的平均单户贷款余额占当期注册资本的比例低于2%;

(四)近一年的季度平均不良贷款率低于5%;

(五)上年末的拨备充足率和拨备覆盖率均不低于100%;

(六)公司治理良好,近一年无重大违法违规行为;

(七)上年度和当年的监管评级保持C级以上;

(八)市金融办规定的其他审慎性条件。

第六条　拟申请上市挂牌的小贷公司需事先向市金融办提交"申请上市挂牌推荐表",获取市金融办出具的推荐意见后,再向交易场所提交上市挂牌申请。

推荐意见在上市挂牌前有效,最长有效期为两年。两年后继续开展上市挂牌准备工作的,须重新申请推荐。

第三章　信息披露

第七条　推荐有效期内的小贷公司及其他信息披露义务人,应在招股说明书(或股份报价转让说明书)中及交易平台披露市金融办相关政策规定,并作必要的风险提示。

第八条　小贷公司应在上市挂牌完成后15个工作日内,将相关变更信息录入小贷公司监管信息系统,并书面向市金融办及所在地区(县)金融办或金融主管部门(以下简称"区县金融办")报告。

第九条　上市挂牌小贷公司发生以下情况的,应按照市金融办有关规定报批,并在完成后15个工作日内,将相关变更信息录入小贷公司监管信息系统,书面向市金融办及所在地区县金融办报告。

(一)在交易场所增发股份、发行优先股及发行债券等融资;

(二)在交易场所外的非银行融资及突破原有政策规定的金融创新。

第十条　上市挂牌小贷公司发生重大业务风险或损失,以及其他影响持续经营事件的,应及时采取有效处置措施,并于事件发生3个工作日内向市金融办及所在地区县金融办书面报告,内容应当包括事件起因、处理措施和后果研判。

第四章　监督管理

第十一条　推荐有效期内,小贷公司引进战略投资者及开展股权激励进行的股份变更及增资不受次数和时间限制,并可以引进境外投资者或在境外新设的特殊目的的公司入股,但在岗董事长和高管人员的持股不能转让。

第十二条　小贷公司在推荐有效期内和上市挂牌后的控股股东应是企业法人、持股比例不得低于20%,且与其关联方、一致行动协议人的持股总比例不高于90%;一般股东持股比例不设下限。

第十三条　上市挂牌小贷公司股份转让除遵守相关法律法规及交易所规定外,还应遵守以下规定。

上市挂牌时的控股股东(或实际控制人,下同)在上市挂牌一年内不得转让股份,因司法判决等特殊情况除外并应报市、区县金融办审批。

上市挂牌后小贷公司的控股股东发生变化的股份转让需报市、区县金融办审批。

第十四条　市、区县金融办应当指导帮助拟上市挂牌小贷公司加强与交易场所及中介机构的交流合作,督促按规定做好信息披露、合规经营等工作。

第十五条　市、区县金融办应当加强对上市挂牌小贷公司的日常监管,包括但不限于公司有关业务指标、股份变更、募集资金使用、企业法人治理结构变化等情况。

第十六条　对小贷公司上市挂牌过程中未能尽职履责的中介服务机构,市金融办办应对相关小贷公司进行风险提示,并在适当范围内通报、警示。

第十七条　对违反本通知相关要求的小贷公司,市金融办、区县金融办应当按照有关监管规定进行处理。

第五章　附　则

第十八条　本指引由市金融办负责解释。

第十九条　本指引自印发之日起施行。

附录十一 关于重庆银行业支持国家"一带一路"战略和建设长江经济带的指导意见

渝银监发〔2015〕12号

各银监分局,各政策性银行重庆(市)分行、国家开发银行重庆市分行、各国有商业银行重庆市分行、各股份制商业银行重庆分行、邮政储蓄银行重庆分行、重庆银行、重庆三峡银行、重庆农村商业银行、各城市商业银行重庆分行、各外资银行重庆分行、中德住房储蓄银行重庆分行、各信托公司、各财务公司、各金融租赁公司、重庆汽车金融公司、各资产管理公司重庆办事处(分公司)、大渡口融兴村镇银行、九龙坡民泰村镇银行、沙坪坝融兴村镇银行、工行票据营业部重庆分部、各信用卡中心重庆分中心,重庆市银行业协会:

实施丝绸之路经济带和21世纪海上丝绸之路战略,依托黄金水道建设长江经济带,是党中央、国务院做出的重大战略决策。按照银监会年初工作部署,根据重庆市委市政府《关于贯彻落实国家"一带一路"战略和建设长江经济带的实施意见》,为推动重庆银行业抓住机遇,提升对国家战略落地重庆的金融服务能力,特制定本指导意见。

一、深化认识,准确把握国家战略实施带来的新机遇

(一)深刻认识落实国家"一带一路"战略和建设长江经济带的重要意义

重庆地处丝绸之路经济带与长江经济带的连接点上,具有承东启西、连接南北的独特区位优势。国家"一带一路"战略和建设长江经济带是重庆改革、开发和发展面临的重大战略机遇,为实施五大功能区域发展战略注入了更强大的动力,有利于充分发挥重庆作为西部地区重要增长极、长江上游地区经济中心和国家中心城市作用,有利于重庆加快内陆开放高地建设,提升向东向西对内对外开放水平,充分发挥西部开发开放战略支撑作用。

（二）在支持国家战略中把握银行业自身发展机遇

重庆银行业要以支持实施重庆五大功能区域发展战略为基础,助推五大功能区域发展融入国家"一带一路"和建设长江经济带战略,抢抓国家战略新机遇,在支持"走出去,引进来"中,积极开拓更为广阔的资金、信息、技术来源和运用空间,在改革转型、创新发展中培育新的增长点。通过深化改革、开放和创新,驱动金融服务全面升级,进一步提升重庆银行业综合发展能力和整体市场竞争力。

二、明确目标,主动遵循金融支持的工作原则

（三）工作目标

重庆银行业要立足长远,发挥金融服务的"融资""融智""融商"功能,全面提升对国家战略落地重庆的服务能力。支持国家"一带一路"战略,重点提升服务内陆开放高地、跨境经济文化交流、"渝新欧"大通道建设等方面的能力;支持建设长江经济带,重点提升服务重大基础设施建设、战略性新兴产业集群建设、传统产业升级和跨区域合作的能力。

（四）工作原则

开放创新原则。抓住机遇,进一步提高对外开放程度,开展跨境、跨区域同业合作和产融合作,促进激励机制、组织架构、风险管理、金融产品、服务机制创新,使开放创新成为提升服务能力的内在动力。

务求实效原则。立足服务实体经济,紧密结合自身市场定位和发展战略,将各具特色的金融服务真正落实到支持国家"一带一路"战略和建设长江经济带的各个重点领域。

有序竞争原则。在细分市场的基础上深耕细作,积极挖掘新的金融服务领域和对象,稳步拓宽服务边界,充分发挥不同类型机构的专业特长,走特色化、差异化发展道路,避免同质化无序竞争。

商业可持续原则。坚持市场导向,加强政策及形势研判,在支持国家战略落地的过程中,正确处理短期利益与长期发展的关系,切实防范各类风险,培育可持续发展能力。

三、突出重点，大力支持国家战略落地重庆

（五）支持建设内陆开放高地

重点支持国家级开发开放平台建设。加大运用综合金融服务手段支持两江新区基础开发、功能开发和产业开发。支持两路寸滩保税港区、西永综合保税区、铁路保税物流中心三大保税开发开放平台建设。支持航空口岸、水港口岸、铁路口岸、汽车整车进口口岸建设。支持国家级经济技术开发区和高新技术产业开发区建设。提升贸易金融服务水平，促进发展以口岸为依托的开放型经济产业体系，支持发展跨境电子商务、保税商品展示交易、保税贸易创新、互联网云计算大数据产业、跨境结算和投融资便利五大新型服务贸易。

（六）支持提升"渝新欧"大通道作用

支持"渝新欧"铁路进一步发挥我国对欧洲最重要通道的作用，强化重庆作为丝绸之路经济带"桥头堡"的战略地位。积极联动"渝新欧"沿线海外机构，从市场宣传、组织回程货源、内外部网络营销等多方面配合推动"渝新欧"铁路国际大通道建设。积极借助海外分支机构信用、地缘和客户资源优势，充分发挥内引外联作用，促进扩大与"渝新欧"沿线国家商贸、投资、文化、旅游等方面的互通互动。积极提供覆盖境内外全链条的离、在岸一体化服务，提高离岸金融跨境结算便利度。大力支持打造欧洲商品集散中心，支持企业发展境外项目，支持发展平行贸易。

（七）支持建设互联互通的交通、物流、信息枢纽

加大有效信贷投入，促进强化长江上游航运中心功能，支持黄金水道航运基础设施建设、航运枢纽及以港口为中心的"铁、公、水、空"多式联运体系。积极支持打造长江上游航运交易中心、结算中心。以团结村铁路物流基地、江北机场航空物流基地、南彭贸易物流基地以及寸滩港、果园港、东港的"三基地三港区"国家级物流枢纽平台为核心，支持建设互联互通的长江经济带西部物流枢纽和国际物流枢纽。支持打造西部通讯信息中心，促进提升互联网国家骨干直联点功能，支持数据谷、云计算及物联网基地建设。

(八)支持构建沿江优势产业集群

强化项目和资金引导,支持承接长三角地区产业转移,推动构建优势产业集群。积极对接重庆市产业引导基金,支持打造电子信息、汽车、高端装备等具有国际竞争力的制造业集群,支持发展集成电路、液晶面板、物联网、页岩气、新材料等战略性新兴产业。提升产业链金融服务,支持发展现代服务业和服务外包集聚区。支持发展开放型文化业态,促进培育外向型文化企业和面向国内外的文化服务产品交易市场。

(九)积极创新金融支持方式

加大信贷服务机制创新,加快发展银团贷款,探索分组银团、银团转让等服务方式。加快信用风险管理方式创新,积极推广信保融资、订单融资、货押融资、出口退税融资等。加速贸易通关项下产品创新,发展一体化通关通用保函、关税保函、税费支付担保等服务。积极探索"渝新欧"铁路运单项下结算和融资产品创新,推动改变以往对欧贸易以海运为主的结算和融资模式。探索绿色信贷模式创新,通过基础产品组合、合同环境服务融资、特许经营权质押融资、排污权抵押贷款等,积极发展与绿色、低碳、循环经济有关的金融产品和服务。探索多样化的直接、间接融资工具,拓宽与证券、基金、保险等非银行业金融机构的合作,推进资产证券化发展,加快发展融资租赁。积极提升国际金融服务,发展结售汇、国际贸易融资、双向资金池、套期保值等业务。创新发展避险保值、财务管理等增值服务,满足企业多样化的金融服务需求。

(十)加快建设功能互补的金融服务体系

开发性金融机构和政策性金融机构要着力发挥中长期投融资优势,着力支持重大基础设施、新型城镇化和重大水利工程等建设。大型商业银行、外资银行要积极发挥集团多牌照功能协同、国际网络和资源联动、金融创新和风控等优势,为开放平台、重点项目、核心企业提供综合性金融服务。中小商业银行要注重发挥决策快捷、机制灵活的优势,围绕重点项目、核心企业的上下游配套行业探索特色化金融服务。金融租赁公司、消费金融公司等非银行金融机构要发挥制度独特、创新活跃的优势,围绕支持保税贸易、跨境电商、欧洲商品集散中心等提供专业化金融服务。地方法人机构要积极引入战略投资者,加大跨境跨地区资本、业务、技术合作。要进一步完善金融服务体系,加快推进民营银行试点,推动引进新设法人机构、区域总部和分支机构,提升支持国家战略落地重庆的能力。

四、落实责任,强化保障

(十一)落实统筹规划与组织保障

各银行业金融机构要高度重视,积极争取总行在信贷计划单列、专项贷款规模、审批权限下放等方面的支持和政策倾斜,从授权体系、信贷政策、激励机制、人才引进等方面统筹部署,确保金融服务有效对接。大型银行、政策性银行、地方法人机构要制定切实可行的工作规划,切实建立"一把手"负责制,层层落实责任,把支持国家"一带一路"战略和建设长江经济带作为深化改革的一项重点工作持续加以推进。

(十二)实施持续跟踪与统计监测

各银行业金融机构要建立相应的政策落实跟踪督导机制,持续开展统计监测,对支持开发开放平台体系、综合交通物流信息枢纽、重点产业集群、跨境贸易金融服务等定期进行评估评价,并加强与地方政府、监管部门及上级机构的沟通,及时反馈相关情况。对于工作成效显著的银行业金融机构,重庆银监局将从市场准入、新业务发展等方面优先予以支持。

(十三)加强信息交流和监管联动

各级监管部门要密切关注辖内银行业支持国家"一带一路"战略和建设长江经济带的实施情况,主动加强与各级政府部门的信息沟通。积极推动搭建与系统内部、金融机构、政府相关部门等的信息交流平台,通过多种方式及时传导重要经济金融政策和区域、产业发展规划。强化监管联动,增进监管政策与财政政策、产业政策的协同配合,深入落实简政放权,引导银行业发挥自身特色和优势,合力支持国家"一带一路"战略和建设长江经济带。

附录十二　重庆市科学技术委员会 重庆市财政局 重庆市金融工作办公室 重庆市知识产权局关于印发《重庆市知识产权质押融资管理办法(试行)》的通知

渝科委发〔2015〕84号

各区县(自治县)科委、各有关单位:

为进一步促进科技和金融结合,扶持科技型中小微企业以专利权质押方式获得银行贷款,帮助中小微企业解决融资难问题,根据《重庆市深化体制机制改革加快实施创新驱动发展战略行动计划(2015—2020年)》(渝委发〔2015〕13号)的要求,市科委、市财政局、市金融办和市知识产权局联合制定了《重庆市知识产权质押融资管理办法(试行)》。现印发给你们,请认真贯彻执行。

重庆市科学技术委员会　重庆市财政局

重庆市金融工作办公室　重庆市知识产权局

2015年8月27日

重庆市知识产权质押融资管理办法(试行)

第一章　总　则

第一条　为贯彻落实《中共中央国务院关于深化体制机制改革加快实施创新驱动发展战略的若干意见》(中发〔2015〕8号)、《重庆市深化体制机制改革加快实施创新驱动发展战略行动计划(2015—2020年)》(渝委发〔2015〕13号)精神,促进知识产权与金融资源融合,支持科技型中小微企业开展知识产权质押融资,促进科技成果转移转化,着力开创大众创业、万众创新的生动局面,根据有关政策和法律法规要求,结合重庆实际,制定本办法。

第二条　本办法所称的知识产权是指专利权和集成电路布图设计专有权。

本办法所称的知识产权质押融资,是指在重庆市行政区域内经工商行政管理部门批准登记注册的科技型中小微企业(以下简称企业),将其依法拥有的知识产权中的财产权出质,从银行等金融机构获得贷款。

第三条　受市科技行政主管部门委托,市知识产权主管部门负责兑现知识产权质押融资担保或保险费补助、风险补偿,经费使用情况每年报市财政局、市科委备案。经费来源为市级财政科技专项资金。

第二章　质押条件及融资用途

第四条　用于质押融资的知识产权应当符合以下条件:

(一)已依法授予或核准注册的知识产权;

(二)权属清晰、依法可转让并能够办理质押登记;

(三)知识产权处于法定有效期限(或保护期)内,且剩余有效期(或保护期)不短于贷款期限;

(四)知识产权及相关产品符合国家产业政策和其他行政管理规定,具有良好的市场潜力和经济效益,用于质押的专利权项目或者产品处于实质性的实施阶段;

(五)知识产权不得涉及国家安全与保密事项,不得违反国有资产管理规定。

第五条　质押融资时,出质人应当承担相关义务:

(一)存在共同知识产权权利人的,应当已取得所有权利人的同意,以第三方所有的知识产权设定质押的,应当已取得知识产权权利人或授权人的同意;

(二)出质人必须将质权价值全额用于贷款质押担保;

(三)与质押专利权相关的同族专利权等知识产权应一并质押,企业应在申请评估时列出目录;

(四)出质人在质押期间转让或授权许可第三方使用出质权利时,必须经质押权人同意,且转让费、许可使用费、实施专利所得收益均须优先用于归还贷款或提存。

第六条　融资方式

(一)企业将知识产权财产权出质给银行等金融机构,银行等金融机构作为知识产权质权人向企业提供资金。

(二)企业将知识产权财产权出质给融资担保机构或贷款保证保险机构,由融资担保机构、贷款保证保险机构为企业融资提供担保、保证保险,银行向企业提供资金。

第七条 企业以知识产权出质获得的信贷资金,应主要用于技术研发、技术改造、项目产业化和流动资金周转等活动,不得从事股本权益性投资,不得用于有价证券、基金、期货等投资经营活动及监管部门禁止的其他信贷资金用途。

第八条 金融机构应根据借款人生产经营需求、偿债能力、出质知识产权评估价值、担保、购买保险等情况合理设定知识产权质押融资额度、期限和利率。对引入担保、保险机制或纳入科技风险补偿的知识产权质押贷款,利率原则上应低于本机构同类同档次贷款利率平均水平。

第三章 质押及兑现流程

第九条 市知识产权局建立"知识产权质押融资信息库",并对入库专利的法律状态、权属和有效期限等相关事宜进行核实,提供给银行、担保、保险等机构选择。

第十条 市注册资产评估师协会遴选若干家具有知识产权评估资质和专业能力、在业内享有较高声誉的资产评估机构,推荐给金融机构;经遴选推荐的评估机构须自行与相关的承贷银行提出知识产权评估业务申请,购买执业责任险。

市注册资产评估师协会要加强资产评估机构的行业自律监管,规范资产评估师和资产评估机构的知识产权价值评估行为。

第十一条 引导和支持保险公司开发保险产品,推进知识产权质押融资履约保证保险,保险公司为企业还款能力提供保险,以此获得银行贷款,通过保险分散企业及银行风险,推动保险和银行信贷的优势互补。引导和支持各类担保机构为知识产权质押融资提供担保服务,鼓励开展同业担保、供应链担保等业务,探索建立多元化知识产权担保机制。

企业获得市级相关产业引导基金或其他股权投资机构的股权投资后,利用知识产权质押融资的,担保机构、保险公司和银行应优先安排担保增信、保险增信和贷款融资。引导和鼓励创业投资、质押融资与科技风险担保实行"投贷保"联动,加速培育科技型中小微企业。

第十二条 银行业金融机构应当健全向知识产权质押贷款业务倾斜的考核评价体系和激励约束机制,在资金供给、财务费用、激励考核、人才配备等方面向知识产权质押贷款倾斜,将新增科技型客户等纳入银行客户经理绩效考核,并按科技信贷收益一定比例上浮计算绩效及奖励。推行尽职免责制度,适当放宽风险容忍度,充分调动知识产权质押贷款投放积极性。

第十三条　对企业到期不能清偿债务,金融机构可依法通过知识产权交易机构发布知识产权处置公告,以其知识产权折价或者拍卖、变卖其产权;探索采用质权转股权、反向许可等形式,通过定向推荐、对接洽谈、协议转让等进行质物处置,所获价款优先偿还所欠债务,保障金融机构对质权的实现。

鼓励社会资本参与的知识产权市场化运营机构,开展多种形式的知识产权市场化运营。知识产权处置收益归各知识产权质押融资风险承担主体享有。

第十四条　企业与金融机构签订知识产权质押融资合同后,双方应当在15日内持知识产权质押贷款合同、质押合同、担保(或保险)合同、贷前调查相关记录文件等资料到国家知识产权局专利局重庆代办处办理质押登记和备案手续。

融资期间,若遇知识产权融资合同登记内容发生变更,当事人应当自变更之日起15日内持变更协议、原《专利权质押登记通知书》及相关证明文件到国家知识产权局专利局重庆代办处办理质押登记变更手续。

知识产权质押融资合同解除或到期终止后,出质方应在30日内,持相关材料到原登记机关办理知识产权质押登记解押手续。

第十五条　符合补助条件的企业或金融机构,根据申报通知要求,向国家知识产权局专利局重庆代办处报送以下文件材料:

(一)"重庆市知识产权质押融资担保或保险费用补助申报表"或"重庆市知识产权质押融资风险补偿申报表";

(二)申报单位营业执照、组织机构代码证、税务登记证和法定代表人身份证复印件,以及相关证明材料;

(三)知识产权质押备案登记文件、贷中审查、贷后检查的相关记录文件、符合监管部门要求的依法合规的损失认定文件、贷款尽职追偿和知识产权质押处置的有效法律文件等与认定知识产权质押损失相关的法律文件。

申报材料一式两份,加盖申报单位公章或财务专用章。

第十六条　市知识产权局会同有关部门对报送材料的完整性、合规性和有效性进行审核,必要时可进行实地核查,提出拟补助项目清单,并向社会公示。对于材料不齐的,限期予以补充;逾期不能补充的,不予受理。经公示无异议或者异议不成立的,市知识产权局会同市财政局下达审批文件,办理补贴资金拨付手续。

第四章　扶持政策

第十七条　对企业知识产权质押贷款提供担保或保险的,给予担保或保险公司不超过每笔贷款金额1%的担保费和保险费补助。

第十八条　建立知识产权质押融资风险补偿制度,按不超过审定企业知识产权质押贷款坏账本金损失的30%给予补偿,每笔贷款损失补偿不超过人民币150万元。纳入风险补偿范围的贷款,其贷款的实际利率应不超过同期人民银行贷款基准利率的150%。

第十九条　各区县(自治县)可参照本办法出台相应扶持政策。鼓励区县(自治县)政府、产业主管部门、园区管理机构、众创空间给予企业知识产权质押融资一定额度的贷款贴息、评估补助,共同推动中小微企业开展知识产权质押融资工作。

第五章　监督及处罚

第二十条　有关部门按照各自职责,依法对知识产权质押融资补助项目的审核过程及资金拨付、使用情况等进行监督。

第二十一条　知识产权质押融资参与的主体单位及责任人采取欺骗手段或者弄虚作假领取知识产权质押融资补助以及风险补偿的,将追回补助资金,3年内不再受理其知识产权相关补助,并将视具体情况采取向社会公示。涉嫌违法犯罪的,依法追究法律责任。

将以知识产权出质获得的信贷资金,用于股本权益性投资,有价证券、基金、期货等投资经营活动及监管部门禁止的其他信贷资金用途的,应当责令其改正,并可视情形做出追回补助资金的决定。

第二十二条　政府有关部门工作人员在项目审核、管理和监督工作中滥用职权、玩忽职守、徇私舞弊的,按照有关规定给予行政处分。涉嫌违法犯罪的,依法追究法律责任。

第六章　附　则

第二十三条　市科技行政主管部门、市知识产权主管部门以前出台的科技型中小微企业专利权质押融资的管理有关规定与本办法不一致的,适用本办法。

第二十四条　本办法自印发之日起施行。

附录十三　重庆市科学技术委员会 重庆市财政局 重庆市金融工作办公室关于印发《重庆市创业种子投资引导基金管理办法(试行)》的通知

渝科委发〔2015〕129号

各区县(自治县)科委、财政局、金融办,有关单位:

为加快创业投资发展,推动大众创业,万众创新,市科委、市财政局、市金融办联合制定了《重庆市创业种子投资引导基金管理办法(试行)》。现印发给你们,请认真贯彻执行。

重庆市科学技术委员会　重庆市财政局
重庆市金融工作办公室
2015年12月3日

重庆市创业种子投资引导基金管理办法(试行)

第一章　总　则

第一条　为贯彻《重庆市人民政府办公厅关于加快重庆创业投资发展的意见》(渝府办发〔2015〕155号)文件精神,规范重庆市创业种子投资引导基金(以下简称"种子引导基金")的管理,制定本办法。

第二条　种子引导基金资金来源为市级财政科技专项资金拨款和国内外社会捐赠等。种子引导基金作为专项资金实行专户管理。

第三条　种子引导基金按"多方联动、专项管理、公益运作"的原则,与区县政府、园区管委会、高校、科研院所及其他机关、企事业单位、群团组织等(以下简称"合作方")出资共同设立创业种子投资基金(以下简称"种子基金")。种子基金作为专项资金实行专户管理。

第四条　国内外机构和个人对种子基金的捐赠纳入种子基金专户统一管理。

第五条　种子基金以公益参股、免息信用贷款等方式支持落户重庆的创业团队和成立不超过3年种子期创新型小微企业。公益参股是指种子基金以参股方式投资后5年内不参与分红。免息信用贷款是指种子基金通过银行委托贷款方式提供信用贷款,免收贷款利息。

第二章　种子引导基金管理

第六条　市科委、市财政局、市金融办是种子引导基金决策机构,其主要职责为:

(一)审批种子基金设立、增(减)资、清算等方案;

(二)审批种子引导基金损失核销方案;

(三)监督种子引导基金管理运行;

(四)负责其他重大事项的决策。

第七条　重庆科技金融服务中心有限公司(以下简称服务中心)为种子引导基金受托管理机构,负责种子引导基金日常管理工作,其主要职责为:

(一)拟订种子基金设立、增(减)资、清算等方案;

(二)拟订种子引导基金损失核销方案;

(三)监督种子基金管理运行;

(四)负责数据统计和宣传培训等工作;

(五)按季度向市科委、市财政局、市金融办提交《种子引导基金的运行报告》,并于每个会计年度结束后4个月内提交经注册会计师审计的年度会计报告和《种子引导基金年度执行情况报告》。

(六)完成市科委、市财政局、市金融办交办的其他工作。

第八条　市财政局根据年度预算,将种子引导基金专项资金拨付到服务中心在银行开设的种子引导基金专户。

第九条　种子引导基金产生的利息及回收的资金留存种子引导基金循环使用。

第三章　种子基金管理

第十条　种子基金的规模不低于300万元。种子引导基金在种子基金中的出资比例不超过40%,不为最大出资方,且出资额(含增资)不超过2000万元。

第十一条　合作方申请种子引导基金出资设立种子基金应满足以下条件:

（一）创新创业氛围浓厚，有众创空间、孵化器等创业载体；

（二）创业团队和种子期创新型小微企业20个以上；

（三）已设立科技金融服务中心（工作站）等科技金融服务机构；

（四）合作方在种子基金中的出资不低于60%。

第十二条 种子基金投资决策委员会（以下简称"投决会"）为种子基金决策机构，负责种子基金投资（贷款）、投资退出、投资（贷款）项目损失核销等重大事项的决策。投决会成员人数不低于5人且为单数，投决会会议实行票决制，并形成会议决议（纪要）。

投决会负责人及成员由合作方任命（委派），任期3年，可连任。投决会成员应包括科技管理部门、资产管理部门、种子基金管理机构的代表，可以吸收银行、法律、财务、企业管理、创业投资等领域专家参与。

第十三条 种子基金管理机构原则上为合作方设立的科技金融服务中心（工作站）等科技金融服务机构，其主要职责为：

（一）代表种子基金出资人行使权利；

（二）按种子基金管理的相关规定管理种子基金；

（三）为支持对象提供投融资和创业服务；

（四）对支持对象进行监督和风险管控；

（五）负责投资、贷款回收和组织损失认定；

（六）负责数据统计、宣传培训等管理工作；

（七）按季度向服务中心提交《种子基金运行报告》，并于每个会计年度结束后提交经注册会计师审计的年度会计报告和《种子基金年度执行情况报告》；

（八）完成委托管理协议约定的其他工作。

第十四条 种子基金设立流程：

（一）方案提交。拟组建种子基金的合作方向市科委提交种子基金组建方案（含种子基金出资人、总规模、出资比例、管理机构、管理办法、投决会组成及议事规则等），由服务中心负责受理。

（二）方案初审。服务中心对种子基金组建方案进行初审，并提出初审意见。

（三）方案报批。服务中心将初审通过的种子基金组建方案报市科委、市财政局、市金融办审批。

（四）协议签订。种子基金出资人与种子基金管理机构签订种子基金委托管理协议。

（五）资金拨付。种子基金出资人按照种子基金委托管理协议约定拨付资金到种子基金管理机构在银行开设的种子基金资金专户。

第十五条 种子基金的支持对象应当同时满足以下条件：

（一）具有对新技术、新构思、新原理商业潜能的发掘能力；

（二）入驻众创空间、孵化器、园区等创新创业载体；

（三）入围重庆市科技型"小巨人"企业培育专项行动或经出资方认可的按公开、公平、公正原则举行的各类创业竞赛筛选出的优胜团队和企业；

（四）未获得其他创业投资支持；

（五）无不良信用记录。

第十六条 公益参股单笔投资不超过20万元，原则上在创业团队注册成立公司时参股，不为控股股东，且创业团队现金出资额不得低于种子基金出资额；种子基金在参股企业存续期间不增资，不参与参股企业的日常经营管理，参股期限原则上不超过5年。

第十七条 种子基金参股时，可约定在5年参股期内按约定价格退出，不进行评估，约定退出价格不得低于种子基金出资额；其他退出情形按相关规定由投决会审定后执行。

第十八条 免息信用贷款主要支持种子期创新型小微企业。单笔贷款不超过30万元，期限不超过3年，不重复享受；贷款按等本金每季度归还，经种子基金管理机构同意可展期一次，展期最长不超过6个月。已获种子基金公益参股的企业不再享受免息信用贷款。

第十九条 种子基金出现下列损失，经种子基金投决会审定后予以核销，并各自按程序报相关部门备案。

（一）种子基金股权依法转让出现的投资损失；

（二）参股企业依法清算后种子基金出现的投资损失；

（三）确认无法收回的贷款。

第二十条 当出现下列情况之一时，应启动种子基金清算程序，由服务中心拟订种子基金清算方案，报市科委、市财政局、市金融办审批。

（一）种子基金超过1年未投资（贷款）；

（二）经审批核销的损失超过种子基金规模的70%；

（三）因其他情形经协商一致同意清算。

第二十一条 种子基金清算后出现损失的，由服务中心拟订种子引导基金损失核销方案（包括种子基金损失情况、种子引导基金损失核销额度等）报市科委、市财政局、市金融办审批。

第二十二条 对运行良好、管理规范的种子基金,当专户剩余资金不足种子基金规模的30%时,经协商可进行增资。

第二十三条 对连续6个月未投资(贷款)的种子基金,应进行减资。

第四章 监督与考核

第二十四条 根据服务中心工作任务及工作效果,每年为服务中心核定一定管理费,管理费原则上按照市财政当年给种子引导基金拨款额度的1%核定。

第二十五条 种子基金出资方负责对种子基金的管理运行进行监督。合作方组织对种子基金管理机构进行绩效考核。

第二十六条 合作方应当根据种子基金实际到位资金的2%～5%,每年另行安排专项资金补贴种子基金管理机构工作经费。

第二十七条 种子基金参股项目退出时有收益的,收益部分的20%可奖励给种子基金管理机构。种子基金管理机构每年可按免息信用贷款应还款额回收效果提取工作奖励经费,标准为当年应还款额回收达到100%的,可按实际还款额的1%提取。

第二十八条 种子引导基金、种子基金相关工作人员应严格遵守各项规章制度,切实做到勤勉尽责、公平公正、廉洁自律。加强日常监督和风险防控,所有投资、贷款项目须网上公开,建立公开举报渠道接受社会监督。

第二十九条 种子引导基金和种子基金管理机构工作人员在管理过程中有徇私舞弊、滥用职权、玩忽职守、受贿等违规违纪行为的,或发生损失风险时未及时报告和采取相应的风险防控措施的,依据相关规定给予处罚,涉嫌犯罪的,移送司法机关处理。

第三十条 支持对象违规使用投资(贷款)资金的,合作方可根据有关规定和协议,给予收回投资(贷款)资金、公开曝光、列入黑名单等处理,涉嫌犯罪的,移送司法机关处理。

第五章 附 则

第三十一条 本办法自发布之日起施行。《重庆市创业种子投资引导基金管理办法(试行)》(渝科委发〔2015〕97号)同时废止。

附录十四 重庆市科学技术委员会 重庆市财政局 重庆市金融工作办公室关于印发《重庆市天使投资引导基金管理办法(试行)》的通知

渝科委发〔2015〕130号

各区县(自治县)科委、财政局、金融办,有关单位:

为加快创业投资发展,推动大众创业,万众创新,市科委、市财政局、市金融办联合制定了《重庆市天使投资引导基金管理办法(试行)》。现印发给你们,请认真贯彻执行。

重庆市科学技术委员会 重庆市财政局
重庆市金融工作办公室
2015年12月3日

重庆市天使投资引导基金管理办法(试行)

第一章 总 则

第一条 为贯彻《重庆市人民政府办公厅关于加快重庆创业投资发展的意见》(渝府办发〔2015〕155号)文件精神,规范重庆市天使投资引导基金(以下简称天使引导基金)管理,制定本办法。

第二条 天使引导基金的资金来源为重庆科技创业风险投资引导基金有限公司的净资产、市财政新增投入及社会捐赠等。

第三条 天使引导基金按照"政府引导、市场运作、专业管理"的原则,吸引和集聚投资基金管理机构,引导区县、园区资金及各类社会资本,以参股的方式设立公司制或有限合伙制的投资基金(以下简称"投资基金")。

第四条 投资基金按市场化方式管理。由投资基金管理机构对投资价值进行专业判断,筛选优秀项目进行投资,为被投企业提供增值服务,以实现投资价值最大化为原则在合适时点选择投资退出方式,实现投资收益。

第五条　投资基金主要对先进制造、大健康、互联网、新材料、节能环保等新兴产业领域的创新型中小微企业进行股权投资。

第二章　天使引导基金的管理机

第六条　市科委、市财政局、市金融办的管理职责：

(一)审批投资基金设立、退出、清算等方案；

(二)审批天使引导基金损失核销方案；

(三)监督天使引导基金的管理运行；

(四)其他重大事项的决策。

第七条　天使引导基金公司负责天使引导基金运作管理,主要职责：

(一)拟订投资基金设立、退出、清算等方案；

(二)拟订天使引导基金损失核销方案；

(三)建立完善内部决策和风控制度；

(四)对投资基金提供增值服务；

(五)负责对投资基金的运行情况进行监督和指导；

(六)健全天使引导基金退出机制,增加天使引导基金的流动性,提高使用效率；

(七)按季度向市科委、市财政局和市金融办提交《天使引导基金运行报告》,并于每个会计年度结束后4个月内提交经注册会计师审计的年度会计报告和《天使引导基金年度执行情况报告》；

(八)完成其他相关工作。

第三章　投资基金的设立及管理

第八条　投资基金规模不低于1亿元。天使引导基金对投资基金的参股比例原则上不超过投资基金规模的30%,原则上不控股,投资基金的其他出资由投资基金管理机构负责募集。

第九条　投资基金应当符合以下条件：

(一)原则上在重庆注册,且存续期原则上不超过7年；

(二)出资人均以货币形式出资。

第十条　投资基金的投资管理需遵循以下规则：

(一)投资基金投资于重庆的资金额原则上不低于天使引导基金出资额的2倍,投资基金对单个项目的投资额原则上不超过投资基金规模的15%,且原则上不成为控股股东；

（二）须委托具有资质的银行托管投资基金的资金；

（三）按照规定向相关管理部门登记备案并接受监管。

第十一条 投资基金管理机构应当具备以下条件：

（一）原则上在重庆注册，且注册资本不低于500万元；

（二）管理团队具有良好的职业操守和投资管理经验，有3名具备3年以上投资或相关工作经验的专职人员，高管人员无重大过失记录；

（三）在投资基金中出资不低于1%；

（四）投资基金管理机构在完成投资基金规模80%的投资后，方可募集设立其他基金；

（五）管理和投资运作规范，具有完整的投资决策程序、风险控制机制和健全的财务管理制度；

（六）按规定向相关管理部门登记备案并接受监管。

第十二条 投资基金存续期结束时，天使引导基金对同时符合下列条件的投资基金管理机构进行奖励：

（一）投资基金存续期结束退出后有收益；

（二）投资基金投资于重庆的资金额不低于天使引导基金出资额的2倍；

奖励金额为投资基金投资于注册地在重庆，且成立不超过5年的初创期创新型小微企业所获得的投资净收益中，天使引导基金所得部分的20%，并以天使引导基金在投资基金中实际获得的投资净收益为限。

第四章　风险控制与监督

第十三条 投资基金的托管银行应当负责资金拨付、清算和日常监控，按照托管协议定期报告资金运作情况。

第十四条 天使引导基金和投资基金均不得从事以下业务：

（一）投资于股票（上市公司、新三板挂牌企业定向增发除外）、期货、房地产、金融衍生品等（清算或收益分配获得的股票和资产等除外）；

（二）进行承担无限连带责任的对外投资、担保等业务；

（三）向任何第三方提供赞助、捐赠等；

（四）吸收或者变相吸收存款等国家法律法规禁止从事的业务；

（五）投资基金不得投资于房地产、高污染、高能耗等国家法律、法规和政策限制投资的行业。

第十五条　天使引导基金相关管理人员在工作中存在徇私舞弊、滥用职权、玩忽职守、受贿等违规违纪行为的，或出现损失风险而未及时报告和采取有效措施导致损失扩大的，视情节轻重按有关规定给予相关人员处罚，涉嫌犯罪的，移送司法机关处理。

第十六条　投资基金管理机构应严格遵守《私募投资基金监督管理暂行办法》（证监会令〔第105号〕）的规定，在中国证券投资基金业协会登记备案。

第五章　附　则

第十七条　本办法自发布之日起施行。《重庆市天使投资引导基金管理办法（试行）》（渝科委发〔2015〕96号）同时废止。

附录十五 重庆市科学技术委员会 重庆市财政局 重庆市金融工作办公室关于印发《重庆市风险投资引导基金管理办法(试行)》的通知

渝科委发〔2015〕131号

各区县(自治县)科委、财政局、金融办,有关单位:

为加快创业投资发展,促进创新型中小企业成长壮大,市科委、市财政局、市金融办联合制定了《重庆市风险投资引导基金管理办法(试行)》。现印发给你们,请认真贯彻执行。

重庆市科学技术委员会 重庆市财政局
重庆市金融工作办公室
2015年12月3日

重庆市风险投资引导基金管理办法(试行)

第一章 总 则

第一条 为贯彻《重庆市人民政府办公厅关于加快重庆创业投资发展的意见》(渝府办发〔2015〕155号)文件精神,规范重庆市风险投资引导基金(以下简称风投引导基金)的管理,制定本办法。

第二条 风投引导基金资金来源为重庆科技风险投资有限公司(以下简称科风投公司)净资产。

第三条 风投引导基金作为市场化运作的风险投资母基金,按照"专业管理、市场运作、效益优先"的原则,通过发起或参与的方式,和社会资本共同组建包括但不限于风险投资基金、并购基金、定增基金等投资基金,投资基金一般为公司制或合伙制企业。

第四条　投资基金主要对先进制造、大健康、互联网、新材料、节能环保、文化创意等新兴产业领域的成长期创新型中小企业进行股权投资。成长期创新型中小企业应具备以下特征：

（一）具备高成长性，在细分领域具有竞争优势；

（二）拥有核心技术或创新商业模式；

（三）具备商业价值规模化基础。

第二章　风投引导基金管理

第五条　风投引导基金由科风投公司运作管理。

第六条　风投引导基金对外投资和权益变更等事项须按国资管理规定报市科委、市财政局审批。

第三章　投资基金的设立及管理

第七条　风投引导基金对投资基金的出资比例原则上不超过投资基金规模的30%，且原则上不控股，投资基金的其他出资由投资基金管理机构负责向社会募集；投资基金对单个风险投资项目的投资额原则上不超过投资基金规模的20%，且原则上不成为控股股东。

第八条　投资基金应当符合以下条件：

（一）原则上在重庆注册，规模不低于1亿元；

（二）出资人均以货币形式出资。

第九条　投资基金的投资管理应遵循以下原则：

（一）投资于注册地在重庆的企业的资金额不得低于风险投资引导基金的出资额；

（二）须委托具有相关资质的银行第三方托管投资基金的资金；

（三）按规定向相关管理部门登记备案并接受监管。

第十条　投资基金管理机构应具备以下条件：

（一）原则上在重庆注册，且注册资本不低于500万元；

（二）管理团队具有良好的职业操守和既有投资及投资管理经验，有3名具备3年以上创投或相关工作经验的专职人员，高管人员无重大过失记录；

（三）在投资基金中出资不低于1%；

（四）管理和投资运作规范，具有完整的投资决策程序、风险控制机制和健全的财务管理制度；

(五)按规定向相关管理部门登记备案并接受监管。

第十一条 投资基金按市场化方式管理运作。通过筛选潜力企业,经专业投资价值判断后进行投资,并为被投企业整合资源,提供战略规划、市场、人力资源等各种增值服务,通过企业成长,在合适时点以价值最大化为原则,通过上市退出、股权转让等方式退出,实现投资收益。

第四章 风险控制与监督

第十二条 投资基金的托管银行应当负责资金拨付、清算和日常监控,按照托管协议定期报告资金运作情况。

第十三条 风投引导基金不得投资于股票(新三板挂牌企业、上市公司定向增发等除外)、期货、外汇、房地产等;投资基金不得用于抵押、质押等;不得用于赞助、捐赠等。

第十四条 风投引导基金相关管理人员在工作中存在徇私舞弊、滥用职权、玩忽职守、受贿等违规违纪行为的,或出现损失风险而未及时报告和采取有效措施导致损失扩大的,视情节轻重按有关规定给予相关人员处罚,涉嫌犯罪的,移送司法机关处理。

第十五条 投资基金管理机构应严格遵守《私募投资基金监督管理办法》(证监会令〔第105号〕)的规定,按照规定在中国证券投资基金业协会登记备案。

第五章 附　则

第十六条 本办法自发布之日起施行。《重庆市风险投资引导基金管理办法(试行)》(渝科委发〔2015〕95号)同时废止。

后记

　　《重庆金融2016》由重庆市金融工作办公室牵头,会同中国人民银行重庆营管部、重庆银监局、重庆证监局、重庆保监局、重庆市商务委员会共同编写,并由重庆市金融发展服务中心统筹编撰出版。《重庆金融2016》主要反映2015年重庆市金融改革创新、金融业运行和建设国内重要功能性金融中心的情况,并提出下一步发展的展望,即搭建重庆市金融业对外宣传的载体。

　　为保证本书质量,编辑部进行了严格的组稿、审稿、反馈、编辑等一系列流程。同时,本书得以付梓得益于中国人民银行重庆营管部、重庆银监局、重庆证监局、重庆保监局、重庆市商务委员会和重庆市金融办等相关部门的大力支持配合,我们谨向所有为本书给予大力支持的部门和工作人员表示衷心的感谢。

　　由于时间紧、任务重,加之编辑部能力有限,《重庆金融2016》中的疏漏和不妥之处在所难免,热忱希望广大读者给予批评指正。

《重庆金融2016》编辑部

2016年6月20日